特色文化城市研究丛书

主编 张鸿雁

“十三五” 国家重点出版物出版规划项目

特 色 文 化 城 市 研 究 丛 书

价值植入与文化建构

——慢城特色小镇的本土实践

杨伊宁 著

江苏凤凰教育出版社
Phoenix Education Publishing, Ltd

图书在版编目(CIP)数据

价值植入与文化建构：慢城特色小镇的本土实践/杨伊宁著.--南京：江苏凤凰教育出版社，2019.3

ISBN 978-7-5499-7943-1

Ⅰ.①价… Ⅱ.①杨… Ⅲ.①小城镇—城市建设—研究—中国 Ⅳ.①F299.21

中国版本图书馆 CIP 数据核字(2019)第 051378 号

书　　名 价值植入与文化建构——慢城特色小镇的本土实践
著　　者 杨伊宁
责任编辑 陈爱芳
装帧设计 李广珐
责任监制 杨赤民
出版发行 江苏凤凰教育出版社(南京市湖南路 1 号 A 楼　邮编 210009)
苏教网址 http://www.1088.com.cn
照　　排 江苏凤凰制版有限公司
印　　刷 江苏凤凰新华印务有限公司
厂　　址 江苏省南京经济技术开发区尧新大道 399 号(邮编 210038)
开　　本 787 mm×1092 mm　1/16
印　　张 19
版　　次 2019 年 4 月第 1 版
2019 年 4 月第 1 次印刷
书　　号 ISBN 978-7-5499-7943-1
定　　价 85.00元
网店地址 http://jsfhjycbs.tmall.com
公 众 号 苏教服务(微信号:jsfhjyfw)
邮购电话 025-85406265,025-85400774,短信 02585420909
盗版举报 025-83658579

目　录

从“城市文化自觉”到“城市文化自为”（总序）

城市是文化的容器，是人类社会、经济、文化进化、发展的“动力因”。人类自从走进城市，社会就进入了加速度状态，5 000—8 000 年的人类文明史，演绎了人类城市进化和城市化的过程。亚里士多德说过：“为了生活，我们来到城市，为了更好地生活，我们留在了城市。”从城市产生那天开始就有了城乡差别，就存在着农村人口向城市流动的现象，而且这种城乡流动一直延续了数千年。最近的 40 年来，中国广袤的大地上呈现了人类历史上最壮观、最伟大、最悲怆、最生动的城乡人口流动场景——6 亿多农业人口从乡村来到了城市，城市化率从 1949 年的 10.6%，到 1978 年的 17.8%，再到 2018 年的接近 60%，我们用 40 年走完了西方城市化一两百年的发展过程。在这历史性的城市变革之中，城市在发展进化，一些乡村在衰落，另一些乡村以新的面貌在发展……中国城市社会来临了。这一社会巨变，为中国从传统型社会转化为现代型社会奠定了基础。但是，城市化的高速发展也必然带来相应的社会问题，急功近利的城市建设和“千城一面”的发展方式，使整个社会都在反问和反省：我们城市的特色哪去了？不同区域城市的“味道”哪去了？中国式的本土化城市形态哪去了？特色文化城市建设不仅被提升到了现代社会创新发展和现代性建设的高度，也同时被提升到了国际竞争的高度——特色文化已经成为全球城市竞争的必备条件。从城市社会学、城市规划学与城市文化学的三重视角看，特色文化城市研究与建构是现代社会创新发展的一种新需要。

“特色文化城市研究”是国家哲学社会科学重大招标课题的指定题目，也是我以往一直在研究的问题之一。我在城市文化学的理论研究与实践中发现，中国城市发展的特色文化建设几乎被所有的城市所忽视，而发达国家的城市文化特色建设伴随经济的发展，特色文化越来越显性化。将中国置于全球竞争中，越发能感觉到特色文化城市研究和建设的重要性。简而言之，没有特色文化的城市就等于没有生命和灵魂的城市；城市没有特色文化也就没有了“身份识别度”，也就没有了城市能级提升的动力和可持续发展的“文化软实力”。

一、走出城市“特色”危机[①]——打造特色文化城市资本

当下，城市文化发展面临的已经不再是“有”与“无”、“大”与“小”、“多”与“少”的问题，而是品质高不高、特色强不强、创新能力有没有的问题。推动城市建设从外延式扩张向内涵式发展转变，必须走特色文化发展、文化错位发展、文化个性创新发展的道路。那么，如何理解城市特色文化发展的内涵？应当如何推动并建构特色文化城市？

历史性和民族性文化是特色文化城市的核心表达，是特色文化城市打造的基础和前提。城市的“特”应该“特”在哪儿？顾名思义，“特色”就是与众不同，有突出的特点，或是特定的、唯一的城市文化特质和文化模式。根据《辞海》的解释，特色就是一个事物从本质上

① 张鸿雁．走出城市的特色危机．群众，2016(5)

区别于其他事物的外显特征。特色是某种事物所固有的、独特的属性,人们可以根据该种属性来区分和识别这种事物。城市特色文化就是城市的与众不同之处,其在某一方面或某一领域或某一文化要素上表现为具有垄断性、唯一性、可识别性和资本性的文化属性,具有大众文化认同的、历史性的集体记忆价值。历史久远的城市往往都有其固有的特色,或者是因其久远而积淀为特色,或者是因地域空间文化影响演变为结构化特色,或者是两种文化基因碰撞、冲击、融合、叠加形成新的特色文化……这样的文化特色必然成为城市发展的强劲动力。罗马城,一个人人熟知的世界性集体记忆:"条条大路通罗马"(All Roads Lead to Rome),这本是一句出自《罗马典故》的谚语,而作为一种特色,它给罗马以永恒的光环和特色。号称世界四大古都的特色文化的表达有:"不朽之城市西安""永恒之城市罗马""众神之城市雅典"和"金字塔之城开罗"。显然,其特色的光芒不仅非常耀眼,而且具有唯一性和可识别性。从最直接的诉求来讲,建构"特色"就是为了追求永恒,追求永恒的城市发展动力。正是这样,追求特色也必然成为形形色色、大大小小不同类型城市的生存和发展之道。一个伟大的城市,一定不是仅仅因为规模大而强大,而是因特色文化的存在而强大。特别是在竞争激烈的全球化城市发展中,特色文化城市建构已经成为城市发展的前提条件。佛罗伦萨是中世纪西方文艺复兴的一个源起城市,芒福德对这个城市评价说:"佛罗伦萨只有 40 万人,但比起那些有几百万人的城市更有力量也更伟大。"之所以这样说,是因为这个城市的建筑文化、文学艺术文化、城市雕塑文化、商业贸易文化以及思想价值文化都具有唯一性、独立性和创新性,引领了一个时代的潮流。

城市特色文化可以从多样态、多角度、多层次加以分类,这也是我们需要解决的问题之一,即提供城市特色分类的文化学、社会学研究视角和方法。第一,城市主体的历史文化特色,这是城市特色的基本要素和底色,是尊重和延续城市历史价值的一种视角。第二,城市自然山水特色,如草原城市、山地城市、滨海城市等,这是尊重城市的自然存在,也是敬畏自然与赞美城市的一种表达。第三,城市风土人情与风俗民情等文化特色，这是具有地方性和地点精神的文化特质，是尊重地方文化习俗的一种方式。除此之外，还有城市的产业特色、制度特色、发展模式特色、生活方式特色、价值取向特色及建筑空间特色，等等，特别是现代化发展中创新形成并具有时代特征的“文化质性意义”，也是必须把握和重点创建的，既要尊重历史，更要把握现实和未来。

城市特色文化是可以建构的。在不同种类的特色中，城市历史文化特色是最基本的，在研究与挖掘、创新与发展中应该放在第一位。在全球城市现代化历史潮流中，很多城市的地方性、民族性文化被荡涤殆尽，我们经常说城市特色文化的丧失，在很大程度上说的就是历史文化特色的丧失，历史文化特色是城市特色的核心表达，现代城市文化特色应该是在继承传统上的创新。当代有一个新词叫“城愁”，它是与“乡愁”对应的。在全球化的进程中，城市的历史文化特色很容易被湮没、被替代甚至消亡，很多城市难以保留历史中积淀形成的民族性文化，如建筑风格、空间形态及日常生活方式……如今，城市中随处可见的是大面积高密度的西方化建筑群、大面积的水泥玻璃幕墙、大体量相似的街区空间结构……甚至有些空间已经成为很难亲近的“城市水泥森林”……强调城市文化特色，既要加强对历史文化特色的保护与保存，又要注重对历史文化特色的延续和创新。我们都知道，为了保护好、利用好城市的历史地段和文化遗存，现在很多地方进行了一些历史街区的改造和重建，强调空间的历史文化传承。但是，在我看来，在这方面还存在着很严重的问题和历史价值观分歧。一些城市，几乎清一色的仿明清建筑，几乎每座城市都有一定规模的“仿明清一条街”，这也是一个时代符号化的存在，但是显然有些过度了。恢复某些历史文化及建筑是必要的，但不应该仅仅是大规模恢复明清建筑文化，而是要在恢复某些历史文化建筑及空间的基础上，有所创新和发展，这在城市社会学、城市规划学、城市史学和建筑学界等被称为“城市更新与更替”，就是在本土化的意义上，创造出新时代的民族化产品和空间形式。我们要问的是：我们这个时代在城市规划和城市建设上建构、创新了什么样的具有时代意义的特色文化城市？当代城市建设有没有形成民族的、地方的文化特色？我们现在的城市规划、建设的城市空间形态，能不能成为人们未来历史的、民族的集体记忆？我们强调城市历史文化特色与现代创新文化特色相结合，就是一定要在保护、传承、发展中实现创新，在传统城市特色文化基础上进行现代性建构，从而体现具有历史特色的时代性价值。100 年后，人们在分析这个时代城市文化特质的时候会不会这样说：这个时代是一个恢复、模仿明清城市建筑的时代。当然，我们不希望这样，而是希望我们能够创造属于这个时代的城市特色文化，恢复和创新本土化的城市空间形态，创新有时代特色的本土化建筑和景观，在全球城市发展中，能够创造具有人类文化共同意义的多样化、民族化的城市样板和城市空间的集体记忆。

全球工业化以来，几乎所有国家都经历了乡村城市化的过程。现实的经验和城市化的历史规律已经告诉我们，未来的世界将是城市的世界，城市化和城市现代化将是一个世界性主题。当城市已经成为人类生活和生产的主要载体、城市人口超过乡村人口时，世界范围的竞争在本质上就是以城市为主体的经济、文化竞争，世界各国之间的各种竞争，已经从以往的以企业为主体的竞争，转变为以城市为主体、载体的世界性竞争。城市在世界范围内的竞争又直接表现为国家间的竞争，城市是国家地域生产力的集中表现形式，所以才有“全球城市”和“世界城市”概念的提出，才有世界级城市文化影响力霸权的存在。

城市必须有自己的特色竞争力，要么是有综合竞争力，要么是有核心竞争力，要么是有特色竞争力。发展中的城市，至少必须三者有其一。当然，三者皆备，则无疑是“世界性城市”或如萨森所论的“全球城市”。这其中展示给世界的城市特色文化竞争力的创新与提升，就是这一课题所要解决的本质问题之一：如何挖掘城市资源，创造城市自己独有的文化内核与独有的 IP，创造特定的国际化政治、经济和文化结构化形式，使城市形成广泛的有市民社会属性的创新文化土壤。如是，城市才会具有永恒的创新能力。

对从“文化转向”到“社会转向”的后现代意义的文化解释是：未来的城市化并不是像有些人认为的那样，所有的人都要到城市里去、到大城市去。丹尼尔·贝尔在《后工业社会的来临》中引用过这样一句话——“未来的城市无底、无形、无边”，社会发展会出现无边界城市和无边界的城市生活方式区域，原农村地带和城市会形成同样的生活方式——城市生活方式、城市文明和市民社会契约型价值取向。无论居住在哪里，人们都会以新型的现代工作方式、新型的现代网络型通信方式、新型的以私家车为主的交通方式、新型的以现代物流媒介为载体的消费方式、新型的以共享经济合作为平台的交往方式、新型的以智慧物联技术支撑的综合互动方式……在空间再生产的意义上，实现城市生活方式的无边界。城市化就是在传播、普及城市生活方式与城市文明，其本质和结果是市民社会的契约型生活方式的普及。

特色文化城市建设和规划不能过度政治化和权力化。近些年来，不少学者疾呼：中国城市已陷入“特色危机”之中，最为人所诟病的就是城市之间的相互抄袭和克隆，这不仅导致城市风格的丧失，而且还过度地进行了非民族化符号的表达。这些问题的出现，首先是因为在现代化进程中，城市建设丧失了对特色文化的把握，城市发展缺少了文化的主心骨。其次，地方政府政绩考核风向标使得城市发展出现偏差，导致城市决策者过度重视工业，盲目追求 GDP 增速，以及过度依赖土地财政形成的城市发展模式。土地财政不仅影响了城市特色文化的生成，也影响了整个城市地方性和民族性的文化建设。再次，部分城市管理者对城市历史文化的把握能力十分欠缺，对城市文化、历史和发展规律缺乏深入了解，盲目照抄西方的城市建设。值得注意的是，在城市空间规划上普遍存在一种文化认识误区，即“洋规划”才是好规划，因此，很多城市以“洋规划”和“洋人”规划为荣。长期以来，我们把西方文化置入中国城市的建设当中，套用了很多西方的城市规划理论和文化理念，没有形成中国化的、个性化的、具有特色文化的城市规划体系，无论在城市历史风貌上，还是在城市空间肌理上，都是用“洋人”的眼光来思考和衡量，缺少了本土化、民族化的文化意识。有西方学者说,很多城市问题是被规划出来的。至今还有些人没有搞清楚谁才是城市的建造者。房地产商号称是“造城运动”的开拓者,他们大规模圈地,使得经济利益成为城市建设的驱动力。开发商在建造城市的过程中很少考虑建筑与城市空间的结构关系,很少考虑城市服务体系和城市社会福利问题,他们主要考虑的是企业效益如何最大化,如何使楼盘的容积率提得更高,如何快速拿地、快速赚钱。这不仅导致一些城市成为“鬼城”“睡城”“单纯的住区楼盘”,而且使城市体系缺少了就业空间、生态空间和公共空间,既占用了大量土地资源,又降低了城市生活品质,同时把城市的一些优质空间变为少数个人财富增值的价值空间。

西方城市规划已经有一套完整的法律规程、责任和评价体系,而我们更多的是“长官意志”,使得规划过度政治化、权力化和政绩化。世界上有很多城市是值得我们学习的,如巴黎、伦敦、罗马、米兰、佛罗伦萨、京都和奈良,等等,其中最值得学习的是把城市特色规划作为城市进化的制度性手段,在城市规划中明确城市历史空间、公共空间、生态空间及建筑特色、城市色彩、景观风格、创意产业空间和就业空间等要素的文化价值,通过制定城市特色文化建设的专项发展规划,保证城市的有机风格、风貌和历史的延续。同时,很多城市颁布了城市特色建设的法律法规、保护纲领及行动计划,用各种各样的制度指标来确保城市的特色发展。在中国,虽然在很多城市也有类似的针对历史文化空间和遗迹的保护性规划,但是这些规划执行力不足,实施过程中缺少监督,因为没有严格的法律程序,很多城市历史文化空间随意被改变,甚至被消除了。为了保护城市的历史与特色文化,必须运用大数据方法全方位整理、记录、统计城市文化要素,把物化空间要素、非物质文化遗产和精神文化等百分之百地整理归档,对城市建筑、景观、街区、道路、小品、公共空间等所有要素进行跟踪管理,采取高科技手段达到“精准”保护、建设和开发的目的。这里强调的是合理推行“精准保护”与“精准开发”相结合的模式。

城市文化资本构成新的城市发展的“文化动力因”。城市文化资源如果具有了唯一性、垄断性、资本性、历史文化特色性和公共性等要素，就可以创造性地进行城市文化资本再生产。如西安的大雁塔、小雁塔和大唐芙蓉园，北京的故宫和“798”，南京的中山陵和牛首山地宫……这里列举的城市文化资本要素都是一老一新，旨在强调城市特色文化的历史性和创新性所产生的资本性价值，既要挖掘历史文化，又要有现代城市文化创新。人类文化保存、延续与创新的主要载体是城市，城市里有各种各样的博物馆、历史建筑、文学艺术团体、高等学府、图书馆、工业集聚区、银行等，芒福德所论及的城市是“文化容器”就是在这个意义上所表达的概念。进一步说，人类财富与文脉传承的承担者主要是城市，当城市真正能够成为一种“文化容器”的时候，实际上这个城市已经成为人类思想、文化、人才、财富和创新的中心，这种中心性价值如果被毁坏了就很难重生。

“城市文化资本”概念的提出是从布尔迪厄“文化资本”一词衍生而来的。在我的《城市文化资本论》中，“城市文化资本”作为一种新的概念被提出，后被广泛应用。“城市文化资本”大体表现为十个方面的特点和属性：一是城市自然与人文文化资源的垄断性文化属性；二是城市自然和人文文化资源的唯一性文化属性；三是城市制度文化的创新性文化属性；四是城市符号化资源的“集体记忆”性文化属性；五是城市客观物化遗存资源的艺术性文化属性；六是城市优秀思想文化和创新文化的进步性文化属性；七是城市优秀行为文化和生活方式文化资源的样板性文化属性；八是城市公共资源的空间正义与公平性的文化属性；九是城市英雄主义和精英群体的引领性文化属性；十是城市历史文化资源刚性价值的文化属性。这里所强调的是，特色文化要素符号能够在某些条件下转换成城市文化资本价值。仅就中国城市而言，几千年中华文明积淀下来的以北京为代表的“京派”文化，近代中西文化冲突与融合而形成的以上海为代表的“海派”文化和以香港为代表的“港派”文化，均构成巨大的无形资产与“城市文化资本”形式，构成特色文化城市的“样本”，这三个城市的共性是规模大、人口多、文化容量大，且又有其区位上的、政治上的和文化上的特殊性。但是，那些众多的拥有几万人、十几万人和几十万人的中小城市、镇应该如何建构自己的特色文化呢？这就是本课题研究的重点所在。正因为城市等级、能级和规模大小不同，所以才不能仅仅拼规模、拼综合实力、拼人口数量来发展城市，而是要强调创造特色文化、创造特色竞争力来发展城市并参与全球竞争，即使很小的城市，在巨型城市面前，在“世界城市”面前，也能够有自己的话语权，也能够展现自己的“世界身份”。

城市文化资本也是一种公共财富。一些让人引以为豪的城市文化资本要素都是世界瞩目的公共财富，具有公共文化资本的属性。那么，一般意义上的城市文化资本对推动特色文化城市建设有哪些意义和价值呢？简单说，城市文化资本创新能够引起物品和服务的不断流动与增值，城市文化资本构成了城市发展新的“文化动力因”。

第一，城市文化资本积累的过程也是城市环境改造、城市更新和城市创新发展的过程。世界上形象良好、文化活力强的城市，无不具有特定的文化构成关系和城市文化特色。比如，巴黎是公认的“服装之都”“文化艺术之都”“浪漫之都”；维也纳的标签是“音乐之乡”；伦敦是“充满选择机会的城市”和“奢侈品品牌之都”；香港是“世界最自由和最安全的城市”……这些城市的整体形象为城市创造了无穷的魅力，这些要素本身构成了城市文化资本价值，既能够吸引人才，又能够吸引资本，还能够因为城市独有的魅力而成为世界旅游目的地。

第二，城市文化资本再生产本身就是在建构市民社会的文化场域。城市的作用在于改造人，缔造和改造人类自身，正是城市的主要功能。城市文化资本创新与“中国式城市文艺复兴”异曲同工，既能带来法律、规范和契约型社会的建设，形成市民社会的法理关系，又能表达市民社会文化价值观的普遍性，还能塑造新的城市文化和完成文化自觉的启蒙，如市民的举止风度、道德标准、服装文化、建筑风格、生活品位、健康生活方式等，在此基础上，还会有一个很好的社会文化选择机制。因为，在这样的城市里一定会有一个社会认同的样板阶层，他们是这个城市文化选择和创新的主体。在样板阶层的引导下，城市新文化、新变化最后彰显在市民身上，通过人的精神状态、文化素质表现出来。比如，城市创新能力的强弱，在本质上是由市民社会构成的城市文化土壤结构决定的。我常说“创新的土壤比创新本身更重要”，旨在说明社会文化环境的重要性。现在城市很多根源性问题的解决，都能在建构特色文化上找到相应的回答。

第三，城市文化资本创新铸造城市性和城市现代性。就现代城市文化的共性而言，首先是尊重人的主体地位和个性解放，城市空间要符合人体工学的要求，以人的尺度为尺度，而这恰恰是我们许多城市空间文化所欠缺的，许多城市甚至走向两极：要么过度平庸化，要么过度宏大化，两者都偏离了以人为核心价值的理念。特色文化城市建构与城市文化资本的再生产在本质上是一样的，建构城市文化特色是城市文化资本再生产的一个过程。当人类从工业社会走出来，社会与自然环境被人类多次“折腾”以后，人们开始思考社会良性发展的方式。城市社会空间集中了人类不同的生产形式，对自然的压力、破坏和消耗更大。而强调特色文化城市建设和把城市文化变成城市文化资本，就是推动城市社会发展驶入敬畏自然、尊重自然的轨道，寻找、创造出一条人类社会可持续发展的道路；就是“以文化魂”，把普遍存在的一般的文化资源转化为文化资本——创造特色文化城市，提升软实力，建构与自然和谐的、永续的发展方式。

从文化与自然哲学的角度看，城市也是一种生命体，表现着人类社会作为一种有机体的存在方式。既然是一个生命体，就要有生机和活力。人是城市的主体，所以城市也具有生命意义，也具有灵魂——城市主人的灵魂。每个城市都有自己的文化理念和灵魂，好的城市文化理念往往与民族的文化灵魂相关联。在西方城市与社会发展理论中，有学者将城市发展形态分为两种：一种是有规划的城镇，一种是没有规划的城镇。中国好多传统乡镇已存在上千年，它们不是由规划师规划的，而是由一些传统乡绅根据生活经验打造的。它们能够充分表现“天人合一”的空间形态，很自然地表达出自然和谐的纹理、肌理和空间关系。有了正式的规划学之后，我们都在追求秩序、追求功能、追求结构、追求价值、追求宏大、追求完善……当然也有人在追求与自然合一的规划理念。特色文化城市的研究，在理论与文化认知上提倡在尊重自然的前提下，寻找与自然契合的空间形式，包括城市空间肌理、城市植被、天际线、城市符号及建设材料的运用等，让城市成为“有机文化秩序空间形态”。日本的六本木以“城中城”“立体城”“艺术城”著称，其中最让人“惊艳”的就是屋顶、室内外打造的多样化的小体量园林和空中花园，还有小型稻田等，在某种意义上表达了城市是自然的一部分的文化理念。

人类是从自然走出来的，城市的未来也必须回归自然。芒福德在《城市发展史——起源、演变和前景》一书中最推崇的就是中国宋代《清明上河图》中描绘的城市，因为这是一个“有机秩序城市”。虽然现在很难达到其中所呈现出的空间关系、有机秩序及与自然融合的状态，但是，我们可以在局部地区，一点点地建立现代意义上的有机花园城市、有机森林城市。回归自然可以有多种表达方式，比如城市立体绿化，把工厂、大型商业综合体、创业产业区等慢慢地变成同时又是综合文化型的生态公园，这也是霍华德“花园城市理论”的再现，把森林引进城市，把花园引进城市，把立体植栽引进城市，把清水引进城市，把田园风光引进城市……这样的城市才更有生命力。

创造特色文化城市与特色小镇建设的主张和理念是高度一致的。第一，都是以特色为先。特色小镇是“单打冠军”，要有独立的IP，要创造特色文化。第二，都是以生态为要。特色小镇必须要“三生融合”:生态、生活和生产融合。第三，都是以高质量生活为要点。特色小镇是一种城市生活方式的集中体现地。第四，都是以创业、就业空间为主题。特色小镇必须是产城融合，是一个特色产业或高新技术产业集聚的平台和空间。第五，都是以文化旅游景区建设为标准之一。特色小镇的建设有一个旅游文化发展标准，即一定具有一个有艺术感的幸福生活体系。但是，当前要注意的是，有的特色小镇成了房地产开发项目，成了单纯居住的地方，功能没有复合化、有机秩序化。

总体来说，特色文化城市的建设是化解各类城市发展面临的资源枯竭、产业同质、土地浪费、人口膨胀、交通拥挤和就业不充分等系列社会问题的有效方案之一。特色文化城市研究与建设提倡的文化价值主张主要体现在三个方面。第一，创造新的高端产业集聚模式，特别是文化类产业集聚的效应，提供充分的就业机会，提升城市区域文化功能，进而放大城市经济能级，形成文化治理模式，以参与全球竞争。第二，建立现代城市文化治理模式，创新现代产业、传统产业与生活社区相融合的社会精准治理新秩序空间，改善城市社区生活品质。第三，培育市民社会和城市文化的自觉。城市的主体是人，必须以人为中心，以人的价值为城市价值，使城市更适应创业、创新者居住和生活。

二、城市社会来临——构筑特色文化城市是历史责任①

文化从来都是强者的武器。特色文化城市建设是全球化竞争的一种文化被选择。正如我们在全世界范围内看到的那样，被誉为世界性大都市的城市都有自己的特色文化，这种特色成为一种文化场域，能够让人们更好地生活，更好地创造，更好地在城市里扎根，更好地实现生活的梦想。法国学者西蒙娜·薇依在《扎根——人类责任宣言绪论》一书中说："扎根也许是人类灵魂最重要也是最为人所忽视的一项需求。这是最难定义的事物之一。一个人通过真实、活跃且自然地参与某一集体的生存而拥有一个根，这集体活生生地保守着一些过去的宝藏和对未来的预感。"所谓自然地参与，指的就是地点、出生、职业、周遭环境所自动带来的参与。每个人都需要拥有多重的"根"。"每个人都需要，以他作为自然成员的环境为中介，接受

① 张鸿雁主持的国家社科基金重大招标项目：特色文化城市研究（12&ZD029）

其道德、理智、灵性生命的几乎全部内容。"[①]是的,扎根是一个人生活稳定、工作稳定、心理稳定和努力向上创造美好生活的前提,更是社会稳定发展的前提。中国人的"根"——文化之"根"仍在农村,一到过年过节,中国有许多人都要从城市回农村,或见父母,或见爷爷奶奶,或寻根祭祖,或走亲访友,或寻找儿时的记忆……据"人民网"2018年2月16日报道:"2月15日除夕当天,也就是春节假期第一天,全国铁路、道路、水路、民航共发送旅客5 194.4万人次……春运前15日(2月1—15日),全国铁路、道路、水路、民航累计发送旅客11.12亿人次。"[②]改革开放40年来,城乡流动是社会整体变化、社会结构性转型、中国进入城市社会整体进化过程的经典写照。

中国现代化进程的特色之一是从"乡愁"到"城愁"的变迁,这也是中国城市的时代特点。一部分乡村人一方面带着"乡愁"过上了城里人的生活;另一方面,他们留着"乡愁"——在乡村里留下了大量的留守儿童、留守老人和留守妇女……社会在变革,全球化和城市化使得城乡人口大迁徙演绎了无数悲欢离合的故事。孟德拉斯在他的《农民的终结·导论》里批评当时的一些研究者说:"19世纪的社会科学表明,它们对乡村的事物的不了解令人惊讶。它们的分析和解释的努力都是针对工业经济和都市社会的。"[③]偌大的中国乡村,存在着多样化的情况,很多研究者仅就个体看到的乡村来描述中国,实际上,中国既有苏南地区的华西、永联这样的已经变成特色城镇的乡村,也有苏北地区已经工业化了的乡村,还有全国2 200多个已经商业化的"淘宝村"型乡村,因为,有很多乡村里传统农业生产已经消亡,多梯度的中国社会结构,呈现出多样化的乡村形态;有成千上万个已经成为旅游景点的美丽乡村,还有像湖北蕲春县那样有着100

① 西蒙娜·薇依.扎根——人类责任宣言绪论.徐卫翔,译.北京:生活·读书·新知三联书店,2003:33

② 王紫.交通运输部:春运前15日全国共发送旅客11.12亿人次.人民网.http://t.cn/RRmqHp2.2018-02-16

③ 张鸿雁.农村人口都市化与社会结构变迁新论 孟德拉斯《农民的终结》带来的思考.民族研究,2002(1)

多万人口，仍然存在着 9 900 多个自然村，其中 10 户以下的自然村占 40%的乡村；还有像浙江莫干山那样有大量“洋家乐”和高等级传统民宿的国际化乡村；亦有南京高淳国际慢城那样农民“就地城镇化”的乡村。当然，仍然还有遍布全国的大量的“空心村”，以及东北一些 60 年未曾有过变化的乡村……中国农村已经呈现了多样化、多层次、差异化和多类型的发展状况。[①] 孟德拉斯在 1964 年出版的《农民的终结》一书开篇就说：“20 亿农民站在工业文明的入口处：这就是 20 世纪下半叶当今世界向社会科学提出的主要问题。”[②]孟德拉斯在 20 世纪 60 年代就论证了法国都市化过程中的都市与乡村差异缩小的发展事实，到 20 世纪 80 年代，法国城乡社会结构的变迁证实了孟德拉斯的观点。他在《农民的终结》一书出版 20 年后的 1984 年，为该书写了一个《跋》，其中说道：“虽然法国还有农业劳动者，但是他们已不再是传统意义上的农民。”孟德拉斯认为，《农民的终结》一书是给在法国存续 1 000 多年的农业开出的“文明的死亡证明书”。他自己还很感慨地说：“对另一些人来说，我是农民的陈旧价值的怀旧歌手。宣告农民的终结在读者中引起怀旧的伤感：尽管作者努力做到像他自己希望的那样‘科学’，但他永远无法控制他在读者中激起的感情共鸣。”是的，法国农业已经挣脱了传统农业的羁绊，有农业，但是没有了传统意义上的农民，在农场里工作的是“农业工人”“农场职员”，以及高级工程师、农业技师、农业高级白领等。这样的职业农民变成市民，就会“接受其道德、理智、灵性生命的几乎全部内容”，而使社会整体进入一个开放型的社会，一个典型的城市社会。在这里，我们应该清醒地认识到，城市化在本质上是让农民转化为市民，让他们有文化、有教养、有品位和有尊严地生活着。

孟德拉斯提及的农业发展出路就是我们提出的乡村振兴、新型城镇化的道路，让农民成为职业农民，在具体方式上就是建构“都市

① 张鸿雁.论当代中国城乡多梯度社会文化类型与社会结构变迁——依据“社会事实”对“二元结构”的重新认知.南京社会科学，2007(11)

② H.孟德拉斯.农民的终结.李培林，译.北京：中国社会科学出版社，1991:1

农业”和“都市人农业”。这与霍华德提倡的田园城市异曲同工，就是建立以城市人为主体的现代农业体系和规模农业（在我的调查中，中国一些地方城镇管理者理解的“都市农业”是：农村将产品供给城市。这是一种典型的误读）。孟德拉斯说：“最发达的国家，农业从业人员基本上分成三部分人：一是农场主——相当于中型企业经理；二是占有生产资料的‘自我雇佣’型的农业生产者——相当于典型的中产阶级；三是被雇用的农业机械科技人员——相当于技术工人。”这应该是中国未来“农村振兴”的发展方向，未来农业的从业者应该是城镇市民，即有文化、有学历、有知识、有技术、有契约精神的城市市民，让农民成为现代化农业体系和技术农业、规模农业、观光农业、精准农业、智慧农业中的一个职员和农业技工（农业白领）。如果仍然以传统小农经济为主体，靠天吃饭，既摆脱不了贫穷，更不能建立一个整体的具有现代性的社会。

能不能让市民“扎根”是特色文化城市建构的一个重要内涵。“拔根”与“扎根”是中国现代化、城市化发展中一个特有的社会现象。从1978年改革开放以来，从乡村到城市，至今已有5亿左右的农民涌进城市，成为“城市人”，或是“城乡候鸟人”，或是城市新市民，就如见诸报端的那些表达方式：“新昆山人”“新苏州人”“新深圳人”“新海南人”……无论是城市人还是城市中的外来人，面对城市社会的快速变迁，都不同程度地存在着“无根性”的文化心理结构和行为文化特质。① 作为民族传统文化习俗的集中表达，传统节日期间的人口大迁徙和“空间大挪移”，很好地诠释了“乡村的无根性”和“城市的无根性”。春节是中国文化在“空间折叠”与“时间折叠”上最充分、最彻底和最深刻的一种社会存在。一张纸可以折叠，在理论上有某种意义的平面物品都可以折叠。某种空间场域在“黑洞力”的作用下，“空间折叠”表现为空间扭曲和折变演绎。一旦某一巨大空间被折叠——两点被折扣一起，时间和空间便发生了特定变化——既没有了时间，也没有了距离，这既是一种理论假

① 张鸿雁.中国“非典型现代都市病”的社会病理学研究.社会科学，2010(10)

设，也是一种客观存在。

生活里的时间与空间“折叠”是一种文化隐喻、文化实证和文化符号象征。在一定时间和空间内，多类型与多样态文化和现代性与传统性文化，被现代性和现代化的手段重塑、重构，使之仪式化。这种文化和空间同时能够成为民族的集体记忆、集体行为和文化心理结构的集体烙印。在本质上，这个时间、空间在某种意义上就是被“折叠”了——现代和传统两点被“折叠”在一起，传统文化“穿越”现代性时空以表达过去的文化价值，现代文化“穿越”传统以表达对过去时间的尊重，“穿越”“折叠”使现代性与传统性被统一表达为过去的回归、重叠和新的开始。时间和空间在心理上、仪式上凝固成一种文化符号后，个体与群体的文化心理结构也因此演变为新的意识和文化。春节等民俗节日就是被“折叠”的空间和时间，在这个共时性的空间与时间里，旧的、新的，现代的、传统的，礼法的、法礼的，“有机团结”的和“机械团结”的……在心理上、空间上、时间上集聚和转换，特别是人流在空间上的转换，从城市到乡村，从乡村到城市，从城市到城市，文化时空被压缩、折叠、定格为共同的心理空间——春节，每一个人都把这个时间和空间当成弃旧换新的原点。这也是社会心理文化空间与时间“折叠”的一种隐喻，在新的开始之前，我们寻根、祭祖，寻找自己来到城市前的足迹，以满足人类本源性的怀旧文化需求。

几千年来，中国一直是以农业立国的传统农业生产型国家，城市是农业社会的附庸。从周宣王“不籍千亩”肇起，到近代社会以前，几乎所有的改良、变法和某种意义上的改革都集中在农业领域，或针对农业、农田和小农。譬如，商朝的“井田制”；春秋时代管仲的“相地而衰征”；战国时期李悝的“任贤重农”和商鞅变法中的“重农抑商”；西汉武帝时的“算缗令”“告缗令”，征收商人财产税来限制工商业以促进农业发展；北魏至唐朝前期的“均田制”的推行；宋代王安石变法措施之一的“青苗法”；明代张居正推广至全国的“一条鞭法”；还有清朝政府普遍实行的“摊丁入亩”，等等。历朝历代花费巨大精力在农业的“变法”上，且集中在“土地税”“人头税”及“服劳役”上。但是对老百姓来说，几千年的中国农业、农村发展总是千疮百孔——多数时间食不果腹，表现为"闹饥荒"的灾年多于丰年，以至于人们见面的第一句问候就是："吃饭没？"直到 20 世纪五六十年代，甚至 70 年代仍然如此，吃饭问题一直是中国的大问题，几千年来的多次变法和革新都未能真正解决农业和吃饭问题，当然也没能解决农业生产力解放的问题，而只是在国家税收、百姓服劳役等方面有变化。到了改革开放的 1978 年后，才真正解决了中国人的吃饭问题。显然，解决这一问题的途径之一就是发展现代化，而现代化的结果和形式就是城市化和城市现代化。

回过头来看，我们试问：中国的农村曾振兴过吗？"振兴"一词的内涵一是"整顿"，二是"恢复"。宋代田况所著《儒林公议》中说："范仲淹入参宰政，富弼继秉枢轴。二人以天下之务为己任，谓朝政因循日久，庶事隳敝，志欲划旧谋新，振兴时治，其气锐不可折。"中国历史上屈指可数的几代盛世如"文景之治""贞观之治""开元盛世"及"康乾盛世"，其真实的一面也都被后来的历史学家说破过，古代文人和正史所粉饰的盛世屈指可数，可见的更多是哀鸿遍野、饿殍遍野、断壁残垣、饥寒交迫、青黄不接、满目疮痍……中国长达 2 000 多年的封建社会，是凝固化的超经济强制集权体系，导致形成汪洋大海般的封建型传统小农经济，城市与乡村各持其短，长期停滞且未能变革，如费孝通先生所论：未能有文化自觉。直到 1848 年，中国的城市人口还只有 10.9%，而那时(1850 年)的英国城市人口已经达到 50%以上，英国成为人类历史上城市人口第一次超过农业人口的国家。

在 1848 年以后的 100 多年时间里，中国社会烽火连年、军阀混战，天灾人祸不已。至 1949 年，中国近 90%的人都来自农村，据相关记载，当时是"4 万万同胞"，也就是说现在 70 岁左右的老人 90%生在农村。到了 1978 年，中国城市人口也只有 17.8%，20 世纪 50 年代、60 年代、70 年代，有 70%—80%的人是在农村出生的。到了 2000 年，中国城市化人口仍不到 30.1%，20 世纪 80 年代和 90 年代出生的人仍然有 70%左右来自农村。2010 年以后，城市人口达到 50%以上，2018 年中国城市人口接近 60%，这一时期的城乡人口比例才发生了结构性的变化，但是，真正有城市户口的人口还不到50%，大量没有户口的、长期居住在城市里的劳动者成了“新城市人”。可以这样说，2000年前后出生的人，50%左右来自农村。2010年中国城市人口第一次超过农村人口，中国已经进入城市社会，但仍然有40%以上的人口来自农村。乡村是我们当代城市人的“根”之所在，“乡愁”是我们共同的感受与记忆。

“城市文化的无根性”，表现最典型的是深圳，目前深圳有1 500万人左右，有深圳市户籍的人口仅354.99万人，占常住人口的31.2%。[①] 一些沿海发达地区如上海、浙江、江苏、广州等，外来人口都超过50%。另外一个最典型的地方是东北，很多城市是人口流出的，据说东北有接近100万人在海南省生活，曾经背井离乡“闯关东”，现在却从大东北来到大海南——闯海南。理论上和实际生活上乡村都不再是生活的“根”，人们不愿意在传统乡村扎根，乡村只是“乡愁”的“根”。

城市文化的无根性。我们看到的是，居住在城市里的一部分人就像“无根浮萍”一样“漂在城市里”，或者像社会学家描述的那样，是一种“边际人”，总要回到乡下去找“乡愁”的“根”，寻找过往文化记忆的“根”。“不要忘本”是一种文化伦理，回乡探望是一种亲情。简单地说，现实生活的变迁与社会转型使每个个体很难确定生活地点和坐标。[②] 而曾经的农村“乡愁”并不是现在这样仅仅是拜见父母、回忆孩提时代的“乡愁”，那时的农村“乡愁”是：愁吃、愁穿、愁工作、愁生活……这也是我在那个时代真实而直接的感受。当代的“乡愁”和那个传统的“乡愁”已经有了本质的区别，现代的“乡愁”已经成为一种情感、一种情怀、一种生命的怀旧、一种爱的回归，是一种曾出生在农村的中国人的集体烙印。

为什么城市里没有你我的“根”？为什么当想到振兴乡村的时

① 2016年“北上广深”人口大数据分析：深圳户籍人口仅31.2%. 中商情报网 http://www.askci.com/news/finance/20160829/14272357840.shtml

② 米歇尔·博德. 资本主义史：1500—1988. 吴艾美，等译. 北京：东方出版社，1986：11

候，就会想到曾有过一个美好的乡村和农业？在中国历史上有过美好生活的乡村吗？奴隶社会有过吗？封建社会有过吗？近代社会有过吗？几千年的历史中，乡村对于城市而言是贫穷和落后的代名词。农民的生活曾经有过衣食无忧吗？不然，我们为什么努力建设“小康社会”？传统乡村是积贫积弱、被城市剥削的农村——所以梁漱溟才说“我所主张的乡村建设，乃是解决中国的整个问题，非仅止于乡村问题而已”①，“乡村运动正是民族自觉的开端”②。很多仁人志士要想改变中国都是从改变中国贫穷、落后和愚昧的农村入手的。

三、从乡土文化之“根”到特色文化城市之“根”

我们的文化之“根”现在在哪？其未来在哪？在城市还是在乡村？能够让来自乡村的人在城市扎根、让从其他城市来的人在新的城市扎根是需要很多条件的，既要建构优质的城市市民生活空间和文化土壤，又要有已经优化的城市文化综合治理模式，还要“让城市充满选择机会”，更要让城市文化和生活空间具有宽容、公正、公平和正义的属性；不仅要如西蒙娜·薇依所说满足人们生存的多种需要，还需要创造“灵魂的各种需要”，这些需要包括城市社会的“秩序”“自由”“责任”“平等”“荣誉”“惩罚”“言论自由”“安全”“风险”“私有财产”“集体财产”和“真理”等。让人们能感受到“有灵魂的生活”是其中核心的、最基本的需要，是一个人获得个人尊严的前提。社会整体意志的良知能够创造对个体的尊重，并将这种尊重推广为一种义务，这样的城市肯定是美好的，也是理性和科学的、民主与法制的，是城市社会的理想类型。

在现代城市社会的发展与变迁中，人口在流动，社会在转型，空

① 梁漱溟. 自述. 梁漱溟全集(第二卷). 济南：山东人民出版社，2005：31

② 梁漱溟. 乡村建设理论. 梁漱溟全集(第二卷). 济南：山东人民出版社，2005：486

间在变化，人们普遍存在着“无根”的感觉。虽然城市有时可以让人沉静下来，感受城市的文化和风情，但在社会转型中，这种感觉往往只是短暂的，甚至是稍纵即逝的，而现代生活中很多非典型性社会问题的表现形式之一就是人们都在“刷存在感”、寻找存在感，以至于演化成某些新的社会问题。

城市提供了乡村没有的个人价值增长的特殊环境，城市与个人发展有着本质联系，人们在城市中不自觉地创造着“自我文化”的“扎根”过程。考上大学，就是第一次“拔根”，这类“拔根”对于农村户口的人来说是社会流动中“向上流动”的起点和条件，然后就有了各种各样的“扎根”与“拔根”过程、类型和方式：打工、求学、就业和出国等。有的人从乡村走进城市求学，有的人从乡村出来打工，有的人从小城镇走进大城市，有的人从这个大城市走向另一个大城市；有的人成为临时工，有的人成为职员，有的人成为建筑工人，有的人成为大学教授，有的人成为公务员……人们从一个城市流向另一个城市，从一种行业换到另一种行业……人们不得不去思考，在什么时候、在哪座城市里能够“扎根”，哪个城市能够更好地让人们扎根。

当社会发展出现新的生产方式和新技术后，人们越容易被分化为不同阶层的群体，特别当城市社会成为典型的“异质型社会”时，这是帕克对城市分析的最深刻的一部分——城市的“异质性”。在城市社会的变迁中，人们一次又一次地创造新的生活和体验，或许每个人都一直在试图“扎根”，但现实是必须应对如潮的社会变迁，一次又一次地被“拔根”——离开家乡，离开原单位，离开原来的行业，离开生活过的城市，去寻找新的“根”和城市……无论穷人还是富人，无论是高学历者还是低学历者，也无论是城市里人还是乡村人……面对瞬息万变的现代化发展和生活、生产的技术型变化，有时是束手无策的。产业结构的变化，新型业态的变化，新型消费方式的变化，新型交通方式的变化，新兴网络经济的变化以及智慧产业、3D 打印产业、机器人产业的兴起等，使得所有社会阶层都面临新的挑战，所有不同类型的群体和个人都有可能“被拔根”。“无根性”所形成的不稳定性是现代风险社会非典型性社会问题产生的原因之一，即使在城市社会精英群体层面，虽然他们在外在形式上表现了城市人生活的"嵌入性结构"，甚至通过城市的"事本性"构成了"强关系"社会网络，但是，过快的变化也使得他们面临各种各样的"被拔根"境况。城市"无根性"更为深刻地表现了城市人的关系结构，人们渴望在这个城市所形成的"地点、出生、职业、周遭环境所自动带来的参与"①。在这个意义上说，既要有生活源文化的"根"——"乡愁"与乡村的生活，还要有创业发展和个人价值理想实现之"根"，让人们能够在城市里形成"嵌入性的生活体系"，感觉到城市的关怀和温度。

城市社会被放大的"无根性"，使得任何个体都必须重新进行"社会再包装"和"社会个体再整饰"才能融入社会。② "一个十分清楚的逻辑关系是：中国实现现代化→首先必须改变 80%的农业人口的文化心理结构→使更多农业人口走进现代化生活→让更多的农业人口实现文化心理结构的现代化转向→必须改变传统农业社会的社会结构和生产结构→推进经济转型良性发展与改变生产方式、生活方式→最终使'乡村人'成为'城市人'，成为有契约精神的市民，从而使中国从传统的乡村社会转化为城市文明社会。"③

正如孟德拉斯所说："农民是相对于都市来限定自身的。如果没有都市，就无所谓农民，如果整个社会全部都市化了，也就没有农民了。""当农业劳动者不再把自己作为生产者，并开始考虑自己的生产销路时，他的整个世界都改变了。种地养家的农民和满足消费者需求的农业生产者具有完全不同的视野。"为了简明描述我们应该思考的未来振兴后的乡村的生活，我们还是用孟德拉斯话来解释：20 世纪 80 年代的法国，"乡下人享有都市生活的一切舒适，统计数字表明，在巴黎人、都市人、郊区人、小都市居民和乡下人之间，已经不像

① 西蒙娜·薇依. 扎根——人类责任宣言绪论. 徐卫翔，译. 北京：生活·读书·新知三联书店，2003：33

② 张鸿雁. 中国"非典型现代都市病"的社会病理学研究. 社会科学，2010(10)

③ 张鸿雁. 社会经济形态转型条件下"结构性农业经济"的构建. 社会科学，1996(1)

20年前那样具有系统的差异”，所有的家庭都有现代化电器和小汽车，而在某些方面在原乡村地区的居民还有优势，如住宅空间和冰柜比都市中心区居民的要大得多。他认为，“乡下人享有都市的一切物质条件和舒适，从这种意义上说，他们的生活方式都市化了。这种生活差距的消除是在70年代完成的。作为逆流，一些异型的生活形式出现了”①。因此我们可以试问：三代四代以后，我们的“根”在哪？答案肯定是不同的，理解也是不同的。不解决农民的问题，也就不能解决中国社会落后的本质问题，几千年的中国农业社会，直到现在很多社会问题都源于还在深化的城乡二元结构。中国老一代学者在研究社会问题的时候，都蕴含着一种个人价值理想与人文精神指向，具体表现为对劳苦大众的人文关怀——20世纪二三十年代，有一批知识分子、文化人深入乡村开展实地研究，试图从根本上解决中国的贫穷问题，其解决之道的切入点是：对农民进行文化启蒙教育。从当代的世界潮流看，乡村振兴有三种思路：一种是关注、关心农民，让农民仍然像以前一样留在原来的土地上维持传统生活；一种是留在原来的土地上创造新的生活；一种是让农民变成市民，进入城镇生活体系并通过身份转换，重新以城市人的身份来改变乡村。我们的关注点应该是在乡村能否建构现代城市生活方式、现代城市文明和现代城市市民的生活体系，让传统乡村中的每个个体获得人性的解放，让每一个人活得有理想、有利他主义的价值取向。

我个人之所以关注乡村、关注乡村的“空心化”问题的解决，主要是因为在我多年的城市研究中得出这样一个结论：要想解决农民贫困问题，就必须减少农民，必须让农民转化为城市市民或者成为有知识的农业工人，其根本的方法之一就是积极推进科学的、适合本地情况的乡村城市化。同时在城市研究中我还看到，目前推进的乡村城市化不仅存在理论与认识上的误区，而且还存在着实践与操作上的

① H.孟德拉斯.农民的终结.李培林，译.北京：中国社会科学出版社，1991：2，175，284，300，302

错误,一些地方的城镇化建设不仅难以推动,而且还在走偏。合理的新型城镇化在把传统农民变成市民的同时,也应该创造现代新型的城镇科技农业,在"原农业地带"创造城镇生活方式,创造新的城市社会关系体和区域现代性——"城市性",包括建构、培育契约精神、民主精神、集体良知、利他主义倾向等,这就需要对农民进行文化启蒙再教育。乡村城镇化也是在创造新的"地域生产力格局",建设"财富积累中心"以及人文主义精神,要让"城市性"和"城市现代性"要素凝结成为农民的一种文化认知。进一步说,在全球一体化和全球城市化的今天,如何能在中国原来的农业地带进行有效的城市文明传播是一个十分迫切的问题,也是中国现代化需要解决的"短板问题"。

马克思在《资本主义生产以前各形态》中讲过,"近代的历史是乡村城市化的历史",人类城市化的历史已经证明了马克思的观点。从更深层次的意义上说,我们在关注乡村问题、表达人文关怀和学者责任的时候,还应该有时代的担当。一个学者在探索现实与历史问题的同时,还需要直接参与城市和乡村文化的规划、建设实践,并把一般的责任担当转化为具体行动。我当过知识青年,下过乡,当过农民,20 岁当农村生产队队长,东北农村里所有活儿都做过,还当过林业工人和建筑工人,应该说是十分了解农民生活的疾苦,也更了解农民没有文化知识的苦痛生活事实。我认为,不能让传统农民仅仅附着在原来的土地上,以传统的生产和生活方式继续着不能改变贫困的生活,而要在"原农业地带"创造一种"城镇人"的市民生活方式。

发达国家都曾出现过这样一种现象:社会精英群体带着知识和资本重返乡村去参与村镇的规划建设和治理工作。因专业需要和个人价值取向,我主持了多项城市规划、城乡一体化规划、县域"多规合一"规划、特色小镇规划、旅游景区规划以及村镇治理规划、村镇空间规划、村镇文化旅游规划、村镇农业科技园区规划和传统古村落"精准保护与开发"规划等。从 20 世纪 20 年代以来,在美国、英国、法国、德国、日本和韩国等经济较发达国家,很多知识分子都曾参与过乡村的改造、重建和新文化创造运动。特别需要类比的是，这一时期的中国（20 世纪二三十年代），以晏阳初等学者为代表的人们正在办学校，开展平民启蒙教育。晏阳初认为，中国的大患主要是民众的“贫、愚、弱、私这‘四大病’”，要改变落后的中国，必须改变“少文化缺知识”的农民。但是，那个时代战火连年加之外患频仍，注定了他们不可能真正实现改变农民贫困生活的愿望，更不可能改变积贫积弱的社会。今天，中国处在一个改革开放、可以创新的时代，为学者介入乡村治理提供了良好的环境，让农民从仅仅是“活着”转而走向“生活着”的状态，并进入有文化价值追求的生活方式。这里强调“生活着”，意指个体人生终极价值的追求。要想达到此目的，必须去重构乡村的“文化根柢”[①]。在这方面，日本、韩国和中国台湾等均有成功的案例，如日本古川町、中国台湾宜兰的社区治理模式等，都有大学教授、学者、规划师、建筑师等在乡村一做就是几年甚至十几年。在浙江德清莫干山一带正兴起的“洋家乐”就是乡村城镇生活方式化的一种发展模式，是城市精英下乡推广城市文明的一种成功案例。目前，已经出现大批城市精英重返乡村的热潮，他们在传统乡村或深山里建构新型的城市生活方式，创造类城市生活方式的空间体系及要素——新型的咖啡馆、民宿客栈、书院、乡村学院，使得新型的产业共享平台、社会交往方式、生活样态在乡村开始兴起。关键是，他们还带去了新型的城市市民生活体系、新的人生价值取向、新的创业经验等。这些都改善了当地人的生活质量和水平，构成了有地域文化特色的城镇生活型空间体系。

在中国城市化向乡村传播城市文明的过程中，可以看到已经具有显性化的“五种乡村文化重构与治理模式”：一是无锡田园综合体模式。二是浙江德清的“洋家乐”模式。一些外国人和上海、杭州等城市里的文化人、学者和新一代“文青”主动下乡建设乡村，在乡村经营发展创业。三是浙江安吉“美丽乡村”建设模式。它创造了完

---

① “根柢”最早出自鲁迅在《致许寿裳》中的论述——“前曾言中国的‘根柢’全在道教，此说近颇流行。以此读史，有多种问题可迎刃而解”

整的建设经验，并形成了以政府为主导、企业和村民共同参与的建设模式。四是我本人主持规划、设计和策划的南京高淳桠溪国际慢城模式，是以“福民富民”为核心，以农民就地城市化为外在特点的一种可持续发展的创新模式。五是安徽黟县的“碧山文化”模式，即通过老宅基地的流转，创造一种新型区域旅游和保护“乡愁”、保护老房子宅基地的流转模式。当下，城市里有投资能力的“文化资本家”正在乡村里四处寻找投资机会，在乡村不自觉地重构地域文化，如雨后春笋般兴起的乡村书院就是一例，其意义非常深远。

让农民变成市民是城市化的根本目的之一，也是特色文化城市建构的难点和重点。这不是一蹴而就的，而是一个漫长的教育和习得的过程。一个明显的事实是，如果不让农民进城，就永远没有改变他们命运的机会。在中国几千年的封建社会里，城市是皇族和达官显贵的居住地，农民没有成为城市市民的机会。而中世纪的欧洲则相反，逃亡到城镇里的农奴过上 101 天就有可能成为市民，所以马克思曾说，欧洲中世纪的城市是由逃亡的农奴建造的。改变传统农民生活方式的路径大体有二：一是让农民先到城里来，参与城市建设，接受城市文明，获得城市生活感受；一是城里人到乡村去，唤醒乡村，培育乡村的文化自觉，创造“城镇型农业”特色村镇，推进乡村城市文明建设运动，即创造乡村发展的内在“文化动力因”。

中国农村的短板问题之一就是“空心村”留守老人和儿童问题。这些被闲置的“空心村”不仅浪费了大量的土地和资源，而且使一些农村区域呈现经济和文化大面积双重沦陷的情况，那些断壁残垣述说着一种衰败和“乡愁”。因此，一些欠发达地区的乡村急需文化整治。新型城镇化形成了两道风景线：一道是鳞次栉比的高楼大厦构成的繁华城市，一道是空寂无人落后衰败的乡村。那些衰败的乡村成为低俗文化的滋生地，可以称之为“大面积文化坍塌”。因此，我们这一代知识分子有责任把农民带进现代社会。

与晏阳初和梁漱溟等老一辈学者亲自参与乡村治理相比，当代中国知识分子对乡村的文化重构有相同的一面,也有不同的一面。相同的是情怀,不同的是时代背景和工作内容。当代社会发展给我们提供了创造现实的基础。比如,早在 2011 年,在高淳桠溪国际慢城的规划与策划中,我们在文本中明确提出了“两年内农民收入倍增计划”,之后通过政府与农民的共同努力,根据规划要求按期实现了“福民富民”的目标。在湖北的蕲春县(一个山区贫困县),我们提出“药旅联动战略”,政府决策并直接推动全民参与,做到家喻户晓,给全县的干部上课,培训农民和村主任,全县都被动员了起来,3 年左右,经济和社会发展发生了深刻变化。和 20 世纪的知识分子相比,他们更多地强调文化知识教育,而我们是在进行文化知识教育的同时,为农民规划城镇,推进产业发展,为农民实实在在谋幸福。我在最近发表的《“社会精准治理”模式的现代性建构》(《探索与争鸣》2016 年第 1 期)中指出,江苏省已经是经济文化较发达省份了,仍然还有 300 多万文盲。南京这样 ·个人文荟萃的地方,还有 20 多万文盲。江苏尚且如此,那么全国的文盲群体应该是很庞大的。如果一个正在推进改革开放、进行现代化建设的国家还存在这样庞大的文盲群体,是很难使整个国家进入现代性发展体系之中的,这些关键性“社会短板”问题必须通过“社会精准治理”来解决。

我们深入乡村田野调查,深入每家每户精准调查、精准统计,以便达到“精准规划、精准治理、精准开发”的目的。我们在湖北蕲春做的田野调查,对 10 000 个自然村进行了统计和评估,走遍了全县 15 个乡镇的 500 个行政村,还对很多自然村进行了一家一户的入户调研,询问他们人在哪儿、老年人有几个、房子有多大、在哪里打工、就业收入情况、宅基地情况及土地流转情况等,即用“嵌入性”方法进入农村,到社会基层去了解农民。更重要的是,我们观察到,这些居住在深山里的人,是城市人,又是乡村人,可以称其为“城乡候鸟族”、城市“边际人”。他们中的一部分人在老家山里有房子,在镇上有房子,或在县城有房子,也有的在打工地如苏州、深圳等城市还有房子,这种现象对于我们理解当代农民的文化价值取向是有帮助的。江苏洪泽县龟山村基本上是一个“空心村”,共有 100 户人家,我们对每一户都进行了详细的摸底调查,包括房屋的年代、是否为古迹,经济来源,人口数量,在外地就业情况等,并进行了全面造册,提出了精准治理方案,应该说做到这种程度是很不容易的。之所以说我们和老一辈社会学家比,进入乡村的目的和目标是不一样的,是因为老一辈社会学家是希望唤醒和启蒙农民来改变中国,而我们是通过教育农民、重新规划乡村、建构特色产业来改变农村和农民。现在的中国农民多数是有一定文化的,我们希望让他们尽快转化为市民,以多样化、多渠道的方式让他们成为城镇市民,其中包括鼓励那些“乡村精英”回乡主动参与重构现代乡村建设,创造新的社会文化共同体,包括建构现代性的乡村文化——“集体良知”。

深入农村,了解城市和农村的差异,唤起农民的“文化自觉”①,让城乡社会全员成为市民社会结构中的“文化因子”,是我们追求的目标之一,从费孝通先生的“乡村文化自觉”,进而发展到现代意义上的“城镇文化自觉”。我们在江苏、浙江、湖北、安徽及东北地区开展的许多乡村实践,都是首先培训农民,包括一些乡镇干部,让他们懂得、理解如何建构乡村特色文化、乡村“地点精神”,保护“乡愁”文化和集体记忆。在一些农村地区,年轻人都出去打工了,好多行政村、自然村的村主任年龄比较大,我们曾经专门对他们进行相关培训。他们有很多人不懂电脑,也不会看地图,他们的乡音有些我们很难听懂,但我们克服困难,引导他们挖掘自己乡村的特色文化,让他们了解乡村变革的意义,特别是给他们以新概念启蒙,如民宿文化、农家乐文化、淘宝村文化、乡村旅游文化、农副产品特色文化、乡土品牌文化、农村电商文化、农业休闲观光文化和“产城一体”等知识。虽然简单的培训很难产生理想的效果,但是,毕竟他们是生活在现代社会的人,电视、多媒体演示对他们还是会起到一定作用的。以往很多乡村的农副产品多是“田头交易”,利润少,劳动强度大。我们强调,引导农民成为新一代“农业工人”,农副产品的初加工、二次加工和深加工的附加值的意识正在农村兴起。

① 费孝通.关于“文化自觉”的一些自白.学术研究,2003(7)

在城市规划和乡村规划的研究中，我们运用大数据理论、现代网络管理理论、智慧旅游等理论与方法，对农村的文化、历史、相关资源进行梳理和创新，并且通过整合优秀的乡村文化使之转化为“城镇文化资本”“旅游文化资本”，进而形成保护、开发乡镇文化资本再生产的过程。比如可以进行乡村农副产品的营销推广，进行相关农业产业特色类型和价值链的建构，进行产业模式和营利模式的规划、策划等。我们规划设计过农业科技产业园、食品加工科技产业园、一村一品开发、乡村旅游节等，使之与城市生活、“产城一体”相结合，切切实实地改变了当地的经济和文化状况，达到了预设效果。鲁迅曾言要唤醒中国的“文化根柢”，这就是我们的唤醒方式。我们以学者身份“嵌入性”地进入乡村是有很多优势的，如以学术研究视角挖掘各种文献资料，找到当地人不知道的历史资料、本地故事、本地传承的口碑文化等。有时候，当我们把一些成果拿出来的时候，许多当地人甚至相关部门的管理者都很惊讶，有的成果甚至可以填补地方文化的空白。我的体会是，在这样现代性意义上的农村文化保护和建设中，我们这一代知识分子如果能够深入下去，是真的可以大有作为的。

我之所以愿意以回望的视角关注乡村文化还有另外一个原因：乡村是城市文化的“根”。保护好乡村文化，是城市特色文化建构的前提。乡村文化的保护与建设是一个长期的过程，因体制等原因，很多地方领导干部不可能长时间扎根农村，一般三五年任期满后就要走人或升官。回想当年巴黎市长奥斯曼，规划建设巴黎整整 18 年，现在巴黎的空间样态还是 160 多年前的形态。而中国的学者在乡村建构方面遇到的是“铁打的衙门流水的官”，有时候很多规划、设计与策划很难实现，主要是因为县市包括乡镇换官换届，很多建设规划往往半途而废。

重构乡村社会与文化生活空间还必须解决一个认识问题，即保护那些该保护的，拆掉那些不值得保留的、落后的甚至肮脏龌龊的建筑和村落。在保护乡村文化的认知方面，国内很多知识分子都在呼吁。我们必须面对现实，对现存的乡村村落加以区分并进行分类处置，保护传统文化中的那些优势的文化要素，而不是其他。我们现在做的乡村文化保护与重构,有一整套成功的经验,包括一整套可行的方法、程序,它们是规范而有效的。即用城市社会学的一般理论与方法、社会学和人类学的田野调查方法、城乡规划学的理论、区域经济理论、旅游经济产业规划理论、城市文化资本理论及产业经济理论等方面的知识,进行综合跨学科的规划与策划。我们特别强调通过特色文化城镇建设,在农村建构一种就业和创业的机制与文化土壤。我们认为,建设特色文化村镇是中国乡村振兴的切入点。全世界有50多万个小城镇,发达国家60%的小镇都有特色文化和特色产业,而中国还不到20%。缺乏文化特色就必然缺乏就业机制,缺乏就业机制是中国一些农村凋敝的主要原因。我们可以看到,在经济发展较落后地区的一些乡镇、村落,几乎无业可就。没有就业机制,农村的可持续发展是不可能的。所以,给农民创造创业、就业的机会,是回归乡村、回归乡村建设的关键点,而要解决此类问题,必须走新型城镇化的道路,走都市农业的道路,走产城融合的道路,给农民以新生的文化土壤和机会。这其中的规定动作之一就是:必须把那些有传统特色的“乡愁”文化保留放在首位。我之前发表的一篇文章主题就是“‘精准保护’传统乡村”(《中国名城》2016年第1期),在这篇文章中,我首次提出了对优秀传统村落进行“精准保护与开发”的概念。我们必须清醒地认识到:有些落后乡村的生产模式和生活方式是不值得保留的。在原农业地带的大范围区域内,应该有新型的科技农业、现代型农业、智慧型农业、大数据农业、精准农业、设施农业、创意农业、观赏农业和传统村落形态多样化的新型旅游农业等,只有这样,才能真正创造多样化的乡村发展模式,改变乡村的本质并保留好“乡愁”。

四、从乡村社会到城市社会:“集体良知”与市民社会文化觉醒

在城市发展的方式上,特色文化城市建设是在创造城市社会的

现代性，创造城市现代性的新文化价值主张。当下，一边是中国城镇化的高速发展，一边是一些传统农村深陷在旧文化的泥潭中。如果说城乡有鸿沟的话，用卡斯特的话说就是：现代社会人与人之间的差异主要表现为信息占有量差异所造成的鸿沟。必须运用多学科知识，必须打通规划学、地理学、经济学、社会学、旅游学、文化学、历史学及农学等多种知识的边界，才能有效地进行乡村规划和建设，这实际上需要一个由拥有多学科知识的成员组成的团队。

在特色文化城市的研究中，我们重新看到了城乡在空间上的地理差别和变革，更深刻地了解了城市特色空间再生产的理论与变迁，看到了发达国家城乡之间发生的质变。就像在美国和欧洲国家所看到的那样："即便是一个人住在森林里、一个家庭住在农业地带并经营农业，但他们是传统农民。"即使住在很小的"村子"里面，他们也是现代"城市人"，是懂得契约精神的市民，因为他们享受和创造的是城市文明，他们以特有的工作方式和生活方式实践着城市市民社会的生活。

在这里，我个人认为并强调：重构乡村文化，不能简单地、单纯地依靠农民，一定要由社会文化精英来引导农民重构。因为，如果农民能够重构农村新文化的话，那么传统农村就不会有几千年来不变的传统落后文化了。重构乡村文化是城市文明对乡村文化的"接替与侵入"，在此意义上我们必须再一次强调：重构乡村文化不是保护落后。1949 年时，中国有 600 多万个自然村，当时中国有 4 亿人，到现在我们有近 14 亿人。而且，从 1848 年鸦片战争以来，很多美丽乡村被毁于战火，到 1949 年，"传统美丽村镇"屈指可数，而且好多美丽乡村经历几场运动又被人为地破坏了。从理论与现实的意义上看，那些值得我们记忆的特殊空间、有真正的传统"乡愁"和人文集体记忆的村落，即像乌镇、周庄、南浔、婺源那样的村庄本来就不多，1949 年后的一段时间里因某种原因又不能进行传统村落文化格局的建设，大量的自然村，即仅以居住功能为主的村落，多数是 1949 年后建造的，这样的村落多数仅仅能够居住而已，而不具有典型的历史文化特质和"地点精神"。因此，解决乡村文化重构问题的根本之道在于让大多数乡村人成为有文化的人，成为城市文明体系下有"市民意识"的人，成为"现代乡绅"，这样才能出现乡村的文化复兴。如果有那么一天，如美国、法国和德国那样，在乡村里生活的人主要是知识分子、高学历群体、高级白领和各种工程师……这样的乡村社会才能真正以重构城市文明的方式表现自己的文化自觉，这样，文化特色建设的土壤才会广阔而肥沃。

我曾经在意大利参观一个小镇，并深入调查了两个企业。一个企业有170年的历史，另一个企业有140年的历史，人们都把住在这个小镇视为一种荣耀，一种世代传承的文化荣耀。这个小镇不是传统的农民在生活而是原来的传统农民变成了城市的市民在生活、在创造，但是永久地保存了这里的文化和"乡愁"记忆。实际上，发达国家已经证明了这样一个事实：不是把农民留在那里就叫留住"乡愁"，而是要把那些文化、文脉和集体记忆保存好，并让农民过上现代文明生活，才能够真正保护好"乡愁"。现在也有些争议，很多人，包括一些作家、文艺人呼喊中国乡村都没有了，他们理解的是把农民留在那里就可以了，甚至有些教授也是这样理解的，可是，让他们自己回到原来的农村生活他们又不愿意回去。这才是现代版的叶公好龙。我在《社会学研究》2013年第3期专门谈到过这个问题，乡村是什么呢？孟德拉斯在《农民的终结》里谈到，在乡村，董事长就是农业经营者，打工的是高级白领，中层管理者和工作者是股东，企业是农业的托拉斯。欧美的一些传统小镇、小村，有的是巧克力小镇，有的是旧报纸旧书小镇，有的是老爷车小镇，有的是特色餐饮小镇，有的是博物馆小镇，等等，可谓形形色色，但它们都有自己的唯一性，其中有些特色小镇还不如中国的一个村庄人口多。特色产业不一定就是工业，更多的是文化类产业，是本地特色产品类甚至典型的怀旧产业。我们强调的乡村保护就是保护原文化、原空间样态、原文化肌理、原生态体系、原住民、原习俗、原风貌和原"地点精神"，但是，这里——传统乡村必须有就业，而相对充分的就业必须与城市经济相联系，无论什么样的小镇、小村，要想生存发展就必须成为大、中、小城镇的结构构成的一体化部分。

有资料说,美国60%以上的人住在中小城镇里,在洛杉矶周边有80多个城镇,它们构成了一个地域城镇生存体系。小城镇是最能够体现美国生活方式的地方。小城镇不是落后的农村,而是景色优美、设施齐全的“生活共同体”,去过美国的、对此有深入研究的人都有这种感觉。但是,在中国,很多落后的村落不仅生活方式不完全,而且污染还较为严重:一是河水和饮用水污染,二是生活垃圾污染,三是农药污染,四是乡镇工业污染。特别是,落后的生活习惯与生活方式是各种疾病频发的重要原因,几乎每个省都有一些比我们想象的还要落后的地方,而这些落后村落的贫困、污染、陋习等地方性问题长期得不到改变。另外,还有文化和伦理上的问题,如经常看到某媒体说,高速公路上运输水果或运输其他物品的车翻了,很多农民一起哄抢货物,这种落后的集体文化行为就是传统乡村脱离现代城市文明的一种结果,也是在空间上远离城市文明的结果。因此,要想改变农民,必须让农民成为有契约精神的、遵循现代文明规则的市民社会的成员。如何让一些落后地方的农民有利他主义文化倾向?最重要的是让他们具有由现代文化认知所构成的“集体良知”。在那些传统乡村,因为经济和文化的落后,加上缺乏文化教育,很难形成有人文主义内涵的群体认知,这样的群体在某种意义上说很难建构起爱国主义文化和情操,中国近代历史的一些事实已经证明了这一点。所以说,要实现中国现代化,就必须解决底层社会,特别是乡村社会的文化缺失问题。特色文化城市建设还担负着城市文明与城市文化传播、呼唤乡村文化自觉的任务和历史责任。

特色文化城市再建构还要寻找那些优秀的城市与村落空间、优秀的地方精神和地方文化,寻找那些值得传承的、向上的优秀集体记忆,来重构特色文化。有时候我们很着急,因为人们对城市生活方式和市民社会的关系理解相差甚远,有很多人认为把农民留在乡村就可以了,可是他们不知道,好多传统的乡村连下水道、化粪池都没有,晴天还好,一到阴雨天污水流到井里、流到河里……这种情况非常非常多。必须通过新型城镇化、现代科技、现代文明、现代城镇系统和现代科技农业，把小城镇、传统村落纳入大中城市的网状地域结构中来，像上海、苏州、无锡的郊区那样，让城市文明普及乡村，让特色文化成为全社会的文化资本，这样农民的现代生活空间体系才能建构起来。在中国一些落后的村落，特别是那些“空心村”，虽然房子坍塌了，农民亦弃之不顾，但是房子的宅基地产权还在农民手中，农民到城市打工之后，往往会在乡镇、县城或是大城市郊区购房，收入较高者又重新回到村里，在交通好的地方再盖房子，因此，一户多基、一户多宅的现象在一些地区比较普遍。如果不解决此类问题，新型城镇化的发展就会有很大阻力。我们反复强调，传统乡村文化重构的本质就是让农民市民化，让他们受到良好教育而有“集体良知”。我们之所以反复强调从“乡村文化自觉”到“城市文化自觉”的转化，是因为，这是现代乡村文化建设的必由之路，而且也是中国特色文化城市创新的“文化根柢”重构。

“原农业地带”这一概念是非常重要的。我们可以看到大城市区域中的一些小镇和村落，会散散落落地形成一个有机性的区域空间，在美国、澳大利亚、法国、英国、德国、日本和加拿大的大部分地区就是这样：有的人住在森林里，有的人住在湖边，有的人住在自己的农场里，有的人住在山里，有的人住在乡下……去哪都要开车或者依赖公共交通，住在“农业地带”怎么就是农村人呢？这个概念需要改变。城市生活方式的普及，让每个人得以住在不同的空间里享受和实践着现代文明，如前所述，主要是通过“交通方式”“交往方式”“通信方式”“工作方式”和“消费方式”形成的“城市生活方式”的变革，形成城市文明的高普及率，住在哪里都是有教养、有契约精神的市民。我1986年参加苏州建城2 500年的学术会议，那时我就提出，迟早有那么一天，苏州和上海要连在一起，当时引起很大的争论，很多人并不同意我的想法。现实是苏州和上海基本上连在一起了，所以我现在还要说：迟早有一天，上海、苏州、无锡、常州要连在一起，成为大都市“连统区”或称“大都市联合统计区”，这种趋势不是靠政策就可以阻挡的，因为它是通过公共交通、市场关系、土地级差、网络化梯度、社会结构变迁等因素形成的差序化社会空间格局的必然结果。当下，网络社会形成的“自媒体”文化和经济能够从一个侧面说明现代性和城市生活方式的这种无边无界无形的特征和意义。

那么，城市化进程中的农民在哪呢？首先，从身份讲，农民要成为市民，从这一点上说，在哪都可以。其次，从空间上讲，农民应该在城镇生活体系内，中小城镇应该成为大中城市的区域网状结构化的组成部分。第三，从分类上讲，农民可以在城市里，也可以在“原农业地带”，还可以在深山里……但更希望有更多的农民就地成为城市市民。

五、特色文化城市发展与创新：建构在世界民族之林占有一席之地的城市

人类社会的城市化有其自身发展规律，但是，因各个国家的经济结构、文化结构和政治结构不同，城市化发展的阶段也不同。1848 年时中国的城市化率是 10.9%，美国也只是 10.6%左右。可是过了 100 年后的 1949 年，中国城市化率仍然是 10%左右，而美国已经接近 70%，也就是说在 100 多年的时间里，中国的城市化没有任何发展，而西方发达国家基本完成了城市化过程而进入城市社会。中国近代社会仍然是传统农业社会，这也是当代中国城市化任重道远的原因之一。假如按照近代西方发达国家城市人口每 25 年翻一番这一规律发展的话，就中国目前城市化率已经达到 58%左右的情况看其结果是可想而知的。未来 25 年左右，中国将会全部完成城市化发展过程。一个国家城市化水平如果达到 85%左右，也就等于完成了城市化，这其中有一个经常被人们忽视的理论，即“城市文明普及率”理论——如果城市化率是 10%的话，只有 30%的人可以享受城市文明；如果有 30%的城市化率，就会有 50%的人享受城市文明；如果有 50%的城市化率，就会有 70%的人享受城市文明；如果城市化率达到 75%或 85%的话，就会有 95%以上的人享受城市文明，也就等于完

成了城市化这一过程。不言而喻,城市化和城市现代化不是所有的人都要到城市里生活,而是城市生活方式和城市文明普及所表现出的城市性与现代性。

进一步解剖还可以看到,如果城市化率达到85%左右,城乡人口流动就基本停滞了,或者说流动方式被改变了,主要体现在城市(镇)之间的人口流动,发达国家如美国、德国、英国及日本已经证实了这个结果。从理论与实践的双重视角看,城市化率达到50%以上时,在一般情况下(在不出现巨大社会动荡的前提下),社会经济发展会进入较高速发展状态,全球城市化已经证明这一点。如果城市化率达到85%以上的话,城市化人口红利就会失去,中国特有的房地产市场也会出现质性改变。在人类社会发展史上,1850年英国首次完成了城市人口超过农村人口的社会变迁,并在第二年创办了人类历史上第一届世界博览会。无独有偶,2010年,中国城市化率第一次达到了50%,这一年,上海举办了人类历史上第41届世界博览会。相似的历史说明了同一个问题:城市化率达到50%的时候,表明社会财富已经集聚到了一定程度,城市经济到了可以反哺农村的水平。农村的基础建设、环境改造、生态补偿、空间规划、产业发展等都可以得到城市的反哺和辐射。我们已经看到,大城市郊区农业、发达城市的县属农业发展得都比较好,其原因就在这里。这也进一步证明了这样一个概念:城市是地域生产力的集中表现形式,凡是经济繁荣的地区,也必然都是城市繁荣的地区,反之亦然。上海、北京、南京、杭州、深圳、苏州的农业和农村发展都比较好,也是城市化和城市现代化的一个结果。实际上,深圳和上海是中国最早宣布没有农民的城市。

只有现代化建构过程形成现代性社会结构,并在社会整体财富增加达到一定程度时,才有可能形成现代型城市社会。否则,外不能抵御列强侵略,内不能创新发展,游民四起、哀鸿遍野的时代,民众温饱都不能解决,面对大好河山,只能抱残守缺,眼望东流水而束手无策,近百年来的中国,无数城市和乡村在列强的炮火下,多成为断壁残垣……我研究城市近40年,十分清楚城市的内在价值:城市是社会发展的中心,城市是社会发展的动力,城市是社会发展的创新地,城市是人才集聚的高地,城市是人类的财富中心,城市是新兴阶层崛起的文化场域(如佛罗里达在《创意阶层的崛起》中所说),城市是市民社会的舞台和新历史的出发点……所以说,58%的城市化率,至少表明了社会财富增长进入了快车道,特别是中国新兴中产阶级正在成长,城市已经有能力对农村进行经济与文化反哺。我们可以看到,发达地区美丽乡村建设大多比落后地区要强很多,比如浙江省和江苏省的"美丽乡村"建设,政府不仅补贴大量资金,而且村民的文化自觉意识也普遍比较高。相反,一些经济较为落后地区的政府则很难对乡村建设有较多的补贴,村民因缺乏文化知识而缺乏文化自觉。

传统农业社会的特点之一是:农业劳动者的劳动时间和闲暇时间是不能明确划分的,往往是日出而作,日落而息。城市社会的特点之一是:人们的工作时间和闲暇时间是可以明确分离的,而且闲暇时间具有某种法律保障,这也是划分城市生活方式和传统农村生活方式的界标之一。其实,我们完全可以从词义上区分城市生活和乡村生活,如农民的生产我们一般称之为"劳动",而城市人的劳动我们一般称之为"工作"。通过这些分析我们可以想象传统农村变成现代城市生活的聚居点、现代生活的小镇应该是什么样。其实发达国家已经有标杆和样板,比如发达国家的工程师小镇、白领小镇、企业总部小镇和特色家族企业小镇等。这样的"原农业地带"的小城镇和居住点是城市生活方式的延伸,有人称之为"逆城市化现象",而我称之为"城市生活方式的再深化现象"。如莫干山里山村、桠溪国际慢城的乡村,这些原来传统落后的小镇、小村已经直接跨入国际生活的范畴,那里的一些外国人、城里人、本地人、外出打工回来的人,正在实践着乡村城市化的过程,正在创造山村里的城市生活方式。无论是外地人还是本地人,他们的生活质量和收入已经远远超出了原来的农民和一般的城市居民。正如孟德拉斯所说,那样的乡村里,农民的房子比城里人的房子大,农民的冰箱也比城里人的冰箱大,但他们已不是传统农民,他们在敲响传统农业的丧钟。这也是一种必然的趋势:中国面临着传统农业终结的考验。

最后,我们要重复这样一句话:乡村与城市的本质区别是生活方式。推进社会整体的现代化,必须走城市化和城市现代化创新发展的道路,而发展健康的现代化城市一定要建构有特色文化的城市。

特色文化城市研究的学术价值与应用价值必须放在一个基本的背景框架下进行审视,即便在改革开放之后经历了长时间的城市化变革,长久以来存在的城乡二元结构及其衍生制度、产业经济结构、政治文化生态等依然是当下许多社会问题的根源所在。要解决这个问题,就必须着力实现农村、农业和农民的现代化,也就是积极推进科学的、适合本地情况的乡村城市化。而在这个过程之中,城市文化建设尤其是城市特色文化作为城市永续化发展的动力和生产资本,历史性地成为创新城镇化发展方式、构建城市核心竞争力的有效途径,也因此成为突破城乡二元结构困境的新可能。

回应多重时代的变革挑战,探寻中国城市“文化驱动”的创新突破路径。全球化进入新阶段、城市软实力竞争、中国文化崛起等新时代变迁的到来,使得寻求城市发展的差异化、特色化、可持续化动力显得愈加迫切。在这种情况下,特色文化城市实际上成为一种以“文化驱动”为核心动力的城市发展新可能。也正因为如此,特色文化城市才能够为中国的城市化和现代化提供一种创新的模式和范式,从而驱动城市化的稳定永续发展。

创造全球竞争背景下特色文化城市发展的中国研究范式。特色文化城市的创建在西方发达国家和地区已有相当成熟的模式与路径,但对于中国的城镇化来说,直接搬用与移植显然不能成为一个合理的选择,因此通过特色文化城市的课题研究,尝试构建特色文化城市发展的中国样板和中国路径,从而为中国的城市文化模式的个性化发展提供参照体系与指导就显得尤为重要。

建构一种中国本土城市现代化发展的理论思考范式。中国城镇化的发展规模、发展速度与当下所呈现出来的发展态势已经成为影响全球经济社会发展的重大社会现象,必须配套以相应的本土化理论话语体系。在这种情况下，本丛书以特色文化城市为切入口，积极回应中国城市社会来临之际出现的发展趋势，重构、重组、重建、重缀中国本土化的城市文化发展理论，并提出新的与时俱进的中国特色文化城市发展战略。

为区域特色文化城市的分类差异创建提供理论指导。中国的城市化发展呈现出典型的区域梯度差异性，因此如何做到因地制宜地有效引导就显得格外重要。本丛书通过对中国各区域特色文化城市要素内涵以及建构方式的研究，结合类型学的划分和不同城市所处发展阶段的差异化，谋求对区域性的特色文化城市创建、特色城市定位、城市文化品位完善等相关环节的分类指导。

守望中国的民族地方文化“乡愁”，鼓励城乡一体的“文化自觉”与“文化自信”。城市不仅仅是文化的容器，而且更重要的是人类文化创新的平台，人类社会先进的思想文化和科学技术大体都产生在城市里。中国悠久的民族传统文化与现代创新文化都值得彰显与继承，特色文化城市研究不仅可以让城市凸显自身文化特色，更可以赋予城乡以同样的“文化自觉”与“文化自信”，从而充分激发城乡发展活力。

《特色文化城市研究丛书》来自国家社会科学基金重大项目，参与成员先后发表了署名国家课题编号的学术论文 51 篇，其中，发表在中文核心期刊上的论文 32 篇。

下面这段话是我在《城市文化资本论》前言里的一段话，我仍然想用这段话作为这套丛书总序的结尾——

托马斯在《名言集锦评注》一书中有一句话说得真好：“为了人类社会能够变得和谐完美，我们当中需要有些人去过无用的沉思默想的生活。”[①]城市研究也必须要过沉思默想的生活。无独有偶，中国学者王国维《人间词话》中的第 26 则“人生三境界”也道出了做学问人生的辛苦与乐趣：“古今之成大事业、大学问者，必经过三种之境界：

---

① 约瑟夫·皮珀.闲暇文化的基础.刘森尧，译.北京：新星出版社，2005:7

‘昨夜西风凋碧树。独上高楼,望尽天涯路’,此第一境也。‘衣带渐宽终不悔,为伊消得人憔悴’,此第二境也。‘众里寻他千百度,蓦然回首,那人却在,灯火阑珊处’,此第三境也。此等语皆非大词人不能道。然遽以此意解释诸词,恐为晏、欧诸公所不许也。”显然这三境界是多数人所不能为也,关键是,其意境与乐趣是自己所得,只有个人在其真心追求的空间境界才能看到。也许是从20世纪70年代到河南登封告成镇挖掘夏代城市遗址开始,我就对城市的产生与发展产生了兴趣,并开始进行相关的研究,1980年发表第一篇学术论文。几十年的城市研究既需要沉思默想,又需要走到实地考察研究。虽然凡勃伦的书我曾读过几遍,但是,我从来没有感受过凡勃伦所说的“有闲的感觉”,对他所描述的所谓有闲阶级,作为一个学者很难与之对上号,因为,从读研究生时开始,就没有感觉到什么时候是“闲”,或许是专门做学问这行当不属于有闲阶级,至少我是这样。似乎从研究生时代起,就感觉一直在与时间赛跑,总感觉时间不够用,当过了知天命的年龄时,就已知来日不多;当在接近六十耳顺的年龄时,知道以后岁月唯追求比生命长久的符号而已!一切只是一个过程,生命是有限的,如果能够让生命延续,只有那可贵的让社会认同的思想而已!

在《柏拉图全集》第一卷里苏格拉底和卡利克勒在辩论满足欲望与美德时说:“你所描述的生命真是一件奇怪的事。你知道的,欧里庇得斯说过:‘有谁知道,死就是生,生就是死?’如果他说得对,那么我也不会感到奇怪。我们也许真的已经死了,因为我听说过有位聪明人说过我们是死人,我们的身体是一个坟墓,往往在里头的灵魂的性质是摇摆不定的。”[①]是的,人生以来,有过无数次的摇摆不定,无数次的寻寻觅觅,或许我的灵魂已经死过,或许想通过研究城市获得再生!虽然这是一种极其难以实现的奢望,但是,我还是要追求这样的奢望!

---

① 柏拉图.柏拉图全集.王晓朝,译.北京:人民出版社,2003:380

特色文化城市研究，我们在路上！
我以我的方式追求、延续生命的价值！

张鸿雁
于慎独斋
2018 年 08 月 08 日

自 序

西方发达国家进入后工业文明阶段后，普遍兴起对现代化、城市化与全球化的反思，不断尝试“替代发展模式”的创造与实践。“慢城”概念起源于西方的“慢食”运动，进而拓展到生活的各种领域，直到意大利于20世纪末成立国际慢城联盟，开始在全球推广慢城运动。慢城是一种宜居的城市样本。被认证为慢城的地方，往往拥有健康的饮食文化、优美的自然环境、可持续的特色经济以及节奏适宜的生活方式，能够创造出一种独特的地方魅力。在许多国家，为了保持慢城特色，当地政府会通过各种形式补贴和支援那些致力于生产和销售地方美食的农庄、餐厅和店铺，因而慢城从一开始就具有一种反哺式的、尊崇本地价值的“富民经济”特征。总的来看，慢城理念在守望地方精神与地方特色、提高居民生活质量和坚持可持续发展道路等方面为我们提供了诸多成功的案例和可借鉴的举措。

位于江苏省南京市高淳区①桠溪镇的“生态之旅”区域于2010年11月27日被世界慢城组织授予“国际慢城”称号，成为中国首个国际慢城。该慢城区域原是桠溪镇开发的一处农业旅游观光带，全长48公里，盘旋于6个行政村之间，区域面积50平方公里。随着慢城旅游开发热度的升高、桠溪国际慢城入选全国首批“特色小镇”名单、国际慢城中国总部在高淳落地等，慢城模式在中国各地越来越受到推崇，慢城理

① 2013年2月高淳撤县设区，为表述方便，本书统一称高淳区——作者注

念也逐渐深入人心，大众对于慢城的关注热度呈逐年上升趋势。

由于大城市的辐射和带动造成的极化效应，那些没有特色资源的远郊型乡村社区在都市圈区域经济和全球化的过程中逐渐被边缘化。随着城乡一体化和新型城镇化的不断发展，有必要重新思考乡村治理与发展的机遇和方式。在“规划导向型”的城乡区域开发现状下，开发理念与概念规划的重要性不言而喻。着眼于慢城的本土化开发与治理过程，我认为慢城特色小镇模式的本土实践，不仅仅是一个区域发展规划的推进过程，也是国际化的、城市化的现代价值理念与文化模式向乡村社区的一次深度植入与嵌入过程，更可以理解为一个地方文化重建与社会治理转型的实践过程。

于是，我以高淳桠溪国际慢城的核心村落——大山村——作为我的观察点，重点分析村庄在慢城机遇下的变迁过程及其背后的动力机制。作为南京都市圈辐射下的远郊型乡村社区，大山村也曾长期处于发展的边缘化境地。慢城在大山村及其周边地区的本土实践，包含了共同理念建构、地方政府引导、多元主体参与、治理组织创新等环节，体现了地方政府对乡村治理的行动诉求和村落社会对乡村治理的能动参与二者的精准契合，是我国乡村振兴战略思路下地方社会对全球替代发展模式的价值吸收与文化再建构的一次创新尝试，对探讨城乡一体化与新型城镇化背景下的乡村治理与发展实践路径也具有一定的参考意义。

然而，不可否认的是，长达数年间，慢城在大山村的植入和实践，都是由快速致富的商业化开发模式在推动，过多地主张“慢”的商业化价值，而在一定程度上忽视了“慢”的文化价值及其对健康社会的再建构能力。这不仅能够解释为何有些游客来到大山村却感到“慢城不慢”，为何有些大山村人在返乡经营农家乐后不久又因无法适应高强度的旅游服务业而选择歇业并再度离乡，为何为“慢旅游”修建的慢行绿道却频频被当地村民抄近道而驾车快速穿行……而且也深刻地提示我们，为了慢城模式今后的持续发展，在社会治理层面的问题不容忽视。

从 2010 年夏天我第一次来到高淳桠溪国际慢城、来到大山村，至今已过去整整八年。在研究之初，由于“国际慢城”这一与国际接轨的村庄特色定位目标，政府全力推进建设，富民经济效果显著，大山村的变化可谓翻天覆地。正在攻读社会学博士学位的我，本能地积极介入并记录下这快速变迁的一切。然而，2013年我的电脑和移动硬盘不幸失窃，所有访谈记录和辛苦搜集的案例资料等全部丢失。心情低落的同时，恰逢怀孕生女，精力难以兼顾，写作曾一度暂停，但我对大山村和慢城的关注依旧没有停止。记得那年“金花节”期间，我挺着大肚子驱车前往慢城，之后也保持每年两三次的调研频率，既体会了乡野生活的乐趣，也让我在写作时不再感到枯燥焦灼……就这样，阴差阳错，机缘巧合，我以一种蜗牛般的节奏，放慢了我的研究与写作速度，又以一种蜗牛般的恒心，始终没有放弃本书的成稿与修改。于我而言，慢下来，可以更好地思考；慢下来，也可以观察到更多表象之外的问题。基于对大山村的多年持续关注，加上前期入户调研的整体印象，我按照自己的步伐，不紧不慢，写出了这样一本拙作。

掩卷深思，我认为没有一个统一的中国的慢城模式，也没有一个统一的国外的慢城模式。如果非要问中国的慢城与国外较早认证的、经典的慢城模式有何不同，那么可能主要是二者面临的社会基础不同，推动慢城运动的主体不同，成为慢城的独特“卖点”不同。求同存异的包容，恰恰是慢城模式在全球各地获得本土化适应性的重要因素。大山村的故事仍在继续，与此同时，越来越多的“慢城剧本”正在中国乃至世界各地上演，人们对慢城的研究关注范围也越来越大，而与慢城研究相关的诸如乡村振兴、乡村治理、特色小镇、后现代特色生活方式等课题也是我今后会持续关注和思考的兴趣所在。由于本人才疏学浅，能力有限，全书结构虽几经调整，但仍有许多不尽成熟、论述不够充分之处，恳请读者见谅，如能为今后的研究提供一点启发或反思，将是我最大的期盼。

杨伊宁

2018年盛夏，于南京奥体“漫咖啡”

第一章
慢城市化:特色文化定位

全球社会正在形成一个越来越统一化的竞争共同体,抢夺全球价值链的高端位置是在这一竞争共同体中脱颖而出、获得认可与话语权的唯一途径。在这样的背景下,特色化正在成为全球价值链的有效介入路径。无论是对个人还是企业,城市还是村落,技术还是艺术,商业还是慈善,这一路径都同样适用。

在全球化时代,后发区域如何通过全球化的定位与跨越式的发展路径,积极融入全球城市价值链与全球城市文化产业分工体系?全球化研究学者很早就指出:"特殊性正在成为一种全球价值。"[①]这意味着地方社会最为本土的、乡土的、原真的、传统的、独创的特殊性本身,从一开始或许就具备了走向世界的独特魅力与战略价值,从而构成特色文化的基本内涵。"特色文化价值链"概念以及"文化劳动的新国际分工理论"(NICL)[②]解释了特色文化及其承载地和传承人能够通过某种途径直接介入特色文化的全球价值链体系,参与国际竞争。

---

① Roland Robertson. *Globalization: Social Theory and Global Culture*. London: SAGA, 1992

② 张鸿雁.论特色文化城市理论体系建构研究与实践创新——中国本土化特色文化核心价值的理论体系与范式建构.南京社会科学,2012(8)

特色文化和地方特殊性的价值不是孤立存在的，它们仍须依托某几种重要的、主流的全球化渠道和媒介来承载并扩大其生命力。与此同时，全球化的各大商业机构和社会组织也越来越表现出与本土情境、本土话语、本土习惯相结合的战略调整，“全球—本土”(global-local)的对立关系正在被“全球本土”(glocal)的概念所取代。慢城作为一种为强调地方特色、对抗全球同质化问题而提出的另类发展理念，其发展模式成功地结合了地方特殊性的价值内核与全球网络式“准商业”模式两大优势，从而获得了强大的生命力，生动地诠释出地方社会在全球价值链定位与占位过程中实施全球本土化的发展策略，从而推动乡村生产方式、生活方式和价值观念层面的良性转型。

慢城在中国的本土实践，也正是这样一次特色化定位与特色化建构的底层创新过程，是基于乡村本底的区域社会自顶层设计到基层行动，全面参与转变发展方式、优化经济结构、转换增长动力、迈向高质量发展的一次全新探索与实践。

一、以慢抗衡发展

（一）慢城作为一种另类发展模式

1986 年，源于对快餐的厌恶，意大利记者卡罗·佩特里尼(Carlo Petrini)发起“慢餐运动”，倡导对健康、营养的本地种植、本地烹调的食物的回归。[①] 受该运动影响，1999 年 10 月，意大利 4 座小城的市长联合发布了《慢城运动宪章》，提出建立一种慢生活节奏的城市形态，并明确了慢城倡导的理念：人口 5 万以下的城镇、村庄或社区，反污染、反噪音，支持都市绿化，支持绿色能源，支持传统手工方法作业，没有

---

① 卡罗·佩特里尼. 慢食运动——为什么食品要讲究优良、清洁、公平?. 尹捷，译. 北京：新星出版社，2010

快餐区和大型超市。在此基础上，慢城成立了官方机构国际慢城联盟，总部设在意大利，目前全球已有 25 个国家 145 个地区加入了国际慢城联盟。

国际慢城联盟的口号是“宜居城市国际联盟”(international network of cities where living is easy)①，这可以看作对慢城较权威的官方释义。国际慢城联盟通过一个多达 55 项指标的评价标准体系来描绘其发展理念和细节要求。② 国际慢城联盟所指定的城镇最大人口规模不得超过 5 万人，这是慢城的一个重要指标，这一指标不仅承认城镇已有的结构、规模及优势，也指出了对未来慢城规划的要求。限制慢城的规模，在传统的大规模城市和农村小社区的中间有一块“慢速发展的中等规模空间”，可以为人们和社会找到“熟悉生活”和“城市生活”之间的平衡。③

溯源慢城运动的发展历程，我们得知，全球化与网络社会的崛起是慢城运动起源的背景。慢城运动的目的是反对标准化和全球化带来的负面效应，旨在向全球提供一种城市的管理模式，并通过一定程度上的本地化自治，致力于抵抗全球化。④⑤⑥ 慢城运动通过关注地方可持续性与独特性，坚守环保原则和可持续发展理念，形成一种具有“替代性”意义的发展模式。⑦ 概括来看，慢城主要是为了应

---

① 引自国际慢城联盟官网：http://www.cittaslow.org/

② 见附录

③ Knox, P. L. Creating Ordinary Places: Slow Cities in a Fast World. *Journal of Urban Design*, Vol. 10, No. 1 (February, 2005): pp. 1 - 11

④ Knox, P. L. Creating Ordinary Places: Slow Cities in a Fast World. *Journal of Urban Design*, Vol. 10, No. 1 (February, 2005): pp. 1 - 11

⑤ Miele, M. Cittaslow: Producing Slowness against the Fast Life. *Space and Polity*, Vol. 12, No. 1(April, 2008): pp. 135 - 156

⑥ Mayer, H. & KNOX, P. L. Pace of Life and Quality of Life: The Slow City Charter, in M. J. Sirgy et al. (eds.). *Community Quality-of-life Indicators: Best Cases III*. Netherlands: Springer Science+Business Media B. V. ,2009: pp. 21 - 40

⑦ Pink, S. Sense and Sustainability: The Case of the Slow City Movement. *Local Environment: The International Journal of Justice and Sustainability*, Vol. 13, No. 2(March, 2008): pp. 95 - 106

对全球化浪潮对欧洲小农经济的冲击所形成的一种替代型发展规划模式，其目的主要是在保护地方文化底蕴与传统的基础上，创造出地方的独特魅力并保持永续成长的力量，通过地方小微经济的复兴与替代能源的使用等多种方式，在不改变生活节奏的状况下促进地方的发展。

慢城章程的亮点在于对个性和创新的强调，反对全球文化无选择、无差别地渗透到每一个城镇。慢城反对食物、商品和日常生活的“标准化”，它源于一种强烈的传统理想，即保护本地独有的食物、商品和日常生活。[①] 除忠实于“慢食”哲学的生态美食和保护农业多样性原则外，大部分国外的慢城还在城市管治和日常生活实践层面进行了丰富的设计，例如设计专供行人和非机动车使用的慢行系统，禁止车辆进入历史街区，每天全镇统一午休，等等。各种奇思妙想变成当地居民的共识，成为慢城居民的共同行为准则。更深层的意义则在于，作为一种超前的、反思的现代化过程，慢城运动理念具有第二现代性特点，旨在抵抗由高科技、个人主义、全球化危机等构成的风险社会所可能带给地方社会成员的不可控的影响。世界各地慢城的实践经验告诉我们，慢城模式的成功离不开地方政府和社会团体、地区居民等多个参与主体的同心协力，将“慢”的哲学融入本地化的日常生活中，并共同致力于保护“慢食”的本地生产与本地消费，通过“慢食”来强调地方性并实现乡村共同体的相互联系，以实现对地方社会和本土传统、文化、历史、社会、自然资源的保护与活用。[②]

当然，慢城并不一味抵制现代生活方式，尤其是科技带来的生活变革。发展至今日，慢城和全球化也并非完全对立的两个概念，良性的全球化可以成为慢城营销当地特色产品的一种途径，从而促进和

---

① Parkins, W. & Craig, G. *Slow Living*. Oxford: Berg, 2006: pp. 78 - 85

② Ahn, Jaeseob & Hong, Yong-ki. A Study on the Meaning of Place of the Slow City. *Journal of Korean Geographical Society*, Vol. 21, No. 2(2011): pp. 115 - 124

维护当地的特色和传统。[①] 随着慢城协会跟会员城市之间联系的日益密切,慢城逐渐成为一个全球性水平的城镇网络,在某种程度上,慢城运动也将全球化运用到自身的营销中。[②③] 此外,慢城运动的影响不仅表现为全球网络的横向建立,在纵向深度上也取得了一定发展。"慢城支持者"(supporting subjects)和"慢城之友"(friend of cittaslow)的提出,使慢城运动影响范围由小城市扩展到社会团体、商业机构及科研院所等,[④]而"慢街区/慢社区"(slow neighborhoods or communities)的提出,[⑤]则提供了将慢城从小城镇应用到较大城市的可能性。

(二) 慢城在西方兴起的社会背景

进一步深挖与慢城理念相关联的社会转型现象发现,在西方社会,从"二战"后到20世纪80年代中期,受技术变迁、全球化以及政府调节共同作用,以美国为代表的发达国家普遍进入追求产业化、生产最大化的所谓农业生产主义阶段。[⑥] 全球经济体系的生长与重构的过程与地方的生产功能分工调整息息相关。在农业生产主义的影响下,"小农"的生存面临着经济学意义上的弱势地位。在全球经济

① Radstrom, S. An Urban Identity Movement Rooted in the Sustainability of Place: A Case Study of Slow Cities and Their Application in Rural Manitoba. Master of City Planning Practicum. Department of City Planning, University of Manitoba, Winnipeg, Manitoba, Canada(2005)

② 朱晓清,甄峰,蒋跃庭. 国外慢城发展情况及对中国城市发展的启示. 城市发展研究,2011(4)

③ 朱晓清,甄峰. 慢城运动对国内城市宜居建设的启示. 现代城市研究,2011(9)

④ 朱晓清,甄峰. 慢城运动对国内城市宜居建设的启示. 现代城市研究,2011(9)

⑤ Radstrom, S. An Urban Identity Movement Rooted in the Sustainability of Place: A Case Study of Slow Cities and Their Application in Rural Manitoba. Master of City Planning Practicum. Department of City Planning, University of Manitoba, Winnipeg, Manitoba, Canada(2005)

⑥ 毛丹,王萍. 英语学术界的乡村转型研究. 社会学研究,2014(1)

与贸易一体化的背景下，国外的低价农产品极有可能侵入本地市场。随着农业科技化和工业化种植技术的日新月异，资本进入农业生产行业获取利润，从而导致传统作物品种和按照传统方式生产农产品的小型农场和微型家庭种植者们不再具有经济生产效益，小农生产模式的占比正在急剧缩小。孟德拉斯(Mendras)提出“农民的终结”，意味着普遍的、广泛意义上的农户家庭个体不再被强制性地要求为国家储备和市场需求而生产农产品，其实质是以小农户家庭生产单元为基础(且主要是粮食生产)的小农经济模式已经退化到微乎其微的生产规模。

这种“小农的终结”导致乡村社会的农业，尤其是在村落社区日常生活层面，在家庭生计中由过去的家庭经济重心变得边缘化，在村落社区功能的多样化增长中愈发表现出“后生产主义倾向”，即 20 世纪 80 年代后期开始的农业分散化、延伸化、多样化的发展新趋势。① 具体来说，全球经济转型和郊区化的进展加强了乡村社区与城市工作地点之间的通勤现象和联系行为，休闲的商业化促进了乡村旅游的开发与繁荣，乡村在商业化与多样化发展影响之下发生了社会性变迁。与此同时，反城市化、反全球化、对本地生活和乡村田园生活的追求与向往，逐渐引导既有的发展主义和生产主义农业观念发生转向，在地方政府、有识之士和本地化的消费市场的引导下，乡村社会更加具有了“自反性”意义上的现代性增长。

鲍尔(Bowler)的分类很好地说明了发生在农业生产领域的社会形态变迁与社会结构变迁：②

① 毛丹，王萍. 英语学术界的乡村转型研究. 社会学研究，2014(1)

② Bowler. The Industrialisation of Agriculture. *The Geography of Agriculture in Developed Market Economies*. London: Longman ,1992。表格转引自：毛丹，王萍. 英语学术界的乡村转型研究. 社会学研究，2014(1)。笔者增加了部分文字内容

表1-1　农业形态变迁的特点及其社会意义

农业形态	主要表现	意义解读
集约化	1. 传统生产和服务基础上的农业工业化发展模式	小农的终结
	2. 把农场资源调换到新农业产品或服务上	农业多样化
多样化	3. 把农场资源调换到新的非农业产品或服务上	结构多样化
	4. 把人力资源调换到一种离开农场的工作上	身份多元化
延伸化	5. 对传统农场生产和服务的保护，减少资本输入	地方性保护
	6. 休闲或兼职农业	文化再生产

马斯登（Marsden）进一步分析了村庄在替代发展主义思潮下发生分化的四种模式，主要有：①

表1-2　替代发展主义思潮下村庄类型分化

保护性村庄	反发展和保护主义态度占主流的地区，中产阶级压力群体积极活动并发挥影响力
争议性村庄	由本地农业和小企业利益群体控制，但日益受到反发展主义的影响，二者之间存在一定矛盾
家长制村庄	由大的私人土地拥有者或大农场控制的地区，其所有者感到有某些与权利相应的义务
依赖型村庄	一些农业生产主义仍为主流的偏远地区，这些地方主要依赖政府的财政补贴来维持农业持续生产

西方学者从反发展主义出发，提出了“后生产主义乡村”的概念以及分析框架。需要意识到的是，马斯登的分类只是一种理想类型层面的划分。不同地区，甚至不同的个案社区，在变迁的速度、动力、参与者、过程和效果上存在差异性，因而呈现出从生产主

① Marsden, T. New Rural Territories: Regulating the Differentiated Rural Spaces. *Journal of Rural Studies*, Vol. 14, No. 1(1998)

义到后生产主义的连续谱以及在同一村庄内的多位共存现象。[①]但不管怎样，以后生产主义为特征的乡村社会转型，正在形成一股越来越强大的力量，能够与生产主义农业、大资本农业、全球食品工业体系等全球化产物进行抗衡，从而提供另一种另类的、可替代的、更加着眼于本土小微农户经济模式与发展权益的生产与生活方式。

（三）从慢城到“慢生活”方式的普及

慢城是一种依托于本地居民广泛积极参与的可持续发展模式，[②]慢城的对抗精神来自“慢生活”的真正普及和被认同。差异化、格调化、参与感、认同感、地方感、幸福感、心理减速、选择的自由、守望传统文化等一系列积极状态与日常情绪，正是构成慢城抗衡全球“速度社会”，带来个体文化自觉的集体心理基础。欢乐、悠闲、自得的日常生活已成为识别慢城的重要标志。[③] 尽管“慢活”的行为并不局限于某个特定的空间内，但是慢城离不开地方政府与社区对“慢生活”方式的广泛认同与管理支撑。正如“慢食”运动的意义在于其二元对立的概念（即“慢食”对应“速食”），国际慢城联盟提出的理念是与快节奏的生活方式相对立的，慢城关注的重点在于“慢生活”与都市性的相互融合。[④]

慢城作为一种另类发展模式，从根本上来说，其自身的持续发展动力来源于生活在其中的人对于“慢生活”方式的认同与实践。“慢生活”的产生来自人们对全球化和现代化的反思。“慢活”是指

---

① Wilson, G. From Productivism to Postproductivism . . . and Back Again? Exploring the (Un) changed Natural and Mental Landscapes of European Agriculture. *Transactions of the Institute of British Geographers* , Vol. 26, No. 1(2001): pp. 77 - 102

② Choi, Young-Joon & Kim, Young-Kyu. Exploratory Study on the Slow City. *Tourism Research* , Vol. 28(June, 2009): pp. 47 - 62

③ Parkins, W. & Craig, G. *Slow Living*. Oxford: Berg, 2006: pp. 78 - 85

④ Parkins, W. & Craig, G. *Slow Living*. Oxford: Berg, 2006: pp. 78 - 85

人们在全球化的复杂过程中所涉及的社会道德与身心平衡、地方与全球、文化与政策中的日常生活意义。有研究以“日常生活的全球化”来描述人们要在不同的“时间”与“空间”中进行协调，处理生活节奏与地理位置的各种“断层”现象，以维持在生活品质与道德层面上的连贯。① 那么，“慢活”思潮的产生就绝非只在经济或物质层面上，而更多的是一种深入“生活哲学”的反思。“慢活”对抗的不仅是消费层面的快速化，更是心灵层面的特定状态——忙碌、控制欲、攻击性、压迫感、以量取胜、超前消费、随波逐流，以及由此产生的怀疑、矛盾和不确定感等。如果说“慢”意味着减速（slow down），而“活”意味着重生（recover/rebirth），那么“慢活”所构成的实则是一种“回归内在的清明，强调一种在世存有（being-in-the-world）的关照”②。蔡怡玟通过对台湾淡水老街“慢活”人群的访谈研究，把“慢活”的概念归纳为：当身心状态处在较快之生活步调时，其因无法适应或调整，致使精神处在焦虑、不安或不稳定状态而产生的一种自我察觉过程，同时亦是一种缓慢、舒缓的身心自我疗愈、恢复内在清明的阶段性历程。③④

另一方面，当代社会的个体化趋势使个人有更大的自由去选择生活风格（lifestyle）。在资本主义商品时代，生活风格的呈现无法脱离消费。消费研究的文化视角关注消费者对产品的理解与阐释，认为消费者在消费行为上具有主动性。延伸到生活风格议题，可以借由对消费方式⑤的衡量来把握生活风格，从而探讨社会分化——传统的政治经济学观点注重阶级对生活风格的决定作用，而较新的观点越来越强调生活风格与阶层对应关系的松动，强调生活风格本身即

---

① Parkins, W. & Craig, G. *Slow Living*. Oxford: Berg, 2006: pp. 5－12.

② Tomlinson, J. *The Culture of Speed－The Coming of Immediacy*. London: SAGE, 2007:152。转引自：蔡怡玟. 家是（适）其所：以淡水老街周遭之慢活初探地理迁移之安适. 应用心理研究，2013(58)

③ 蔡怡玟. 从淡水老街一带的“慢活”看都市区生活形态需求. 城市学学刊，2012(1)

④ 蔡怡玟. 家是（适）其所：以淡水老街周遭之慢活初探地理迁移之安适. 应用心理研究，2013(58)

⑤ 包括商品和文化的消费、空间与场所的消费、时间的消费三个维度

可成为社会分化的标准，并能基于对生活风格的选择发展和想象新的社会关系。在“慢活”的语境下，“慢”意味着对自我生命时间和生活节奏的可控性。“慢活”可以发生在不特定的空间区域内。在城市社会空间，“慢活”经历了从非主流的小众生活方式向新兴潮流文化概念的转向；在慢城内部，“慢活”应该成为最具有显性化和典型化特征的生活方式。“慢生活”方式不仅是个体向内和向外寻求并建构“自我安适”，并且在时间和空间上均有所诉求，以寻求“自我的意义”，将“慢生活”与地方感、环境体验等空间要素结合，强调“慢活”的实质是人与环境的良性互动。[①②] “慢生活”方式在某种意义上也代表着对精致生活和品味的追求，意味着对时间的优质利用，代表着一种高品质的生活，以及对这种高质量生活的精神诉求，[③]同时还包含了一个人有能力追求并实现差异化的生活风格、尊重自我个性发展、追寻与众不同的生活方式等所带来的幸福感。

韩国学者楚(Cho)对慢城居民和大都市居民的心理压力进行了比较研究，他选择的地点是忠清南道的礼山郡大兴面[④]和与之相邻的大田广域市[⑤]。研究表明，大都市居民的心理压力高于慢城居民，这从某种程度上说明了慢城是一个宜居、宜养、有益心理健康的居住地。[⑥] 值得注意的是，楚将心理压力进行了分解，并比较、细分其差别，

---

① 蔡怡玟. 从淡水老街一带的“慢活”看都市区生活形态需求. 城市学学刊，2012(1)

② 蔡怡玟. 家是(适)其所：以淡水老街周遭之慢活初探地理迁移之安适. 应用心理研究，2013(58)

③ Radstrom, S. An Urban Identity Movement Rooted in the Sustainability of Place: A Case Study of Slow Cities and Their Application in Rural Manitoba. Master of City Planning Practicum. Department of City Planning, University of Manitoba, Winnipeg, Manitoba, Canada(2005)

④ 2009 年成为韩国的第六个慢城

⑤ 相当于直辖市，韩国除了首尔特别市之外，有六个广域市

⑥ Cho, Sang-Hee. A Comparative Study on the Level of Stress between Slow City Residents and Metro City Residents: Comparison of Daeheung-myeon, Yesan-gun, Chungcheongnam-do and Daejeon Metropolitan City in Terms of Demographic Characteristics. *Tourism Research*, Vol. 12, No. 3(2010): pp. 129 - 143

发现大都市居民与慢城居民在各项细分的压力来源中,差别由大到小依次为:个人成就竞争＞处理工作事务＞管理个人财产(财富可以理解为个人地位与声望的象征)＞处理人际关系＞管理个人健康＞不确定的未来,这反映了大都市与慢城的产业结构不同,就业岗位与生活方式也不尽相同,在压力来源的个人成就竞争、处理工作事务、处理人际关系这三方面的差别较为明显,尤其是个人成就的竞争压力这一点在定居时间较短(十年以内)的新居民群体中差别明显。这一现象提示我们,个体存在因承压能力不同和生活选择偏好所导致的迁移行为,比如为了选择“慢生活”而来到慢城(或能够支援“慢生活”的生活环境中),从而构成“生活风格迁移”(lifestyle migration)。“生活风格迁移”这一概念可以被用来解释一种全新的人口流动引力机制,这种流动和迁移可能是临时的,也可能是长期的。人口统计学意义上的“逆都市化”现象的出现在国外已有些年头,时空压缩、地域发展差距和乡村旅游业的兴起,使得部分都市居民有能力追求理想中的美好生活,进而迁徙至工商业较为不发达的乡村地区。这种“生活风格迁移”群体的出现,也是慢城能够在全球各地获得认同与共鸣的社会环境基础之一。

二、以慢促进发展

(一)慢城作为一种快速发展路径

将视野转向国内,慢城在中国的实践离不开整个国家和地区的政治经济环境与社会变迁的大背景趋势。如果说西方国家“原生态”的慢城是以“慢行动”来对抗全球化发展,那么慢城在中国的实践则更多地表现出一种以“慢元素”来促进或达成现代化的有计划的乡村振兴改造与特色化建构的过程。

在中国乡村现代化变迁的特定逻辑下,慢城在中国乡土社会的实践过程,也更多地表现为对本土社会文化网络的“嵌入性”。乡村开发往往伴随着资本、土地、政治、消费文化等多重利益的博弈。在规划导向型的城乡区域开发现状下，开发理念与概念规划的重要性不言而喻。“慢城”称号的获得及其开发使用亦伴随着一组国际化的、城市化的现代理念向乡村社区的植入与嵌入过程，同时也存在权力与资本的各方博弈。在中国，慢城模式主要作为一种城乡规划和旅游开发的技术手段而被运用，与进入21世纪以来的休闲产业大发展、生态文明与科学发展观、城市反哺农村、新农村建设、“美丽乡村”与乡愁经济、创业富民、精准扶贫等社会发展热点密切相关，即“SLOW法则”——可持续（sustainable）、低碳（low-carbon）、选择（option）、富有（wealthy），[①]形成了具有中国特色的慢城观光产业与农民快速致富的可行路径。

2010年，慢城[②]概念首次被引入中国，并首先在位于苏南地区的南京市高淳区桠溪镇落地，为后发乡村的发展转型实践提供了一个全新的思路。高淳桠溪国际慢城所在的区域是一处相对独立的狭长丘陵山区，总面积50平方公里，一条48公里长的黑色柏油路贯穿其中，串联起沿途的数十个村落近2万人口，原名为“生态之旅”。这里风光优美，植被丰富，但直到2010年之前，这里都还是整个高淳最为穷困的地区之一。由于远离城市腹地，地处山区，交通不便，该地区的工业化程度滞后，自然生态的优势资源亦无法转化为市场价值，村庄大多贫困落后，环境较差，人口外流十分严重。2010年前后，当时的国际慢城联盟副主席在一次偶然的商务考察中来到“生态之旅”，认为这里符合慢城的标准。在国际慢城联盟的积极倡导下，高淳开始了申报中国首个国际慢城的过程，抓住了一次树立地域品牌的难得机遇。

---

① 宗仁．“国际慢城”在中国及其现实意义研究．现代城市研究，2011(9)

② 在全球一体化和全球城市化发展的今天，慢城已经成为一种全新意义上的发展方式。其核心内涵是：保持地方文化、保持地方精神、保持地方原生态、保持地方民族风情、保持地方生活特色、保持地方独有幸福体系、保持地方原有的习惯行为等，以期创造一个更适合人类居住的、可持续发展的生活空间。国际慢城联盟有其官方机构，总部位于意大利。截至2016年年底，世界上已有25个国家的145个城镇加入国际慢城联盟，其中中国有5处

高淳地区历史悠久，文化遗存丰富，作为南京市传统的生态腹地，在全市郊区旅游中一直占有一定份额。然而在2010年前后，由于各景点总体建设水平不高，主要旅游产品（油菜花、螃蟹等）季节性因素限制较强，乡村旅游的发展在大区域内并未占据太多优势。2009年全县旅游总收入14.8亿元，在五大郊区（县）中仅位列第四。2010年后，全县举力在国际慢城区域内开展了多层次的休闲、娱乐、交通设施建设，广泛宣传"慢文化"与特色乡村文化，并与周边景点联动开发特色旅游路线，极大迎合了城市乡村旅游的需求，吸引了大量考察参观者以及城市游客的到来。以大山村为先锋的农家乐也迅速进入南京市，乃至常州、上海等周边城市。2013年高淳全区实现旅游收入40.3亿元，在南京市内实现突破。慢城申报成功以来，高淳桠溪国际慢城相继荣获"全国农业旅游示范点""省级四星级乡村旅游区（点）""省级旅游度假区""省级自驾游基地"等称号，并于2014年11月成功创建国家4A级旅游景区，2015年更荣获"中国人居环境范例奖"，成为高淳乃至整个苏南地区的休闲消费与生态人居"名片"。2016年10月，中国住建部公布了首批中国"特色小镇"名单，高淳椏�九国际慢城作为南京唯一一个"特色小镇"入选。

高淳桠溪国际慢城作为中国首个慢城，一直致力于推广和传承"慢文化"，不仅每年出席国际慢城联盟在世界各国慢城举办的年会，而且先后成功举荐了广东省梅州市梅县区雁洋镇、山东省曲阜市、广西壮族自治区贺州市富川县福利镇、浙江省温州市文成县玉壶镇四个地区加入国际慢城大家庭，国内众多地区也竞相表达加盟意愿。随着慢城模式在中国受到推崇，慢城理念也逐渐深入人心。2016年7月，高淳桠溪成功举办了国际慢城年会，会上，国际慢城联盟正式授予高淳桠溪国际慢城的中国总部称号。

围绕慢城理念大做文章，乡村面貌发生巨变。在乡村旅游契机下，慢城区域内的村庄相继被打造成乡村旅游示范村，不仅村庄环境大为改观，而且吸引了大量外流人口返乡创业，农民致富效益显著，促进了乡村经济的转型发展。慢城模式带动乡村经济发展的成功经验吸引了政界、商界、媒体和学界的广泛关注，每年前来参观的考察团数以百计。以本文的调研案例社区大山村为例，大山自然村坐落在国际慢城核心区域，全村 203 户、523 人，隶属于蓝溪行政村，是政府首批重点打造的慢城示范片区。村庄为单姓氏宗族村落，有“两山一庙一戏台、六塘两库一古井、古村古树古建筑”，村庄家族历史文化底蕴深厚。近年来，大山村按照建设生态文明示范村的标准和打造长江之滨最美乡村的目标，结合慢城休闲旅游产业的市场机遇，对整个村庄民居进行了徽派建筑风格改造，并新建停车场 3 处，体育场、市民广场各 1 处，公厕 3 处，垃圾箱 5 处，村内拥有 2 座污水处理站，村中 6 处河塘定期清淤并完成了固埂护坡工程，村中家家户户都使用市政自来水和城镇供电系统，互联网信号实现全村覆盖，村级主干道全部灰色化，内部景观小路采用青砖铺设等特色化处理。在环境改造的基础上，大山村村委领导和全体村民响应地方政府号召，积极发展特色旅游业，到 2015 年年底，整个大山核心片区共有 61 户农家乐饭店、38 户农家客栈，其中属于大山自然村的有 48 户农家乐饭店和 25 户农家客栈，大山村共计接待游客 43.6 万人次，农民人均纯收入 2.3 万元。乡村旅游业的发展带动了村庄社会的迅速变迁，休闲特色产业的发展已逐渐成为该村农民特色经济增收的支柱产业。①

表 1－3　2009—2014 年大山自然村与蓝溪行政村收入情况

单位：万元

年份		2009	2010	2011	2012	2013	2014
大山自然村	农家乐年收入	/	10	15	16.5	20	25
	户均年收入	2.2	4.5	5.8	6.4	7.8	9.5
蓝溪行政村	人均年收入	0.8	1.18	1.33	1.58	1.97	2.06
	村集体年收入	120	180	287	387	327	380

（2012—2014 年数据由蓝溪村委提供。2009—2011 年数据部分参考：赵晨. 超越线性转型的乡村复兴. 南京大学硕士论文，2014）

① 资料来源于蓝溪村委提供的《大山自然村概况》

大山村的农业生产设施基本建于人民公社时期。作为当时的大山大队行政驻地,大山村背靠大山水库,以粮食和油菜生产为主。种植耕地所需的水利设施以丘陵山地的小水利工程为主,全村共有 4 个大小不一的水塘为周围农田供给灌溉用水,农产品交易由专业公司收购。由于地处山区,远离市场,传统的大山村农民将农业剩余拿出去到市场上自行出售的冲动并不充分,农民个体与基层农产品交易市场的关联并不紧密。自“慢城”获批以来,大山村的承包田进行了整体流转,为了给游客提供餐饮服务,大山村的经营者们开始充分利用周边市镇的 3 个农贸市场进行采购。

大山村过去的道路通行状况非常差,全村没有一条石子路,村民依靠土路出行,一到雨雪天气几乎无法行走,车辆、商贩也很少来到村中,大山村与外界几乎隔绝。2000 年前后并村时,把村上一条东西向的主干道修成了水泥路,解决了大山村到行政村所在地安兴的通行问题。随后,又由知青捐款建好了村西头的情深路。外部交通干道有红旗路、老椏路、246 省道,慢城区域道路有生态路、电瓶车慢行道,村庄内部道路有一条东西向的主干道和村西头一条南北向的道路,从主干道延伸到村民家中的道路也以新农村建设和慢城景区建设为契机得到了整改。整体来看,大山村的村庄道路建设成效显著,村民出行条件已经十分便利了。

与乡村旅游业相得益彰的是,农村环境保护工程,居民生活用水、供电、通信等基础设施配套也日益完善,基本满足了农民提升生活品质的需求,也满足了城市游客休闲度假的基本需求。村里原来的老自来水管道是 20 世纪 80 年代由同村的华侨捐建,从大山水库直接接到村中,解决了农民饮水的困难,但没有严格的过滤和净化过程。2013 年,大山村接通市政自来水,全体村民喝上了与城镇市民一样的“真正的自来水”。村庄排水系统是由雨水直接排放到沟渠中,沟渠连接村中污水管网,首先在生态处理站进行初步净化,后与镇一级的市政污水处理系统连接。村庄粪便处理方式是卫生间下水首先接到各家的化粪池,然后连到村上的生态化沼气池。村庄垃圾处理主要由慢城管理服务中心聘请保洁员对垃圾集中处理。

在大山村特色化的旅游接待服务的带动下，行政村先后荣获“国家级生态村”“中国最具魅力休闲乡村”“中国美丽乡村示范点”“江苏省社会主义新农村建设示范点”“江苏省旅游名村”“江苏省和谐社区建设示范村”“江苏省文明示范村”“江苏省法制示范村”“南京市综合实力百强村”“南京市乡村旅游区（点）十强”“联村党组织工作示范点”等数十项荣誉称号。

（二）慢城在中国实践的行动逻辑

从人类社会变迁历史来看，由于人对社会具有反观性和能动性，现代社会的变迁更多的是一种人为的、有计划的、策略型的变迁，即规划性变迁，由专家严谨周详地策划，以针对个人、团体或社会的改变。中国的现代化过程正是一种规划性的、自上而下或上下结合的变革过程。政府在现代化过程中拥有较大的政策空间，通过制订和组织实施经济社会发展计划，对现代化进程长期发挥巨大的控制与管理作用，成为现代化最主要的推动者。很长一段时期，中国各级政府一直扮演着“发展型政府”的角色，居于资源配置的主导地位，充当经济建设的主体和投资的主体。①

与发达国家的自发型建设不同，中国的农村社区建设更是一种规划性变迁。通过将自下而上的民众需求和自发创造，与国家自上而下的组织、引导、支持结合起来，以“支助型”制度变迁的方式，形成了具有中国特色的农村社区建设模式。② 在规划性变迁过程中，政府扮演了积极能动者和行动主体的角色，发挥了动员、组织、引导、规划和推动的作用。通过培养社区居民的自立、互助、合作精神，增强了农村社区自我整合和发展的能力，在规划性变迁中实现了国家理性

① 沈坤荣，黄榕．现代化：从远景目标到发展之路．江苏社会科学，2012(5)

② 管义伟．农村社区建设：逻辑起点与人文关怀．社会主义研究，2011(1)

与农民理性的有机衔接与良性互动。[①]

在乡村现代化的过程中往往存在多个行动主体,在不同的地区或是同一地区的不同发展阶段,都可能存在不同的行动主体占主导地位的现象。更常见的情况是,地方行动主体间呈现出一种互动、互嵌和相互支持的网络关系。在乡村现代化机制的研究中,基层政府、民间组织、乡村精英、理性个体等论说分别从不同视角做出了解释。

基层政府说。在基层社会,地方政府既是推动制度变迁的基层推手,同时其自身也在国家制度条框之外发挥自身的能动性和因地制宜的灵活性,发挥了对乡村现代化发展的主推作用。县级地方政府、乡镇基层政府、村集体等"国家权力的代理人"在农村社会与经济转型中发挥了重要的"引擎"功能以及连接农民个体与宏观市场的中介和桥梁作用。从大部分缺乏自主行动力的乡村视角来看,推动乡村社会变迁的"第一行动集团"多为地方政府。在乡村社会日益融入市场经济的过程中,地方政府的政治和经济把控权力是在增长的。乡镇政府参与地方经济活动的一个直接影响就是政府更多地将自己的利益基础根植于地方社会,把财政和政绩的需求寄托于地方经济之中。[②] 以苏南模式为例,政府在乡镇企业改革和发展中发挥了重要的作用,其主要的动因是地方政府在 GDP 导向的干部考核机制和社会发展竞赛中,通过追求地方财政的增长,可以实现个人政绩与社会政绩的利益共赢。在这样的逻辑下,地方政府日益"公司化",地方官员一定程度上拥有类似于企业家的地位和功能,为地方发展进行招商引资。

民间组织说。农村社会组织在乡村治理方式变革和完善中能够产生积极的作用。[③] 同时,农村民间组织在参与社会治理的实践中存

① 许远旺.规划性变迁:机制与限度——中国农村社区建设的路径分析.华中师范大学博士论文,2010

② 许远旺.规划性变迁:理解中国乡村变革生发机制的一种阐释——从农村社区建设事件切入.人文杂志,2011(2)

③ 钟宜.我国农村社会组织发展与乡村治理方式的变革和完善.探索,2005(6)

在自身发育动力不足、社会责任不明确和运作不规范、组织的发展与国家政策和地方环境的融合度不高等问题。[①] 农村税费改革在很大程度上脱卸了国家对农村基层社区的治理责任，没有国家自上而下的治理任务压力，乡村基层组织不会主动治理，为了扭转乡村治理困局，国家应该重塑农村基层组织的治理责任。[②]

乡村精英说。传统村落的乡村精英是乡村权力与地方权威的代表，发挥着对外交流沟通、稳定乡村秩序、引领乡村组织生长等作用。在现代乡村社区中，包括体制精英和非体制精英在内的乡村精英群体在乡村治理中依旧发挥着重要的主导作用。乡村精英与乡土秩序有着相互制约性，乡村精英具有根据地方发展需求对社会制度进行适用选择和规则整合的能动性，而制度规则也在很大程度上约束和规范乡村精英的行为。[③]

理性个体说。农民自主行为是中国乡村变革和制度创新的重要推动力。在很大程度上，农民不是国家政策的消极、被动承受者，而是有可能成为具有主动性和创造性的积极行动者。[④] “基层社会与创造性政治”[⑤]可以解释为改革开放以来的基层乡村社会中理性化与建设性的乡村治理与社区建设历程，正是“农民理性”的扩张所引发的一系列自主行为，如“包产到户”“村民自治”“农民流动”“农村社区建设”等，不断突破政策和体制障碍，引发了整个政策和体制的变迁，表现出伟大的作为和历史首创精神，这不只改变了自己的命运，也改变了中国的命运。[⑥] 农民流动对乡村地区以及

① 张海洋，王国宁. 农村民间组织参与社会治理的理论分析与实现路径. 湖北工程学院学报，2015(2)

② 杨华，王会. 重塑农村基层组织的治理责任——理解税费改革后乡村治理困境的一个框架. 南京农业大学学报(社会科学版)，2011(2)

③ 孙晔. 乡村精英与规则变迁. 甘肃政法学院学报，2007(1)

④ 应小丽. 农民自主行为与制度创新. 政治学研究，2009(2)

⑤ 徐勇. 农民改变中国：基层社会与创造性政治——对农民政治行为经典模式的超越. 学术月刊，2009(5)

⑥ 徐勇. 农民理性的扩张："中国奇迹"的创造主体分析——对既有理论的挑战及新的分析进路的提出. 中国社会科学，2010(1)

中国社会的现代化进程发挥了较大影响，改变了中国农村。[①] 总之，理性农民说强调农民在乡村现代化过程中发挥的主体能动性、适应性和创造性等。

基于上述四个层面，慢城模式在中国的实践主要表现为四种力量交织下的本土行动逻辑，即地方政府相对显性且积极的干预力，民间组织稍显滞后但不断生长的参与力，中坚力量不断灵活求变的创造力，以及参与其中的农民家庭的理性务实的行动力。四种力量的相互作用和此消彼长，构成了本文研究的以大山村为例的中国本土慢城建设与发展变迁的内在动力机制，并在一定程度上可以动态解释，原本作为抗衡全球化快速发展而出现的慢城模式，缘何在进入中国本土的最初一段时期内，或多或少表现出大兴土木、旅游开发、快速致富、快速复制的"异化"趋势。

（三）慢城旅游化带来的异化问题

慢城旅游的健康发展离不开游客与原住民的"慢旅游"态度或曰"慢活"精神，这是慢城之所以为慢城的"源文化"与"真内核"。慢城旅游发展的关键在于，政府对"慢旅游"必须进行有意识的策划、引导、宣传与教育。[②] 东亚社会中虽然存在"慢生活"的传统元素与习惯，但当慢城作为一种外来文化元素被植入本土时，便存在着一个从认知到理解再到认可的过程，因此，"慢生活"方式的文化再生产与再建构机制就显得尤为重要。

与最初发起慢城运动的成员地区不同的是，随着加入国际慢城联盟的地区数量越来越多，慢城组织的知名度越来越高，地区之间加

---

① 瑞雪·墨菲．农民工改变中国农村．黄涛，王静，译．杭州：浙江人民出版社，2009：206－213

② Kang, Shin-Kyum & Do, Kyung-Rok. The Comparison of Cognitive Differences between Local Residents and Tourists towards Slow-city Tourism Development: A Case of Slow-city Jeungdo. *The Journal of Korean Island*, Vol. 23, No. 4(December, 2011), pp. 21－38

入慢城的竞争也越来越激烈，申报加入慢城的功利性和目的性也越来越显性化。平克（Pink）指出，澳大利亚的多数慢城实践呈现出一种“悬浮”状态，慢城的跨区域传播受制于当地社会的结构弹性，慢城模式难以真正嵌入基层社区百姓的日常生活之中。[①] 在发展价值观驱使下，慢城模式的受益群体并非完全符合反思现代性“生活政治”的社区居民大众，而可能形成一种新的地方权力利益关系网，其核心权力和核心利益集中在以发展地方经济为明确目的的“变迁代理人”群体之中。

随着越来越多的会员城镇加入国际慢城联盟，不同国家、不同文化背景、不同资源禀赋的慢城社区的发展状况与发展路径呈现出多元化趋势。尽管对慢城旅游开发有一些质疑之声，但国际慢城联盟不回避慢城旅游的话题，并在2011年的联盟大会其中一个分会场提出了“慢旅游：地方发展的新思路”的议题，表现出慢城发展壮大的旅游转向。在整体社会价值取向下，旅游化或许是促使慢城在本土成功扎根的一个快速有效的途径，但如何引导慢城旅游的可持续发展，并能够最终促进慢城社区自身的可持续发展，仍是我们需要持续思考的重要问题。

慢城旅游化的现状不仅发生在中国，也发生在众多加入国际慢城联盟的新老成员地区。在韩国，依托慢城发展旅游业的做法得到了来自中央政府自上而下的推动，慢城运动被作为一项与旅游产业密切相关的产业政策项目，从国家层面进行统一推进，共享统一的口号——“一次找回记忆中慢之幸福的旅行”。无论是韩国地方政府还是当地民众，都对“国际慢城”这一世界级的区域品牌称号表示欢迎且抱有实用主义心理，认为品牌价值最大化的有效途径，就是进行观光旅游的开发与营销。对韩国的慢城而言，“国际慢城”称号的获得意味着地区品牌价值的提升，对这一品牌最有效的开发模式就是旅

① Pink. Making Resilience-everyday Affect and Global Affiliation in Australian Slow Cities. *Cultural Geographies*, Vol. 21, No. 4(2014): pp. 695 - 710

游观光,[①]慢城可以成为一个“强大的营销工具”[②]。

韩国发展慢城带来了一系列社会变化,人们更加关注传统乡村景观和特色文化的保护与弘扬。地区通过观光运营获得了可观的旅游收入,并且使本国的传统乡村文化资源成为全球闻名的区域特色文化品牌。[③] 但也不乏针对慢城旅游过度开发的质疑之声。例如,韩国的曾岛于 2007 年获得“国际慢城”称号,但有研究认为,曾岛慢城的过度旅游开发违背了慢城发展的宗旨,除了在提高居民收入这一点上具有正向意义之外,造成了诸如环境破坏、邻里对立、安全感下降等负面效应。因此,慢城应优先考虑居民的生活需求,而非游客的观光需求,应通过政策引导建构慢城的地方认同感并保障当地居民的生活。[④]

中国的研究者在考察了桠溪慢城大山村的乡村空间变迁后也指出,城市消费文化入侵打破了传统、自然的乡村空间,乡村的消费化并非乡村的主动作为,乡村消费带来乡村空间的异化,导致乡村难逃资本化的操控。[⑤] 在欧洲,一些慢城在加入国际慢城联盟之前就已经是著名的世界旅游目的地,但这些城市大多数都很低调,长期维持着缓慢的生活方式,因此,这些特定的慢城不应该被单纯看作旅游品牌推广地。但加入国际慢城联盟的会员城镇无疑将会吸引众多游客的关注,这就折射出一对矛盾:一方面会员城镇因为游客的到来而逐渐

---

① Kwon, Dong-Hi. Current Status of Slow Cities & Their Development Scheme in Korea. *Journal of Korean Geographical Society*, Vol. 19, No. 3(2009): pp. 41 - 52

② Choi, Young-Joon & Kim, Young-Kyu. Exploratory Study on the Slow City. *Tourism Research*, Vol. 28(June, 2009): pp. 47 - 62

③ Kwon, Dong-Hi. Current Status of Slow Cities & Their Development Scheme in Korea. *Journal of Korean Geographical Society*, Vol. 19, No. 3(2009): pp. 41 - 52

④ Cho, Sang-Hee & Yoon, Yoo-Shik. A Case Study of Jeongdo in Sinan County as a Slow City: Approached Qualitative Research Method. *Journal of Korean Geographical Society*, Vol. 21, No. 1(2011): pp. 57 - 68

⑤ 高慧智,张京祥,罗震东. 复兴还是异化? 消费文化驱动下的大都市边缘乡村空间转型——对高淳国际慢城大山村的实证观察. 国际城市规划,2014(1)

具有“快”的性质，很难维持自身“慢”的特点，但另外一方面作为慢城还需要保留其个性和生活方式。

对这样看似矛盾的两方面，国际慢城联盟有自己的对策。首先，慢城的认定须经历严格的审核过程，一般是每三年审查一次，并在不同的城市不同程度地来实现，逐步地增加慢城成员的数量。严格的审核制度，可以被看成针对旅游带来的“速度”对“慢”的消解进行的有效控制，同时也给予地方更多的选择——可以张开怀抱迎接旅游经济，不再使用慢城品牌，而是打造属于自己的地方品牌；也可以控制旅游开发的力度与节奏，严格遵循发展章程，维持慢城的特点与个性。任何一个加入国际慢城联盟的会员城镇都会在未来的发展中不断衡量和取舍，无论是政府主导的行为还是民间自发的行为都包含了基于情感（对发展理念的坚持）和理性（对成本和预期收益的计算）两方面的考量。

另一个对策，则是更多地从慢城能够提高当地居民生活质量的角度进行“自我包装”，以此博得当地居民的信任与好感。从一开始，慢城就不把自己标榜为“守旧生活的博物馆”，而是为了提升小城镇的生活品质。慢城提倡中世纪传统的生活节奏，但并不意味着固步不前、支持落后和贫穷。慢城不排斥现代化，并支持全球化带来的良性影响，[①]在发展的过程中，通过现代科技、工艺和社区实践，以一种友好的方式来提高居民的生活质量。在这个意义上，慢城往往能够受到当地居民的欢迎。乡村旅游的开发，促使乡村在资本、人口、技术与信息等要素的注入下，在产业发展、经济收入、社会组织等方面完成重构，并在乡村文化、乡村生态环境方面实现输出，最终实现乡村的复兴。这种乡村的价值输出是对城市系统的平衡与补充，构成

① Radstrom, S. An Urban Identity Movement Rooted in the Sustainability of Place: A Case Study of Slow Cities and Their Application in Rural Manitoba. Master of City Planning Practicum. Department of City Planning, University of Manitoba, Winnipeg, Manitoba, Canada(2005)

了城乡体系中乡村的独特意义之所在。[1][2]

三、以慢定义发展

（一）慢城作为一种高质量发展方式

在诞生初期，慢城运动作为“慢生活”的一种集体表达和群体行动，致力于抗衡全球化带来的快速社会发展转向。进入21世纪以来，中国、韩国等地借鉴慢城模式进行实践时，“慢”则被作为一种价值元素和技术手段，用以促进乡土社会朝向现代化与国际化跨越式发展，并面临着“慢城被异化”“慢城不慢”等指摘。在这两种模式中，“慢”始终与“发展”相对立，至少是有所区别的一个概念。而慢发展观的建立，能够打破“慢”与“发展”二者固有的对立关系，与“反思现代性”“后现代发展观”等理论思潮相呼应，逐渐成为整个当代社会中越来越强大的一种价值观转向。

在慢发展观的参照下，人们对本地生活和乡村田园生活的追求与向往开始回归，既有的发展主义和生产主义的农业观念发生转向。在可持续发展观、均衡发展观等新发展伦理的参照下，乡村社会更加具有了自反性意义上的现代性增长机遇，后生产主义视角下乡村的多元化发展路径及其文化生产价值与文化消费内涵得到凸显。

多元化与反思性是慢发展观的两个重要内涵。现代化理论试图在普遍意义上总结和把握现代社会的变迁，但是，越来越多的研究也意识到，不同的社会在发展过程中所面临的现代化问题各不相同。20世纪80年代和90年代，受新兴民族国家的发展腾飞影响，现代化

---

① 赵晨.要素流动环境的重塑与乡村积极复兴——“国际慢城”高淳县大山村的实证.城市规划学刊，2013(3)

② 赵晨.超越线性转型的乡村复兴.南京大学硕士论文，2014

的欧美中心主义逐渐被打破。人们逐渐意识到，不同国家和地区可能拥有不同的现代化发展道路，现代化的目标和内涵也呈现多元化的趋势。此外，发生在诸多社会层面的现代性的“断裂”也滋生了大量社会问题，人们开始重新反思旧有的现代化模式，主要反对的是唯经济增长论和传统—现代二元对立论，更加强调发展的伦理性、社会的公平性、民众的参与性、传统的延续性、生态的可持续性和幸福感的增长等，提出“生态现代化”“反思现代性”“第二现代性”“替代型发展”“再现代化”等较有影响力的新论点。世纪交接之时，人类社会经历信息革命，进入“后工业社会”之后，反思现代性的思潮进一步得到认可和践行。

将视角转向国内。中国正在经历一种“类发展困境”，看似经济指标不断增长，实则付出了更多的环境与社会代价。针对这一现状，中国政府将科学发展观作为战略思想，许多城市设计了“幸福指标”来重新定义繁荣与发展。国外也有学者提出“无增长的繁荣”来揭示人类可以通过经济的尢增长或低增长来实现繁荣。这些改变都预示着一味强调经济增长的GDP时代即将过去，可持续发展的观念越来越得到重视。对慢城的本土积极实践，彰显着中国作为世界的一个主要经济体，正在以各种方式为社会发展理念提供本土实践的场所，验证和改进更加适合中国本土可持续发展的科学发展模式。

自2003年起，中央启动大规模的农业税费改革，目的是减轻农民负担、规范基层治理。2006年，我国全面取消持续了两千多年的农业税收，这意味着“以农养工、以农养政、以农养城”时代的终结。近十年来，以社会主义新农村建设和“美丽乡村”运动为主的大规模的农村财政转移支付款项，意味着整个国家的农村发展战略由“从农村抽血”到“向农村输血”的根本转变，尤其是苏南等率先完成工业化、城镇化转型的地区已经具备了“工业反哺农业、城市带动乡村”的社会经济基础。

2012年年底，中央提出转变发展方式、走新型城镇化道路的总体战略。2013年2月，高淳撤县设区，意味着传统农业大县进一步融入南京都市圈城乡一体化发展进程之中。2013年11月，十八届三中全会提出要“推进国家治理体系和治理能力现代化”。同一时期,《苏南现代化建设示范区规划》获国家批准,标志着中国第一个以现代化建设为主题的区域规划正式颁布实施。2015 年年初,中央农村工作会议上提出农村“一二三产”融合战略,提出了经济新常态下农业转型升级的重要途径。十九大报告明确提出,我国经济已由高速增长阶段转向高质量发展阶段,正处在转变发展方式、优化经济结构、转换增长动力的攻关期。慢发展观在中国,尤其是苏南现代化基本建成地区具备了来自国家宏观层面的价值导向与路径指引。

总的来看,现代化的范畴已经超越了单纯将现代化与工业化等同的观点。现代化理论的自我反思与自我完善,涵盖了包括慢发展观在内的诸多替代发展模式的生长。事实上,我们正处在一个现代性和后现代性兼具的社会之中,慢发展既是一种针对现代化进程中的问题进行反思和纠正的再现代化手段,也是思考如何避免现代性断裂,寻求社会各系统协调健康发展,最终走向善治的社会基本价值观,是朝向未来的现代化发展之路。换句话说,慢,就是重新思考发展方式。慢下来,才能更好地发展。慢,或许就是发展本身。

(二) 地方社会自主治理与内生发展

除了既有的绿色生态、休闲生活、文化传承、地方魅力等显性文化层面的慢元素的建构,我们更应思考慢发展观所蕴含的社会建设与社会治理层面的隐性文化之新内涵。社会治理从本质上而言是一个地方性的过程,即强调地方社会的自主治理能力。治理理论的兴起,与分权社会中国家(包括中央与各级地方政府)的角色转变这一现实情境密切相关。在分权化的社会中,公共机构、私营企业、志愿组织等社会行动组织在更广泛的层面上实现各种规模的互动,以完善共同动员地方行动者的社会整合机制。地方行动者参与治理的意识和能力是乡村社区自主性的来源。

概括来说,治理的目的就是要在各种制度关系中运用权力去引导、控制和规范公民的各种活动,以最大限度地增进公共利益。[①] 治理本质上是地方性的,地方治理是指在一定的贴近公民生活的多层次复合的地理空间内,依托政府组织、民营组织、社会组织和民间公民组织等各种组织化的网络体系,应对地方问题,共同完成和实现公共服务和社会事务管理的改革和发展过程。[②] 相对于国家的宏观控制手段,地方治理则更加强调地方社会的自主治理能力。所谓地方自主治理,是指在社会治理过程中,国家和市场之外的其他地方性自治主体之间基于彼此尊重、信任、有效沟通和利他行为而采取的治理方式。自主治理制度的目的是通过社会资本的不断增值而提高社会内生的自主治理能力。在合适的条件下,自主治理的制度安排被认为是一种低交易成本和高效率的制度选择。[③]

20 世纪 70 年代末,参与理论的提出,让人们重新认识了社区的功能。社区不仅仅是自上而下实现社会控制的单元,它也能够成为将发展、公平、民主参与等概念在较小的尺度空间内进行融合的社会发展关键机构。2009 年诺贝尔经济学奖获得者埃莉诺·奥斯特罗姆(Elinor Ostrom)建立了以自主治理制度为主,强调社会资本的"第二代理性选择模型"[④],自主治理理论越来越成为可持续的社区内生发展与社区治理研究所公认的理论价值取向,也具有较强的现实实践指导意义。人类学家丹尼逊·纳什(Dannison Nash)从旅游人类学的视角提出"社区自主"的概念,强调社区旅游开发过程中的去依附性以及社区成员和集体自己控制自己命运的主动权。[⑤] 参与理论与地方自主治理理论构成了慢发展观的理论基础之一。

内生发展理论中也蕴含了强调社区自主性和社区自主权的思

---

① 郭彩云. 农民民间组织与乡村治理研究. 中央民族大学博士论文,2012

② 孙柏瑛. 当代地方治理. 北京:中国人民大学出版社,2004

③ 李颖明,宋建新,黄宝荣,王海燕. 农村环境自主治理模式的研究路径分析. 中国人口资源与环境,2011(1)

④ 埃莉诺·奥斯特罗姆. 公共事物的治理之道. 余逊达,陈旭东,译. 上海:上海三联书店,2000

⑤ 丹尼逊·纳什. 旅游人类学. 宗晓莲,译. 昆明:云南大学出版社,2004:90-93

想。1975年,瑞典达格·哈马舍尔德(Dag Hammarskjold)财团在其报告中首次正式提出了"内生发展"(endogenous development)概念,包括重视人、环境、文化、生态和多元化发展内涵。① 日本学者鹤见和子、川田侃是较早对内生发展理论进行详细论述的研究者。② 此外,日本学者宫本宪一、西川润等也从各自的研究视角对内生发展理论及其在日本的实践经验进行了论述。③④ 除了日本学者之外,欧美发达国家的研究者也对内生发展理论进行了进一步的补充。范·德·普卢(Van der Ploeg)将内生发展视为一个社会动员的本土过程,其目的是通过成立本地型的组织机构,将各方利益相关者联合起来,不断提升本地社区的能力,以使发展战略规划和资源分配机制能够最大限度地符合地方社会成员整体的意愿。巴克(Barke)和牛顿(Newton)较早地提出了农村地区内生式发展的概念。⑤ 雷(Ray)总结了内生式发展的构成要素和实现路径,强调赋予地方社会自主发展的权利。⑥ 近年来,对内生发展理论的研究主要集中在内生发展的过程机制研究上,即将内生发展视为本地行动者和行动单元之间交往与互动的过程,并称之为"新内生发展"(neo-endogenous)。其中卡布斯(Cabus)与范哈韦贝克(Vanhaverbeke)提出了新内生发展的三个基本特征,即调用本土潜力、开发社会资本、促进民众参与,并着重探讨了农村发展的自上而下和自下而上两种互补的路径之间的关

---

① Linstone, H. A. Another Development: Approaches and Strategies. *Technological Forecasting and Social Change*, Vol. 13, No. 1(1979):pp. 95-96

② 鶴見和子.内発的発展論.川田侃(編).東京:東京大学出版社,1989

③ 宫本宪一.环境经济学.朴玉,译.北京:生活·读书·新知三联书店,2004:327-337

④ 西川润.内生式发展的理论与政策.林燕平,译.宁夏社会科学,2004(5)

⑤ Barke, M. & Newtown, M. The EU Leader Initiative and Endogenous Rural Development: The Application of the Program in Two Rural Areas of Andalusia, Southern Spain. *Journal of Rural Studies*, Vol. 13, No. 3(1997): pp. 319-341

⑥ Ray, C. Towards a Meta-framework of Endogenous Development: Repertoires, Paths, Democracy and Rights. *Sociological Ruralist*, Vol. 39, No. 4(1999): pp. 521-537

系。[①] 沃德(Ward)等探讨了新内生发展过程中的本土行动者和全球行动者充当的不同内生发展单元的作用。[②] 沙克史密斯(Shucksmith)指出,过去由国家主导的综合农村开发政策在新的乡村治理背景下变得不再适用,新内生发展理论强调政府公共部门、私营企业机构、民间志愿团体等本土社会行动单元彼此之间的多元互动关系,重视对农村地区的区域规划与场所营造,以及对社会资本与社区能力的建设。[③] 总的来看,新内生发展的理念并不排斥外生要素,但最终仍将发展的潜力归结为本土因素,尤其是本土的人力资本与社会资本,外生因素与本土资源的结合方式尤其重要。新内生发展理论同样构成了慢发展观的理论来源之一。

尽管社区自主治理强调社区内部成员的自主性,但实现自主治理的过程中仍需要自上而下的建构机制和自下而上的参与机制两种动力路径。在自上而下的社会赋权过程和自下而上的社会参与过程中,不同的社会群体对信息有不同的捕获能力,因而也表现出不同的社会参与程度。从参与理论出发,阿恩斯坦(Arnstein)提出了"民众参与梯度",分析了从被动的信息接收者到积极行动者的参与程度不断提升的持续过程。[④] 基于此,李强等进一步指出社区自主需要政府在管理、规划、人力资源、资源保护等方面予以支持。[⑤]

村社自主治理的研究者们从实践与理论结合的角度提出了不同

① Cabus, P. & Vanhaverbeke, W. Towards a Neo-endogenous Rural Development Model for the Flemish Countryside. *Reinventing Regions in a Global Economy*, Vol. 4(2003): pp. 1 - 18

② Ward, N., Atterton, J., Kim, T-Y., et al. Universities, the Knowledge Economy and Neo-endogenous Rural Development. *Centre for Rural Economy Discussion Paper Series*, Vol. 11(2005): pp. 1 - 15

③ Shucksmith, M. Disintegrated Rural Development? Neo-endogenous Rural Development, Planning and Place-shaping in Diffused Power Contexts. *Sociologia Ruralis*, Vol. 1(2010): pp. 1 - 14

④ 李强,王红艳. 少数民族文化遗产旅游中社区自主权的思考. 青海民族研究, 2008(2)

⑤ 李强,王红艳. 少数民族文化遗产旅游中社区自主权的思考. 青海民族研究, 2008(2)

的研究视角，以说明实现村社自主治理的不同主导因素，对本研究具有参考意义的主要有：

产业自主创新视角。郑英隆认为我国农村已经进入全球经济技术一体化发展阶段，围绕产业与科技创新而进行的农村自主创新和乡土型企业家是促进农村自主发展的两大关键因素，并指出我国当下乡村社会面临的是经济全球化下的开放式自主发展。农村自主发展指的是"农村发展主体有资格、有能力自己拿主意，自己决定发展什么和如何发展；它立足农村本土，眼观世界，根据发展的需要与可能，合理地选择适合自己的发展道路和发展模式；它并不排斥引进，并不拒绝与外部力量的跨地域合作，而以乡土资源的特色与优势成本，同时注意消化吸收外部所有可以利用的资源，内外互补与集成，创造性地发展自己"①。

环境自主治理视角。李颖明等指出，以社区为基础的自然资源管理模式逐渐在全球范围内被认可和实践，但我国当前以政府为主体的农村环境治理模式存在政府信息不完全的弊端。强调社会资本的自主治理制度依托农村自主治理组织，具有信息的直接性和充分性以及自发秩序的有效性等方面的优势。②

公共产品自主供给视角。韩鹏云等指出，村社共同体能有效促成公共产品的自主供给，而村社空心化的状态则使自主供给陷入困境，因此，需要通过重塑村社本位，提高农村社区公共产品的自主有效供给。③ 陈潭等认为，农村公共服务的自主供给表现为家庭自我供给、村民团队供给、村庄集体供给等，但理性选择框架下的利益博弈和村社道德缺失、政府角色缺位等限制了自主供给作用的进一步发挥，存在资源浪费、供给不足、合作失败等困境。重塑乡村社会资本、

① 郑英隆. 全球化下我国农村自主创新与乡土型企业家成长. 人文杂志，2008(2)

② 李颖明，宋建新，黄宝荣，王海燕. 农村环境自主治理模式的研究路径分析. 中国人口资源与环境，2011(1)

③ 韩鹏云，刘祖云. 农村社区公共品自主供给的逻辑嬗变及实践指向——基于村社共同体到村社空心化的分析路径. 求实，2012(7)

完善服务供给机制、重新定位政府角色等成为可能的路径依赖。①

文化自主发展视角。吴淼认为乡村文化的实质是一种特定的生活方式，具有其自为的存在价值和自主的运行机制，现有农村文化的行政供给模式将文化意识形态化和工具化，不利于农村文化的繁荣，应从重构乡村文化价值、尊重乡村居民选择的角度，促进农村文化的自主发展。② 黄兴华指出，农村和农民自主性的培育是重塑农村文化生活形态的内源力，农村文化生活形态的主体是农民，要实现农村文化生活形态的重构，前提在于农民和农村主体性的回归。③

旅游社区自主权视角。李强等关注少数民族旅游社区在旅游产业发展变迁中的社区自主权问题，指出社区自主权的核心是社区作为旅游开发的主体，公平地从旅游业中受益，达到社区经济—社会—环境效益的最优化。④

换句话说，一个能够产业自主创新、环境自主治理、公共产品自主供给、文化自主发展、旅游自主开发，并最大程度实现公平受益的地方社会，是具有慢发展观和高质量发展意义上的地方社会善治并可持续发展的理想模式。

（三）乡村本位的持续增长动力建构

慢发展观的生成机制与本土实践，受制于制度环境架构和地方社会行动的双重逻辑。国家对农村发展战略做出的重大调整和政策引导有其绝对的影响力，此外，基于农村社会基础的现况，大部分村

① 陈潭，刘建义.农村公共服务的自主供给困境及其治理路径.南京农业大学学报(社会科学版)，2011(3)

② 吴淼.论农村文化建设的模式选择.华中科技大学学报(社会科学版)，2007(6)

③ 黄兴华.农村自主性培育：构建新型农村文化生活形态的内源力探究——基于城乡统筹的视角.云南行政学院学报，2012(4)

④ 李强，陈文祥.少数民族旅游发展中社区自主权的思考——以泸沽湖为例.贵州民族研究，2007(2)

落的发展仍然面临内生发展动力的缺失。税费改革之后,以国家财政转移支付为主的"项目进村"模式正在成为近年来有效推动农村社区发展的有效机制。在这一模式中,通过"捆绑"在项目中的目标考核体系,行政性力量得以重新介入并干预农村社区的发展,农村社区和地方政府在一定程度上构成了相互合作的关系,原有的乡村社区秩序和权威结构也面临着新的调整。尊重乡村社会的自主性,提升乡村社会的抗风险能力,培育乡村社会的持续增长动力,成为以高质量发展为核心的本土慢城社区建设的题中之义。

伴随着我国农村税费改革以及与之配套的乡村体制改革的不断推进,乡村社会治理的基础发生了较大的变化。国家行政性力量逐步撤出农村基层社区,形成了基层社会治理"悬浮"于村庄社区之上的问题。农村社区,尤其是那些在空间上相对远离行政村的原生自然村落存在较大的治理真空。伴随着市场经济的不断发展、乡村教育事业的逐步普及、进城务工和经商人数的逐渐增加、信息传媒渠道的进一步打通等,种种现代性因素正在向农村社会全面渗透,商业竞争精神、个体享乐主义、休闲消费文化、法律维权意识等现代性的价值观念和社会心态也在农村社会传播开来,传统意义上的农村社会认同和农民人文性格逐渐褪去,农村居民正在变得越来越积极、越来越理性化和市民化、越来越具有行动能力,随之而来的还有一定程度上越来越深刻的迷失感、无根感和焦虑感。农村社区的稳定与可持续发展,面临着来自外部与内部双重意义上的动力缺失。随着地方社会层面国际贸易和国际交往的增加,国际化和全球化的资源要素更加容易进入,地方社会对发展契机的自我建构、对地方形象的自我包装和营销在全球交往时代显得尤为重要,对国际价值与全球机遇的主动嵌入正成为促进地方社会和乡村社区发展的新的动力机制。在这样的契机下,乡村本位的地方主体性和能动性的再建构,更显得十分有必要。

乡村自主性,即强调社会变迁与发展过程中乡村本位和乡村社区的主体性与能动性。所谓村庄自主性,是指"村庄在既有相关约束下，按照自己的意愿，去实现村庄特定目标的能动性与可能性”[①]。相对城市而言，那些社会经济自主性较高的乡村地区的社会结构具有更大的弹性，这不仅形成了乡村地区自身的抗风险能力，而且对城市社会发展过程中产生的巨大社会代价有一定的承接能力。长久以来，由于农村相对稳定的乡土社会环境以及嵌入在地方社会网络之中的乡镇企业对地方经济的支撑，这种具有弹性的地方社会结构能够为较大的社会结构变迁提供容纳空间而不触动社会体制的重大变革。历史上由于城乡二元结构体制、城市危机向乡村转嫁机制和城乡不均衡发展战略导致农村集体经济衰退，“三农”危机凸显，但并未引发严重的社会革命，主要就是得益于乡村社会自身的社会经济结构的完整性带来的地方社会自主性、弹性吸纳与复原能力。[②]

但是，地方社会这种整体上的弹性更多地体现为对外部社会风险和发展成本的被动承受，并不等同于乡村基层社区的积极的、充分的、社会性的自主性。我国在县以下的乡村基层社会实行“乡政村治”的治理政策，在行政村层面推行村民自治制度，但从我国目前的乡村社会发展阶段来看，全面推进乡村自主治理可能仍是一种理想化的模式，原因就在于来自社会的自主性仍未完全显现出来，地方政府和基层社区以及每一个与之相关的社会行动者自身参与治理的行动能力仍有较大的提升空间。城乡差距扩大引发的乡村人口流失是造成乡村发展主力军缺位、主体性缺失的主要原因。[③] 乡村基层社会管理方式的行政化和“悬浮化”，导致社会管理组织无法满足乡村自主发展的实际需求。农业生产的个体化、农村社会关系的原子化等，导致乡村社会成员在面对市场经营和个体发展之时如一盘散沙般暴露在社会风险之中，缺乏抵御能力和改变命运的自主性。综合看来，有助于提升乡村社区自主性的对策主要有以下几个方面：

---

① 应小丽.“项目进村”中村庄自主性的扩展与借力效应.浙江社会科学，2013(10)

② 温铁军.八次危机.北京：东方出版社，2013

③ 黄陵东.新农村建设中的主体性困境及其应对.福建论坛(人文社会科学版)，2007(2)

政府力量的适度引导。农民主体性具有可建构性，政策引导对农民主体性的推动作用是十分有效的，[①]但是，容易出现政府主导与乡村社会自主性二者此消彼长的矛盾。[②] 针对这一问题，政府在乡村社区发展的不同阶段有必要采取不同的引导方式。在地方经济落后、处于发展起步阶段之时，应加强政府主导的力度，待乡村自主力量成长起来之后，政府的力量应逐步消减，以便在某些关键领域给予乡村社会自主性的健康发展空间。

农村自主组织的扶持。农村自主组织与乡村行政组织相对，是农民基于共同利益而组建起来的体制外的利益表达机构，起到农户与政府之间的中介者角色，而农村社会分化和分散化之后的农民的自主组织性是农村自主组织兴起的内在动力机制，[③]可以通过成立如农民理事会这样的民间组织来创新乡村治理机制，因为去行政化的制度安排有利于乡村社会自主性的提高和乡村社会善治的实现。[④]

新型农民的系统性培养。农村主体性建设过程的实质就是农民的现代化过程，[⑤]调动农民积极性、发挥农民主体性作用是农村内生发展的主要动力，要通过畅通人力资源流动渠道、注入优质人力资源等方式激活地方的劳动力存量，多层面系统培养新型农民。[⑥] 通过统筹城乡人力资本积累，实施面向农村的新型农民培养工程，加强对农村留守农民的有效教育、引导和组织，创新工作机制和工作方式等，

---

① 邓娟．西部地区新农村建设中农民主体性构建的认识与思考．江西农业大学学报（社会科学版），2010(3)

② 陈洪生，周延飞．社会主义新农村建设中政府主导与乡村社会自主性关系的实证研究——以江西省葛镇为例．江西农业大学学报（社会科学版），2011(4)

③ 王惠．转型期我国农村地区农民自主组织行为分析．湖湘论坛，2007(1)

④ 樊雅强，陈洪生．社会主义新农村建设中的乡村治理理论与实践．江西社会科学，2007(3)

⑤ 江国华．从农民到公民——宪法与新农村建设的主体性视角．法学论坛，2007(2)

⑥ 王阿娜．新型农民：建设社会主义新农村的主体性力量．江西农业大学学报（社会科学版），2007(1)

可解决新农村建设主力军缺位、主体性缺失等问题。①

生态怡人，社会善治，就业充分，保障完善，忙闲适宜，邻里和睦……在快节奏的都市生活之外，可以有更多样化的价值观和更个性化的生活方式，社会予以个体充分的选择与发展机会，让每一个生活在其中的人都能感到被信任、被尊重、被重视、被照顾，拥有主人翁意识和社区认同感，能够充分享有意见表达和自治参与的权利，并能由衷地热爱和维护自己所生活的社区。如果我们的村庄最终能够发展为这样的社区，那么不管是不是经过官方认证的慢城，都具备了慢发展观意义上的持续发展动力。

四、乡村转型视角下"慢城市化"概念的提出

总的来看，慢城是一种具有后工业文明和后现代精神特质的发展理念和发展模式。一方面，中国首个慢城诞生在苏南地区，从大环境上来看，这里属于中国现代化发展程度较高的相对发达地区，这是慢城模式在我国得以成功实践、受到社会认可的发展背景。另一方面，慢城落地的个案社区又属于苏南地区比较边缘化的滞发型山村大山村，构成了中国首个慢城本土化实践的具体社会行动场域。在接下来的章节中，本研究将着眼于慢城理念如何适应当地的环境并落地生根，如何促进当地村庄社区发生巨变，以及该模式在未来能否持续扎根本土等问题。

在中国，慢城既是一种特色小镇生活方式，也是一种特色小镇建设与发展的理想指导模式，慢城市化构成了区域发展的一次特色化定位和新价值植入，慢发展观与高质量发展的要义不谋而合。慢城的本土实践，体现了慢城理念与我国新一轮乡村建设、乡村振兴与乡

① 黄陵东．新农村建设中的主体性困境及其应对．福建论坛（人文社会科学版），2007(2)

村治理政治目标的紧密结合。以旅游业为切入点,可以快速积累乡村社区发展所需的资源,并有望利用慢城的文化经济价值促进乡村社区的后现代化转型发展。

中国城乡二元结构体制正在转型为对“三农”的反哺和扶持。在这样的时代背景下,慢城更可被建构和演绎为一种对后发乡村和弱势农民产生保护机制的福利型区域发展的本土模式,促进发展观与发展方式的转变,实现地方经济结构的优化,赋予地方社会内在的、自主参与的、可持续的增长动力,因而将会具有非常积极的社会发展意义与发展带动效应。慢城的建设与普及,可以提高地方居民的集体认同感与心理归属感,提升生活质量和幸福感。把慢城理念融入社区自治、经济生产、城市设计与管理的各个方面,可以建构起一种独特且持久的特色小镇生活方式。

漫步在慢城的生态路上,我们仍不时观察到,来慢城体验、观光、消费的城里人,渴望在乡野中暂时地“慢下来”,而那些在慢城经营、创业、打拼的人,仍是那么渴望快速致富,渴望从乡村“拔根”,真正进入城市。这二者之间的距离,或许正揭示出我们的社会真正实现城乡一体化基础上的高质量发展和共同富裕目标的应努力之方向。

第二章
精准扶持：地方政府担当

桠溪国际慢城所处的区位并不是一个相对独立的村落或行政村。严格来说，在成为慢城之前，这一带本不具有典型的统一的社区属性，而是包含了诸如大山村在内的数十个自然村近2万人口的乡村丘陵地带，分属于不同的行政村，但又尚未达到构成乡镇级别的社会空间体量。在成为慢城之前的数年间，除了生态路和少量流转土地之外，这些零零散散的村落之间并没有一个统一的被认知的维度，村落社区主要依靠行政村的归属与划分来完成其行政合法性的确认。

在桠溪国际慢城的实践过程中，县级地方政府在国家宏观政策框架下实际具有较大的行动自主性，慢城区域因其强大的特色性而被赋予了特殊的发展目标与任务，从而从其所在的乡镇中"脱嵌"，并不断"入嵌"县级地方政府主导的一系列政治—经济—社会综合行动之中，构成一个相对独立的、"具有时空统一性和完整性的理想尺度"[①]。在地方政府主导的外来资本、技术以及智力的参与下，在如同大山村一样占有后发资源优势和全球价值机遇的地方社会中，地方

---

① 吴毅. 小镇喧嚣：一个乡镇政治运作的演绎与阐释. 北京：生活·读书·新知三联书店，2007：601－602

政府正在构建一个以本地资源的快速变现为基本诉求和行动目标的增长联盟,并以此干预和推进地方社会的迅速变迁。

从本质上来说,地方政府有义务提高农村生活水平,消除农村贫困状况,这是其政治合法性的建立基础,此外,地方政府面临发展创新的竞争,需要依靠精准的行政手段来创造政绩,打造典型案例。在这一过程中,村落社区作为现实利益的受惠者和理想样板的演示者被纳入地方政府的发展规划之中,从而强化了地方政府对诸如大山村这样具有特定战略意义的基层村落社区的直接领导和政策倾斜,同时也强化了慢城特色小镇建构过程中村落社区发展与地方政府扶持的共赢、共生关系。

以桠溪国际慢城的核心村庄大山村为例,在县级地方政府强大的价值主导与行政干预下,乡镇一级基层政府在慢城特色小镇建构以及村庄社会变迁中的影响力被弱化,县级地方政府通过驻村干部实现对村庄社区的直接治理与日常监管。在诸多外部关键事件中,县级政府及其外派机构充分参与到了村庄社区的发展决策之中,并通过制度落实、项目输入、政策诱导、合伙运营等方式深度介入村庄变迁的诸多层面,在慢城特色小镇建构过程中扮演了引导者与把关人的重要角色。

一、整村土地流转

在我国东部地区土地流转较为显著的村落中,农业生产方式表现为农户家庭自给自足的“自留地生产方式”、将土地自发流转给中小规模的种田大户的“专业户生产方式”、将土地统一流转给大规模的私营农业企业的“私营企业生产方式”、村委下设村级经济组织在集体土地上进行企业化生产的“集体企业生产方式”这四种主要模式。不同于这四种常见模式,2011 年,高淳区政府开启慢城申报工作,并成立慢城管委会和慢城开发建设有限公司(以下称慢城公司),

接管了桠溪镇政府名下的瑶池山庄以及“生态之旅”景区，并在此基础上进行了集中土地流转，于当年将“生态之旅”区域内80%以上的土地流转到了具有官方性质的慢城公司名下。

城乡旅游规划是一个以土地价值最大化为目标的价值导入过程，对乡村社会结构与社会关系的重构意义重大。村庄被纳入慢城区域规划，并打造为整个慢城的人居示范区和民俗文化村，被赋予了演绎慢城特色内涵的职能，村庄与地方政府在特色文化小镇建设中逐渐成为利益共同体。以土地流转为抓手的行政干预方式，能够较为精准地解决慢城筹建与发展初期阶段的主要矛盾。

（一）整村土地流转的方案与落实过程

我国农村土地制度在宏观上贯彻家庭联产承包责任制，实际上分田到户后土地规模过小，无法实现规模效益，导致了土地使用效率低、耕种方式粗放、农产品附加值低。按照大山村村集体的规定，农户分配土地后有义务耕种，长期抛荒将由集体收回土地，但种田投入大、收益少，土地成为不少外出务工家庭的负担，他们甚至贴钱将土地转给邻居和亲戚耕种，只是为了保留土地分配的权益。即使是对于那些不再耕种土地的人来说，土地耕种权仍然是一种具有社会保障功能的重要资产，成为年老返乡后的生计依靠。因此，在2010年前后的大山村，土地的抛荒问题确实存在，但抛荒弃耕问题并不是非常典型。

土地是农村赖以发展的根本，也是农户家庭重要的收入来源。自古以来，土地作为农民重要的生计来源，对个体的生存和家庭的维系具有非同寻常的特殊意义。直到20世纪末，在长期城市优先发展的国家现代化战略背景下，农村社会保障制度呈现出滞后发展的局面，农民享受的社会保障不充分，农村社会救助体系资源稀缺，外出打工的农民多为非正式就业，这意味着原本应由雇主提供的劳动福利保障无形中转嫁到了农民家庭和村集体内部。由于多种原因，农民的健康问题和社会福利保障问题十分突出，如生存条件和营养条件较差导致先天身体素质较差,健康生活方式和医疗保健知识匮乏,人民公社制度解体后,农村基层医疗体系瓦解和医疗资源匮乏,城乡社会医疗保障差距巨大等。改革开放以来,随着市场经济的发展,农户个体进入市场竞争,并以一己之力承担各种可能面临的风险,在这种情况下,土地具有了更加复合的综合保障功能。

在 2010 年前后,大山村农民家庭的土地使用情况有以下四种类型,土地对于农民家庭与个体的保障功能表现在不同的方面:

第一类是小农兼业家庭。农业仍是家庭收入的主要来源,即使农闲时期兼业收入较少,土地的产出仍能保证家庭成员生存的基本需求。

第二类是抛荒打工家庭。尽管暂时放弃了农业生产,但一旦遭遇伤病、意外、失业等情况,不得已需要返乡,留在村中的土地能够随时复垦,足以应对城市就业的高流动性和高风险性。农村的土地实际上为城市灵活就业的"农民工"提供了一份可靠的失业保障。

第三类是留守农业家庭。家庭中的老人、妇女、残疾人等留守群体仍然可以依靠种田所得维持生活,土地较好地保障了上述社会弱势群体依靠较低强度的农业劳动换取合理回报的权益。尤其是对老年人来说,一旦身体老化不宜再继续种田时,土地可以反租给村集体或其他村民以换取一部分口粮或现金,这成为养老保障的替代方案。

第四类是自发流转家庭。一些长期在外打工或在城市有稳定就业机会的家庭,全家离开村庄,但仍然在村内留有土地,为了避免长期抛荒带来的土壤质量下降,他们将这些土地免费或以极低的价格流转给亲戚或邻居耕种,由于接手土地的人可以获得土地上的产出,因此事实上是接受了土地转出家庭的一份人情,这种人情交换的存在,使得长期离村的家庭仍然能够维系村内的社会关系,这有助于他们日后返乡的生活重建,因此土地也是对未来不确定性的一种有效保障。

大山村所在的蓝溪行政村村域面积达 8.53 平方公里,辖 14 个自然村、1026 户、3100 人,耕地面积 3500 亩(1 亩约为 666.7 平方米),林地面积 3100 亩。其中,行政村集体土地主要包括 1050 亩有机茶园，由村办企业蓝溪茶厂负责经营，后企业转为私人承包的形式，另有1320亩土质较好、地块完整的则流转给浙江老板种植早园竹。2009年前后，村集体尚留有1000余亩未分配的集体用田，后对外出租给一家青岛的苗木生产公司（枫彩公司）种植美国红枫。在大山自然村，农民自留地大多位于宅基地附近，主要种植日常食用的蔬菜。责任田则分布在相对整块的区域，主要种植水稻、小麦和油菜等大田作物。

2011年4月，在县政府的主导下，慢城区域开始推进整体土地流转。土地流转的方案遵循了市场化的原则，按照当地土地流转的市场价，[①]由蓝溪村委与农民签订平等自愿的土地经营权集中转让合同，再由慢城公司与村委统一签订流转合同，慢城公司承诺负责解决农民的本地就业问题。蓝溪行政村积极开展入户动员，经过三轮动员，用当时工作人员的话说就是“动之以情，晓之以利”，最终实现了大山村土地的整体流转。原先村民通过村集体与枫彩公司签下的三十年租赁合同也一并转给了慢城公司，整个村中再无可供村集体和村民单独支配使用的大片完整土地。

表2-1　蓝溪行政村土地流转信息统计（2013年11月，大山片）

名称	类型	位置	面积（亩）	适合用途	价格（元/亩/年）	流转期限	责任单位
ZMS	旱地	大山头北	18.84	苗木	300	2004.10—2054.9	个人
ZHW	其他	小山	50	果园	400	2005.1—2026.12	个人
青岛枫彩	水田	大山村东	411.62	苗木	600	2009.11—2039.11	慢城公司
	旱地	大山村东	569.65	苗木	350	2009.11—2039.11	慢城公司
	水面	大山村旁	135.08	苗木	200	2009.11—2039.11	慢城公司

① 具体租金为：水田800元/亩/年，旱地400元/亩/年，水面300元/亩/年

续表

名称	类型	位置	面积(亩)	适合用途	价格(元/亩/年)	流转期限	责任单位
慢城公司	水田	大山村旁	1190.87	旅游开发	800	2011.6—2026.6	慢城公司
	旱地	大山村旁	521.88	旅游开发	400	2011.6—2026.6	慢城公司
	水面	大山村旁	278.74	旅游开发	300	2012.5—2026.5	慢城公司
合计			3176.68				

(资料由蓝溪村委提供)

(二)整村土地流转的政府动机与目标

长期以来,我国农村基层政府的考核在很大程度上参考和借鉴了工业化增长时期城市地方政府的政绩观,即以经济建设为中心的"唯 GDP 论"。区域经济的发展无疑是社会主义现代化的重要环节,社会经济的发展能够从根本上提升生活质量、改善民生境况,但是,不容忽视的是,这种 GDP 中心观在农村基层社会的发展治理过程中往往容易带来负面的影响,如农村地区的生态破坏、资源过度消耗、社会失范、弱势群体权益损害等问题。可持续发展观认为,人类社会是一个复合的生态系统,需要建构起一种更加健全的、基于经济—社会—自然三个层面的协调发展模式。在地方治理的过程中,如果过于强调社会系统的经济功能和经济效率,将有可能直接牺牲或间接忽视社会与自然层面的积极作用,从而不利于地方社会的可持续发展。

在偏重经济发展指标的基层政府政绩考核机制下,非良性化、非自然化的土地流转现象有其发生和运行的逻辑基础与外生动力。这是因为土地作为一种可以直接考核的物质资源,在国家政策支持的话语背景下,其流转可以用来衡量并考核农村经济发展的程度,这成为基层政府工作人员十分看重的考核指标,从而促使基层工作人员进行自我约束,视加快土地流转为证明工作绩效的必要手段。[1] 应该说，这种政绩观在大山村及其所在的乡镇、县级地方政府中依旧根深蒂固地存在。尽管近年来高淳在其小康社会指标和基本实现现代化指标中均加入了大量关于社会民生方面的评价指标，并不再要求乡镇一级地方官员招商引资的任务量，也尽量弱化了乡镇之间围绕 GDP 展开的竞争排名关系，[2]但长久以来形成的思维惯性和路径依赖仍然不是那么容易消散的，GDP 考核的无形约束力和驱动力仍是主宰基层领导干部思想觉悟、工作作风、行为动机的重要因素。

土地流转更有利于实现农业的规模化和集约化经营。大山村所在的慢城区域在县级地方政府的干预下进行了大范围的土地流转，其根本的目的并不仅仅是为了提高农业的产出效益，而更在于为了预留旅游发展用地，即瞄准了更高收益、更高附加值的旅游项目和建设项目。从正面意义来看，地方政府这样的做法是顺应时势，推动滞发区域的地方经济发展，创造更多的经济增长机会和民生就业机会，与此同时，流转到管委会名下的土地更加便于统一管理，有利于贯彻慢城条例、申报慢城品牌，同时也有利于今后开展环境治理、生态保护、景观规划与基础设施建设等。

政府通过整村土地流转方案实现对农户家庭收入的保障性补充，同时积极引导大山村人通过经营农家乐或其他与慢城旅游相关的产品项目来实现自雇型就业和小规模创业。土地流转和规模化治理后，政府可以拿出整片的土地空间吸引外来投资商的大型项目进驻。可以说，从一开始制订土地流转方案开始，地方政府就是以商业化的思路来推动整个慢城发展计划的空间置换，将原本属于村集体、由农民自发耕种的土地统一流转到地方政府外派机构（慢城管委会）下设的建设开发公司中，以便对土地空间的高效治理和对土地商业价值的进一步开发。尽管大山村流转出去的土地看起来仍然是以农业生产为主，但实质上

---

① 罗建平，李毅，余梅玲．政绩考核与农民生存：土地流转中基层政府的双重困境及突破路径．求实，2015(5)

② 根据2012年4月对某县长的访谈记录整理

已经被“异化”[①]为休闲旅游观光产业的重要生产资源。

（三）整村土地流转对村落变迁的意义

随着政府对农村社会发展的进一步反哺与扶持，今天的大山村已经逐步建立起了相对完善的农村医疗保障和养老保险制度。相对于愈加健全和正规的社会保障体制而言，土地间接承担的生存保障和养老保障等重要功能正在逐渐被替代。尽管如此，土地流转政策赋予了大山村的土地以新的商业价值，每年的流转租金收入以“真金白银”的方式充盈着村民的家庭财富，成为一份稳妥、安全、可持续、无差别、无风险的“保底收入”。因此，在未来相当一段时间内，只要土地流转的合同依旧成立，对大山村的全体家庭来说，土地仍将持续发挥重要的综合保障功能。

此外，整村土地流转政策的适时推进进一步强化了大山村人对于农村户籍重要性的认同。大山村原本被整合进国家现代化进程的程度较弱，[②]现代农业转型不充分。城乡二元户籍体制的形成原因，是与中华人民共和国成立初期侧重城市发展的工业化战略不可分割的。城市工业区的发展，塑造了产业工人新阶层，但城市中的社会管理能力尚在探索阶段，工业生产等同于国家战略，为了控制农村“盲流”进入城市、影响城市工业生产和工人阶层的生活，国家不得已出台了一系列规定，最终形成了较为严格的城乡二元户籍体制，导致了结构化的乡村弱势地位。20 世纪 90 年代以来，由于农村人口对城市户籍的固有向往，加上城市户籍逐渐松绑，城市就业吸纳能力迅速提升，很大一部分有实力进城的农村人群表现出对落户城市的憧憬和对农村户籍的淡漠。那些尚不具备获取城市户籍或者出于种种原因

---

① 高慧智，张京祥，罗震东．复兴还是异化？消费文化驱动下的大都市边缘乡村空间转型——对高淳国际慢城大山村的实证观察．国际城市规划，2014(1)

② 尽管在集体化时期村庄被统一整合进国家强有力的人民公社制度之中，但改革开放后，大山村这样远离县城腹地的偏远乡村普遍缺乏与市场经济现代化语境相匹配的发展资源，因而对市场经济现代化的嵌入较弱

不打算扎根城市，最终将要回归乡村养老的人群，也并不会对农村户籍感到格外自豪，因为除了分得一份不得不耕种的田地之外，他们看不到更多的利益和优势，但是，在大山村，一纸土地流转合同将土地租金利益捆绑在村民户籍身份之中。从经济理性的角度来看，更多的村民开始重视自己的村籍身份。国家目前的现行政策是允许农村户籍单方向转化为城镇户籍，但农村户籍并不向那些与村庄无关的外来城镇人口开放。因此，尽管有少数离开大山村的原住民后来又申请重新回归村籍户口，但除此之外的“村外人”则完全没有资格加入并分享村籍身份带来的红利。这种“只出不进”的单方向户籍制度更加凸显了农村户籍的珍贵，越来越多的大山村人对农村户籍的认同提高，这在一定程度上也促进了他们对于村集体身份和村庄公共权益的认同。

尽管最开始大山村的整村土地流转是地方政府基于盘活土地资产和统一开发管理而采取的行政干预的结果，但同时也在一定程度上顺应了大山村人内生的利益需求和价值取向。在乡村旅游业的集聚效应与较高利润的吸引之下，越来越多的大山村人自主实施了职业身份的转型，土地耕种被视为“没有能力开农家乐的人只好去种田”的最后备选项。因此，从时间上来看，大山村人的土地流转意愿是逐步提高的，对整村土地流转政策的态度也逐渐发生了转变。从整村土地流转对村庄的实际作用来看，其不仅为全体村民提供了相对充分的生活保障基金，而且让更多的大山村人重拾对附有经济利益的村籍身份的认同。

尽管政府在发展初期的土地流转政策干预具有较好的精准扶持效益，但如果进一步考察村民对土地流转的态度，也会发现一些问题。在整村土地流转的推进过程中，农民是被动的，农民的真实意愿和不同个体家庭间的态度分化无法得到充分的表达与释放。为了提高土地流转工作效率，尽快完成县政府和管委会交办的任务，大山村统一按照当地市场价支付土地流转租金，采取的是一种半强制性、半诱导性的流转策略。调查发现，传统兼业型农户的态度从最开始的怀疑和反对转变为后期的支持和赞同，而外出返乡型农户的态度则从最开始的支持与赞同变为后期的质疑与抱怨。究其原因,主要是因为传统兼业型农户尤其是中老年农民家庭对土地存在较强的眷恋之情,同时求稳、保守的心态较为严重,对农民的身份劣势和竞争弱势存在自卑心态,对于政府干预的事情有些质疑和不信任。土地流转出去以后,农户家庭有了稳定的租金收入,同时,繁荣的旅游市场也提供了大量灵活的就业机会,化解了部分传统农户家庭的疑虑。对于另一些外出返乡的中青年家庭来说,仅仅依靠土地流转租金难以维持成长型家庭的生活和发展需求。对于老年家庭来说,把土地流转出去或许是一种比较理想的退休"预备",但对于大部分处于家庭扩大发展阶段的农户家庭来说,其不得不寻找其他收入来源,而让这些年轻有为的村庄中坚力量产生抱怨的原因,正在于土地的经营权统一流转出去之后,凭一己之力想要再度收回的可能性几乎为零。

例如,一部分村民指出,土地流转出去之后,一些大片的优质农田出于旅游业的规划需求而变更成了停车场、游客中心等,认为将良田改为商业建筑用地并没有发挥更多的生产价值。再比如,一些年轻的村民渴望在农家乐经营之外开发一些"开心农场""生态农庄""拓展训练"等项目,他们认为政府和村集体没有为他们配备更多的创业空间。来自村民的矛盾诉求点和对土地流转政策态度的转变,揭示政策制定者需要考虑土地流转的后续配套政策问题。政策执行一段时间之后,未能充分重视村民需求的分化,未能采取应对村民差异化诉求的有效措施,亦未能为本地村民群体提供更加灵活的土地利用、扶持政策。若村民对土地流转政策和政府干预行为产生的不满意和不信任的心态长时间无法得到化解,恐将不利于今后的政府动员和乡村治理。①

---

① 事实上,在2016年小芮家征地置换事件中村民对政府行为的不配合已经说明了这样的预测。2016年上半年,紧邻大山村的小芮家被规划为中高端民宿度假村,需将整村的土地和农房一起征用。村民安置方案初定为将小芮家的三十余户农户合并入大山村,并在大山村西北侧一块耕地上进行整体安置。由于规划的安置地涉及同一村民小组内多户农民的自留地,因此在这片土地的征用补偿方案(转下页)

整村土地流转导致土地功能逐渐单一化，也带来以下潜在的矛盾：农业现代化的经济效益与传统小农的文化价值的矛盾，农业规模化、科技化带来的生产效率与人地关系进一步疏离的矛盾，农产品跨地区消费的现实需求与农产品“地产地销”的理想状态的矛盾，观赏性外来物种的入侵与地方性农耕知识产生“断代”的矛盾等。流转给慢城公司的土地需要承担一定的旅游观赏功能，但由于支付给农民的租金成本并不是一笔小数目，这些土地的农业生产附加值也不能忽视，因此，处理好农业生产与旅游观赏二者的关系成为慢城公司需要解决的一大问题。土地流转到慢城公司之后，农业耕作本身的生产效率并没有显著的提高，受旅游业的影响，“地产地销”的农业生产与消费模式正在被工业化的农业生产体系消解，村庄正在成为一个农产品的消费地而非生产地。与此同时，慢城文化的附加值尚没有被市场充分认可，较高的土地反租租金有可能阻碍部分潜在的农业创业需求。

二、创业扶持计划

政府带领地方社会发展的进程中，贫困落后的村落往往被视为容易引起社会不稳定的潜在区域，为当地营造更好的生存环境和就业机会是维护地方政府权威的题中之义。实现农村生计多样化、促进就地城镇化等战略思路在近几年的政府工作报告中也有所体现，表现为新农村建设、新市镇建设、扶持投资和创业以增加本地就业机会等。地方政府希望更多的居民能够在本地满足个人和家庭所期望的大部分社会经济需求，以尽可能减少人口净流出，维持地方社

(接上页)上产生了分歧。村民认为，大山村征地是为了安置小芮家，而小芮家被征地是为了方便政府和旅游公司赚钱，因此大山村有权要求一个合理的经济补偿，尽管怎么补偿、补偿多少都没有具体的政策，但村民内部首先在补偿分配方案上产生了矛盾。小芮家村民、大山村涉及被征地的农户、大山村涉及被征地的村民小组、大山村其他村民小组的成员、大山村的经营户们都主张自己有权分得经济补偿。具体的分歧在此不展开分析，但村民利益诉求的分化以及对政府与村集体动员的不配合是一个不争的事实，需要引起重视

会经济的长久活力。

为了鼓励进城务工、经商的本地人口返乡,地方政府主要有两种常见的方法:一是积极邀请在外有所成就的“成功者”回乡创办企业,二是积极帮扶那些相对“普通的”或某种意义上“进城失败的”返乡者通过自我雇佣的方式进行小成本的创业,以实现返乡人口为当地经济发展和人口就地转移等经济指标做贡献。在这样的行动逻辑之下,大山村所在的慢城区域被地方政府打造成“富民经济”实践与后发村落帮扶的样板示范区,县、镇、行政村的地方行政与权力机关积极运作慢城,这种基层政府行为对村庄社会经济变迁产生了直接影响。通过县域到村域的贯穿式帮扶政策的落实,地方政府精准把握调动基层参与积极性的关键点,通过经济与产业发展的价值植入,倡导守土创业的文化,开创了外出人口回流、村民创业致富热潮兴起的良好局面。

(一) 对农家乐创业户的直接扶持

在地方政府主导推进慢城模式的最初阶段,曾通过基层动员的方式在大山村征集首批创业示范户,但在当时,并不是每个农户家庭都看好农家乐的生意。因此,尽管政府配套的扶持条件很优惠,但并非所有被动员的村民都能够积极认同或接受政府的扶持政策。

政府最早的农家乐动员是在2010年年底至2011年年初,一开始的考虑是希望结合农民的房屋情况、经营能力、个人素质、家庭情况进行筛选,但通过村干部的初步动员之后,发现持观望态度和保守心理的人居多,后条件降低为只要具备一定的服务意识、房屋位于村内主干道两侧的家庭都可以报名。在村干部和积极农户的多次邀请下,又有几户外出务工家庭同意利用春节假期尝试一下创业。就这样,政府为第一批六家农家乐示范户出钱统一装修,购买家具、餐桌椅、空调等设备,并对经营者进行了相关培训。2011年春节期间,大山村的首批农家乐饭店开门迎客。由于地方政府的宣传带动,加上政务宴请的需求,短短七天内农家乐的经营收入就已经超过了很多家庭一年的工资收入。

为了继续打消农民创业的顾虑，巩固良好的致富示范效应，高淳区和桠溪镇政府动员政府各部门的公务接待优先到大山村农家乐消费。这样做不仅能够以农家土菜为来访考察人员留下更加深刻的地方本土文化印象，而且也有助于农家乐示范户在创业初期更好地积累创业资金和经营经验，从而有利于他们今后完全自主独立地面对更多的消费者群体。

表 2－2　大山村首批六家农家乐示范户政府帮扶对接情况

农家乐	县级对口帮扶	镇级对口帮扶
JF1	宣教口	税、电、工商、土管、派出所
JF2	政法口	建管、集镇办
HX	农水口	财政、民政办
JC	党群口	企管、经管站
CN	经济口	农服、水利站
CQ	财贸口	计生、开发办

（资料来源：赵晨. 超越线性转型的乡村复兴. 南京大学硕士论文，2014）

2011—2012 年，前来大山村参观、消费的多是全国各地的政务考察团和南京市范围内的单位。同时，首批六家示范户的示范效应开始显现出来，越来越多的村民表示也想加入这一新兴的乡村产业之中。2012 年，地方政府又继续扶持了第二批十家示范户，大山村的农家乐经营逐渐呈现出一定的区域集聚效益。

地方政府通过扶持政策引导乡村社区经济的转型，具有经济、社会、政治的三重意义。

首先，打造农家乐专业村具有经济意义。乡村旅游业有助于吸引外来游客（主要是大城市的游客）并吸引外部资金在本地消费，为当地的餐饮、住宿、交通等带来可观的旅游收入，并增加本地税收。县政府对乡镇一级政府乃至行政村、自然村进行多样化的“政府投资”，以期产生较好的经济回报，有利于以旅游业带动地方经济和财政税收的增长。在集体化时代,地方政府所收税款完全上缴中央,财政的支出自上而下统一划拨。20世纪80年代初的财政改革重新确立了县、镇、村级政府部门对所收税费的一定程度上的掌控权。1994年的税费改革进一步确立了县级地方政府对乡镇一级财政收支预算的分配权。向较低级别单位重新分配的确切比例,取决于县和乡镇的经济条件、特殊地区的特殊政治或经济意义等。在某些情况下,较低级别的政府可以得到慷慨的补贴,于是预算分配会超过最初上缴的税收。① 对桠溪镇相关领导的访谈也说明了这一点:“因为这个慢城,整个桠溪,包括大山村,在县里面的意义变得不一样了,地位也不同于以前。以前桠溪算是比较差的乡镇,先天条件也差,以前算是革命老区,在经济生产上出不了什么力,在县里开会都往旁边、往后坐,好事、坏事基本都点不到我们的名。后来做了‘生态之旅’,直到最近的慢城,开始不一样了,每次开会都要下任务,领导直接提目标,桠溪的发展、大山村的发展,对于整个高淳打造慢城品牌来说,具有特殊的意义,类似一个示范区、展示品,必须要做好。在这样的意义下,肯定要额外扶持一些资金,这几年县政府对我们桠溪镇的倾斜和照顾可以说是非常多的。”②县政府对镇政府和行政村的财政补贴也可以理解为一种“政府治理”,同时也是一种“政府投资”,通过对慢城区域和核心乡村的建设投入与资金帮扶,在慢城旅游发展初期阶段打下了良好的基础。

其次,通过农家乐引导农民致富具有社会意义。农家乐对促进农民非农化、自雇型就业转化的显著作用,有助于改善农村生计、吸纳农村剩余劳动力。对于政府来说,一方面可以减轻对农村的扶贫负担,另一方面也有助于农村社会的团结稳定。鼓励农民创业、参与经营,改善家庭生活,提高生活品质,有利于社会福利、社

① 瑞雪·墨菲.农民工改变中国农村.黄涛,王静,译.杭州:浙江人民出版社,2009:132

② 2014年4月对桠溪镇镇长的访谈

会民生和社会稳定的增长。乡村社会民生与福利情况的内在改善，不仅可以减少后发区域对地方政府可调用的有限财政资源的占用，更是对地方公职人员积极引导后发区域经济和社会现代化发展的道德观和责任感的强化与呼应，进一步加强了地方政府及其公职人员的权力合法性。在大山村的调研中，多个经营户提到了对政府政策的感恩与拥护，认为政府不仅将慢城作为一项经济富民工程，更作为一项社会民生工程在打造，赢得了较好的社会满意度。

再次，乡村旅游业的发展与地方政府官员的政绩竞争密切相关。从国家层面到省、市，各级政府都在积极推进乡村建设，对乡村经济与社会发展的规划与扶持正在成为一项新的政治任务，这意味着地方政府既要遵循上级政府的指示而积极行动，同时也面临着平级政府之间的政绩竞争，而打造一个“富民村”是地方政府政绩亮点的创新动力与目标。近年来，随着从中央到地方的执政观的转型，政府部门逐渐形成了对“唯 GDP 论”的反思，官员晋升考核的内涵越来越丰富，越来越多的民生类指标进入政绩考核评价体系。在科学发展观、可持续发展观、绿色 GDP 等新理念的影响下，乡村旅游业被视为新的增长点。2013 年提出“乡村旅游年”，从中央文件到地方政策，从官方媒体到社交网络，全国上下推进“美丽乡村”运动，形成了新的“造乡热潮”，乡村旅游和定居乡村正在成为新的社会风尚。在这样的时代精神、消费趋势和政策语境下，在较短时间内打响慢城品牌、打响大山村的名气、打造农家乐集聚效应和旅游服务功能，已经被上升为一项政治目标和政治任务。为此，基层官员在完成这项政治任务的时候，会优先选择那些有助于帮助自己实现目标的对象进行动员和扶持，也就是说，村庄中有能力、有觉悟、有积极性的人更容易被政府运动式、任务式的行动所“相中”。大山村扶持的首批农家乐的确发挥了较好的示范效应。对于那些尚未开始经营的农户来说，从农民直接跃升为老板，在家乡、在村庄中就能实现致富梦想，这无疑是一种极具诱惑力的励志故事。

(二)公共产品的项目制输入

公共产品具有典型的非排他性和非竞争性,但是在我国,由于长期以来实行优先城市社会经济的非均衡发展战略,在公共产品供给方面表现为城乡分割的二元化特征,即城市所需公共产品由政府财政资金建设,而农村公共产品主要依靠农村社区自行解决,资金、劳力等都由农民自我承担,在农村税费改革之前,那些原本应该由政府提供的基础公共产品,如教育、行政等方面的开支也通过向农民征收教育附加费和乡镇提留的方式来强制筹措。① 国家层面自上而下推进的对社会公共产品的非均衡供给策略,不仅在基层社会层面加重了农民的负担,而且直接造成农村公共产品严重不足、农村生活质量与城市的差距不断加大,也加剧了农村人口外流,不利于农村本地经济社会的可持续发展。

进入21世纪以来,中国出现了蓬勃的"反向运动",政府通过再分配的方式将市场重新嵌入社会伦理关系之中,政府既有意愿也有财力来创造更加良性的现代社会政策体系。② 在农村,这种国家层面自上而下的"反向运动"具体表现为大量国家惠农项目的输入。在国家现代化发展的早期阶段,国家与社会,尤其是与农村基层社会的关系是一种汲取与被汲取的关系,农村社区生产的价值剩余优先用于满足国家财政对城市社区的发展偏向。近年来,在税费改革、"项目进村"等一系列"反向运动"的转型趋势下,农村社会重新成为国家重点扶持与反哺的对象。起步于2005年的新农村建设运动及其后续的"美丽乡村"运动正是近年来国家对农村社会进行反哺的主要政策手段,极大地提升了农村公共基础设施、环境、教育、医疗、社会保障等方面的供给力度和供给质量。

---

① 鲁可荣.后发型农村社区发展动力研究:对北京、安徽三村的个案分析.合肥:安徽人民出版社,2008:189

② 王绍光.大转型:20世纪80年代以来中国的双向运动.中国社会科学,2008(1):129-148

大山村原本作为一个没有任何突出资源贡献和发展优势的偏远村落，享受到的政府提供的公共产品少之又少，村中最主要的公共产品以保障农民“吃饱肚子”的农业生产基础设施为主。由于乡镇财政薄弱，大山村的教育、医疗等公共服务在行政村撤并的过程中被进一步稀释。此外，困难家庭的生活救济主要依靠社区内部自救扶持，弱势家庭的风险承受能力较差。道路建设、水电供应等相比于快速发展的苏南地区来说更是呈现出滞发状态，已经不能满足现代化的乡村生活需求。

后税费时代以来，国家通过“项目进村”“一事一议”等财政补贴机制实现了对农村社会公共产品的供给和监管。在这一过程中，地方政府出于自身“树典型”“创模式”等的政绩需求，与特定乡村结成一种“同伙关系”，共同积极申报和运作各类进村项目。有学者发现，“项目进村”存在“抓两头”的现象，即示范村或者薄弱村这两类村庄更容易获得项目机会。① 大山村最初是作为“薄弱村”而获得了最初的进村项目支持，在 2012 年、2013 年的全面建设时期，大山村得益于大量进村项目资金而被迅速建设成为新农村的示范村，这又为村庄所在的行政村 2014 年之后进一步获取大量进村项目奠定了良好的基础条件。

表 2－3　蓝溪行政村 2014—2015 年主要进村项目

年份	项目来源	项目内容	项目金额
2014 年	区(县)农工委	低收入扶持项目	30 万元
	区(县)农工委	“美丽乡村”项目	280 万元
2015 年	区(县)财政	茶叶加工厂建设	30 万元
	区(县)农工委	茶场防霜设施	150 万元
	区(县)财政	休闲旅游观光拓展项目	10 万元

(资料由蓝溪村委提供)

① 折晓叶，陈婴婴. 项目制的分级运作机制与治理逻辑——对“项目进村”案例的社会学分析. 中国社会科学，2011(4)

2011年、2012年的两年间,借助区(县)一级的“美丽乡村”建设项目,分两次对大山村内的近百家农户进行了整体翻新。采用了黑瓦白墙的徽派风格,朴素的民居加盖了马头墙,室内外绘制了水墨风格的壁画,院墙内外架起竹篱笆,同时,沿街的窗户增加了花纹木框装饰,整个村庄的建筑形象为之一新,配上大山、小山的风光和春季田里的油菜花,颇有“小婺源”的神韵。此外,配合2013年的“慢城建设年”,大山村的道路、水电、电信、排水、治安设备(监控摄像头)等村庄基础设施得到了进一步的改善,这同样也是通过各种项目经费和“一事一议”经费逐步实现的。据不完全统计,截至2013年年末,因慢城缘故而进入大山村的各建设类项目资金配套累计超过1000万元。2014—2015年的统计显示,每年仍分别有310万元、190万元的进村资金,来自农工委的定向扶持项目是进村资金的最主要来源,其中最大的一笔正是“美丽乡村”项目。由于基础设施建设已基本完成,到2015年之后,进村项目金额逐渐减少。

(三) 资源与“项目进村”的治理逻辑

地方政府通过响应国家政策号召,以新农村建设、“美丽乡村”建设等“项目进村”的方式,把村庄整合到国家新的发展话语之中,成为体现地方政府新政绩观的一面镜子。大山村从一个名不见经传的大山脚下的小村落变身为中国首个国际慢城核心示范村,在这一过程中,无论是对农家乐的资金扶持、对口消费,还是在进村项目上地方政府与村干部表现出来的“同伙关系”,都揭示出在“资源进村”制度下的乡村治理过程中基层人力资源的重要性。

主导基层社区治理的行动者,往往需要具备广泛的当地社会关系和外部关系网络。大山村所在的桠溪镇在整个高淳区来看,属于工商业基础相对薄弱的地区。在这样的区域,尤其需要具有企业家精神和管理者素质的基层行动者来发挥“四两拨千斤”的作用。因此,村干部在选择首批帮扶对象的时候,更看重扶持的效率,即希望扶持对象发挥示范效应。基层权力的个体角色化,加上传统人情的运作模式，使得基层官员的“权威”能够在政府动员行为中发挥有效作用。在基层官员看来，能人、熟人、家人相对于村庄其他成员更加“听话、明理、好管”。“这是上级政府交给我的任务，我选择熟悉的村民家庭，是为了自己能更好地完成任务，他们的示范作用也会比较好，能达到上级领导的目的，而且当时也只是一种尝试，谁也不能保证以后就会好，政府选出来的示范户，跟我们私交好，这并不矛盾，为了我的脸面，他们也不会不好好干。”①

从大山村的情况来看，基层官员在选择帮扶对象时，会优先选择村庄能人，其中不排除与官员私交较好的家庭甚至亲戚家庭。究其原因，并非看重直接的利益诱惑和潜在的利益输送可能，更重要的是这些家庭在得到帮扶的同时服从性也较好，便于官员管理，实现高效率的双赢。所以在个别案例中，表面上看起来是人情关系，但背后的因素仍然是对效率的考量。当然，在这种短期绩效观的异化下，村干部缺乏对扶持政策公平、公正性的考虑，极易引起部分思想偏激的村民的不满。除了大山村内部就政府扶持一事产生过不满情绪，慢城区域内的其他村庄也认为地方政府对大山村“过于偏爱”，把所有的资源在很短的时间内全部投放到大山村的建设中，而对其他同样渴望发展的村庄置之不理。

在新农村建设背景下，国家取消了农业税，不仅加大了对农村和农业的投入，而且加大了农村公共产品提供的力度。资金补助的启动作用非常关键，国家在新农村建设中加大资源投入的同时可以提高社会各界加强合作、加大资源投入的力度，进而有力地推进农村基础设施建设和各项社会事业的发展，促进基层政府公共产品的提供。② 项目制被视为一种新的农村基层社区的治理模式。有研究指出，国家向农村输入公共产品项目资金的目的是改善农村基础设

① 资料来源于2013年3月对某村干部的访谈

② 黄卫堂.集体经济缺失村的公共品供给问题思考——基于国家与社会互动的视角.中共浙江省委党校学报，2009(2)

施,[①]地方的公共建设和公共产品主要依赖中央对地方财政转移支付中具有“专项”和“准专项”性质的“戴帽资金”,[②]并用“项目治国”一词来概括和说明税费改革以后的国家治理体制和治理技术的变化。[③]

在大山村,“项目进村”模式不仅为农村社区在慢城发展机遇中所产生的建设资金需求提供了解决渠道,在利益再分配的作用下,还有效激发了农村公共产品的内生供给能力,并在一定程度上较好地强化并巩固了村庄社区的自主权。例如,在大山村的建筑外墙翻新工程中,地方政府、村干部、施工队与村民曾就建筑外墙风格问题做了充分的沟通和讨论。几位村民在电视上看过徽派建筑与油菜花田在一起的美景,于是建议,既然大山村也有油菜花,不如把建筑也修建成徽派建筑那种白墙黛瓦加马头墙的独特风格。这种来自农民自发的审美偏好,折射出的是农民在文化符号的移植拼贴与文化认同建构过程中的主体能动性。村干部及政府的态度是积极鼓励并支持来自村民的建议。村民为本村的建筑风格而自豪,主要的原因就是这种风格迎合了村民自己对村庄意象的一种想象。至于这种马头墙元素背后的古徽州文化与大山村当地是否有真正的历史关联,并不是村民会去深思的问题。

需要警惕的是,过于密集的进村项目有可能强化村庄核心成员“等、靠、要”的不良心态,过度依赖地方政府自上而下的资源输入,反而丧失通过村庄内部力量自我解决公共产品问题的动员机制和行动能力。针对这一现象,村干部是这样解释的:“上面给项目,项目有钱进来,我们也好为村民提供更多的活动,做什么、怎么做、怎么用钱,都有一套可以参考的方案,国家给的项目会更加有意义,打造‘美丽乡村’合情合理,一得般来说老百姓也都比较认可。如果没有项目的钱,我们自己花村集体的钱,做出来的事情万一大家不认可,又花钱又不得好,而且,没有了上面领导和政策的指示,我们村干部也不知

① 桂华.项目制与农村公共品供给体制分析——以农地整治为例.政治学研究,2014(4)

② 周飞舟.以利为利:财政关系与地方政府行为.上海:三联书店,2012:141

③ 周飞舟.财政资金的专项化及其问题:兼论“项目治国”.社会,2012

道怎么动员老百姓。如果说是政府额外给的钱,我们在解释、动员的时候说话表态都更加灵活,就算项目方案与个别村民利益有一定冲突,也可以对他说要考虑大局,服从地方政府的安排,或者说是配合我的工作。但如果是用集体的钱,我们动员老百姓的时候,一旦有些小的矛盾点,他们都可能会觉得我们村干部说得不在理,因为钱是集体的,自然要让所有人满意才能使用,而每个人的意见如果都要考虑的话,事情就很难推进了。有了这些进村的项目,作为我们村干部来说是好做事了,有项目的时候恨不得天天来村上盯着,自然,没有项目的时候也没什么必要到村里去了。”①

项目制因其技术治理和利于监控等特性,成为当前国家自上而下的“资源下乡”的最主要方式,然而国家政策与国家意志在农村基层社区与分散的小农对接的过程中,可能存在着项目内容与基层需求不一致的问题。项目自上而下、由外而内进入村庄社区,是一个单向度的资源分配过程,但农民个体和分化了的农民群体自下而上的需求表达渠道缺乏,社区成员内部的共识形成机制缺乏,社区成员与外部行动者的利益协商平台缺乏,导致高频度的资源与项目进村却并未促进村民参与意识与自治能力的提升。不仅如此,由于缺乏参与机制、交流机制和信息公开机制,大量资金随着各类项目与扶持政策进入村庄,反而加深了村民对村级组织项目资金分配与使用的不信任感。

可以认为,慢城模式在本土落地,一方面得益于项目制,另一方面也受限于项目制。项目制为项目申报和管理提供了一整套标准化和技术化的操作程序,便于实现垂直的专业化管理和控制。项目标准化、技术化的优势在于可以回避项目风险、提升效率,便于监管,但过于强调标准化、技术化容易忽视村庄的多样性,使得项目成为部门观念和专家意见的翻版。② 正如有研究指出的那样,当前的地方治理面临着双重的困境:一方面,地方政府深度介入特定村庄事务并卷入

① 资料来源于2015年12月对某村干部的访谈

② 渠敬东.项目制:一种新的国家治理体系.中国社会科学,2012(5)

基层矛盾,另一方面,政府又与大多数村庄在常态治理方面保持着相对疏远的关系。其主要原因在于村民的自治缺位、农民主体性缺失、政府与农民间缺乏有效沟通的长效机制。作为地方政府,如果能做到以资源输入为契机,加强基层组织建设,激发群众参与活力,无疑将有利于促进政府治理与村民自治的良性互动和双赢。[①]

三、旅游运营合作

经过2013—2014为期两年的建设,慢城区域的旅游基础设施和大山村农家乐的旅游接待功能已经基本完善,游客量迅速增长,社会知名度进一步打响,但是,由于整个慢城区域的旅游接待几乎完全依靠当时仅有的电瓶车公司的导游和农家乐农民的自发行动,无论是服务质量还是服务效率都面临较大的瓶颈,在旅游旺季面临接待能力不足、统筹安排失误等问题,旅游产品的缺乏也难以实现游客日益增长的个性化旅游需求。地方政府从当时的实际情况出发,意识到仅仅依靠当地的力量想要在短期内迅速实现专业化、高品质的旅游开发与运营并不太现实。在寄希望于发展旅游业以收回前期投资成本、激活当地社会经济发展的目标诉求下,为进一步开拓客源市场,地方政府认为慢城不仅需要和全国性的旅行社进行对接,也需要更加广阔的旅游宣传推广平台。与此同时,慢城在全国的名气越来越大,一些旅游机构纷纷前来踩点、视察并与地方政府频繁接洽以寻找合作的机会。

在中期的慢城运营阶段,地方政府对慢城的介入发生了行政类公共服务与市场化经营活动的分离。其中,慢城管委会改为慢城管理服务中心,主要为慢城区域内的居民和企业提供与慢城旅游产业

---

① 杜鹏.村民自治的转型动力与治理机制——以成都"村民议事会"为例.中州学刊,2016(2)

和慢城社区生活配套的基本公共服务，而其市场运营则通过政府+企业的形式，采取股份合作模式共同承包、运营相关产品。在慢城运营阶段，地方政府、企业与乡村形成了一种“节庆化”的合作模式，通过创造地方节庆以及将村民的日常生活“节庆化”等多种方式，挖掘更多的慢城生活元素并以此吸引游客，从而实现临时性与非日常性的外部管理。在这一过程中，地方政府与外来的公司拥有强势话语权，通过合同契约交换关系能够获得双赢的发展机遇。

此外，外来旅游策划与运营机构对慢城的知识建构与智力植入，是一次“引智”与“借脑”的过程，给地方政府、社区组织、返乡能人、农户家庭等均带来一定的正能量，体现出地方政府通过各种努力尝试精准弥补慢城区域整体商业运营能力短板的意图。然而，村庄的主体权益仍处于一个被动和失语的状态，或许不利于村庄内在发展需求的真实表达。

（一）政企合作中的政府角色

2013 年 10 月，高淳区现代服务业项目推介会在上海举行。作为东部沿海地区现代服务业最为发达的大城市，上海集中了大量优秀的资金、人才、创意等资源，而高淳地处融入南京、承接苏南、辐射皖南的重要区域节点，渴望与上海的优秀资源进行深度合作，抓住新一轮的发展机遇。在推介会上，慢城项目作为高淳区发展现代服务业和休闲旅游业的重点推介项目，与 J 集团签署了战略合作意向协议。J 集团是一家全国性的旅游产业链一站式运营服务机构，其业务涉及旅游规划设计、景区投资与运营、酒店投资与运营、旅游营销服务、旅游电子商务等。据了解，J 集团之所以选中高淳国际慢城，是看中它优秀的生态环境、乡村风情和特色体验，以及国际慢城品牌与当前中国旅游产业向休闲度假转型趋势的高度契合性。高淳慢城之所以选择和 J 集团合作，看重的是 J 集团的整体实力和先进的运营理念，希望依托 J 集团旗下旅游网站的散客接单能力、营销团队的营销推广能力、策划团队的项目与活动创意策划能力等为慢城的发展提速升级,配合2014年慢城区域申报国家4A级景区的年度目标,整合市场资源,推动高淳国际慢城向特色主题度假区发展,并带动高淳旅游产业的整体发展。

2014年7月,国际慢城(高淳)管委会与J集团正式签署合作协议,J集团获得高淳国际慢城的独家运营权,并计划按照景区投资与运营的业务模块对慢城区域的旅游产品进行管理和引导。2014年8月26日,J集团与国际慢城(高淳)共同出资成立了南京景淳慢城资产管理有限公司,其中慢城管委会名下的慢城建设公司占股51%,J集团旗下的J旅游发展公司占股49%。在新的公司发展框架下,未来将以互联网和情境化两大思维为指导,积极整合区域内现有资源、企业和社区,开发特色产品,打通网络渠道,同时融入"慢文化"情境空间,将慢城打造为具有互联网思维的"慢旅游""慢生活"特色情境化体验景区。

在与J集团合作之初,高淳政府首先以将在2014年"十一"黄金周期间召开的"大地艺术节"作为合作的试用期项目,对J集团提出了文化注入和打造参与性项目两大要求。当年7月,营销团队正式进驻慢城,开始进行现场调研和方案制订,慢城管委会为团队提供了食宿和临时办公场所。9月初,"大地艺术节"沪宁杭三地新闻发布会召开。9月中,导游招聘和岗位技能培训工作完成,基本工作准备就绪。2014年"十一"黄金周期间,慢城"大地艺术节"以"宁的慢日子"作为节庆主题,共推出了二十余项"慢生活"互动体验类旅游产品和多项专场活动,作为第十四届"中国·高淳固城湖螃蟹节"的节中节,将原本以高淳西部水乡为"主战场"的螃蟹节所带来的旅游人气顺利引导到了高淳东部的慢城区域,带来了日均超过万人以上的游客量。"大地艺术节"的活动安排非常紧凑,日夜不间断,尤其以夜间的露天音乐会、露营活动等作为创意亮点,丰富了慢城区域的夜生活方式和夜景区模式。作为J集团入驻慢城的试用期项目,也是首次大型活动,此次"大地艺术节"不仅为慢城带来了一整套全新的旅游体验类产品,也成功地吸引了大批优秀的同业合作资源,同时,J集团旗下多个部门各司其职,展示了专业高效的合作能力,在以乡村为背景的开放式的活动现场能够有效组织起各种大型现场活动，其组织能力和运营经验获得了当地官员和村民的认可。

按照合同约定，经过“大地艺术节”的“试用期”之后，高淳区政府与J集团于2015年年初开始正式合作。“金花节”是2015年春季的主要工作内容。2015年“金花节”，J公司共策划和执行了包括小羊肖恩、千人骑行、百对金花婚礼、夜光风筝表演、田园秀、帐篷客露营节等在内的数十项创意旅游项目，借用集团的旅游营销网站广泛宣传，吸引了华东地区乃至全国范围内的个性游客前来消费。与以前来慢城消费的多为城市中老年群体和中低端消费群体不同的是，这次“金花节”期间，游客的文化修养、社会地位、消费能力、对“慢生活”的感悟能力等都大有提高。

总的来看，高淳区政府与J公司合作成立景淳公司，一方面政府为企业创造了一个良好的市场制度环境，另一方面获得政企合作资格对于外地企业来说也是一个非常好的机会。地方政府在这一过程中扮演了“变迁代理人”的角色，为地方治理引入了新的行动主体，创造了一个地方发展所需的稀缺高端人才与知识信息的输入渠道。同时，地方政府希望提升慢城整体接待能力和产品档次的需求目标在政企合作的过程中得以实现，地方政府与外来的公司通过市场化的契约交换关系获得了双赢的发展机遇。

（二）政企合作中的诉求分歧

随着政企合作的不断深入推进，地方政府的治理与发展的目的也慢慢发生了变化。最初，地方政府希望通过与外来企业合作，在打造地方节庆、引进旅游项目等方面创造独特卖点，吸引外界关注，提高游客层次，促进当地旅游接待能力的提升。随着时间的推移，地方政府承担的贷款利息和土地流转租金成为现实的资金压力，因而更看重可持续的经营能力和土地的资本收益。

尽管J公司全方位接管了慢城区域内的旅游营销活动，但由于大型项目投资回报率不明晰，缺乏更多的投资机制，而现有项目盈利模式不确定,存在历史遗留问题,因此导致J公司无法在较短时间内从慢城的政企合作中获得更多的经济回报。这种持续经营能力层面所暴露出来的问题又反过来强化了地方政府渴望慢城为政府创造利润的诉求。

在一年多的合作期满后,J集团宣布撤资撤人,并要求地方政府全额返还当年在政企合作公司中入股的全部股金,这相当于地方政府为J公司支付了近两年的运转经费和人工费用,实质上类似于一种政府购买服务的行为。在这一购买过程中,政府的议价能力有限,将景区承包出去之后,政府缺乏对运营的监督、考核、控制权,所产生的有限利润仍无法留在地方,而是被外来的企业捕获。

在终止了与J集团的合作后,高淳区政府又重新与一家南京本地的企业Y集团建立了新的合作关系。同样作为一家公司,Y集团追求利润的根本属性与J集团并无本质上的差异,这导致Y集团一方面将耗费精力的环节“外包”出去,另一方面对启动条件提出了苛刻的要求,要求政府以征地的形式解决土地产权问题之后再开始投资建设,试图将村民等基层社区的利益相关者排除在今后的发展格局之外。由于对大山村现阶段所呈现出来的以农家乐为主的中低端旅游接待方式持不看好的态度,在城市消费文化日趋小众化、精品化、差异化的背景下,2016年,地方政府、Y集团以及规划团队初步达成一致意见,在与大山村临近的小芮家村通过征地和整体搬迁的方式对原住民另行安置,在小芮家打造一处民宿风格的乡村旅游消费区。虽然新的建设项目可能为大山村的建筑工带来新的生意,可能为农家乐带来潜在的高端客源,也可能为本地农民带来一定的打工就业机会,但对于政府采取征地这样不可逆的、“断根式”的行为,不仅小芮家的大部分村民不能接受,而且在大山村安置小芮家原住民的方案也被大山村涉及土地调整的部分村民强烈抵制。

在合作初期,政企合作中双方都对彼此的利益诉求和可能的分歧缺乏合理的预见。在很大程度上,地方政府有权决定与谁合作、怎样合作,但若不尊重合作对象的真实需求,合作的机制必然无法长久持续。类似的问题也发生在地方政府与其他非企业类学术研究机构的合作过程中。2012 年，基于前期策划项目的友好合作背景，N 大学城市科学研究院与高淳区人民政府签订了在中国首个慢城区域内成立世界上第一个慢城研究院的院府合作基地的协议，拟设立该研究院的慢城博士工作站，开展有关全球慢城研究、本土慢城发展、慢城建设方案、慢城宣传教育、慢城评价体系等一系列内容的研究与生产工作。在 2013 年“金花节”开幕式上，慢城研究院正式揭牌。然而遗憾的是，成立几年来，慢城研究院和博士工作站并没有开展实质性的工作，而成为一个被架空的机构。究其原因，一方面政府未能为研究院提供相应的财政扶持和招聘资质，因而无法聘用长期的研究人员常驻高淳，即使 N 大学方面派师生驻扎研究院，也不得不自行解决往返交通、吃住和调研的开支；另一方面，慢城建设资金投入过大，难以再提供充裕的专项资金用于支持学术型研究和横向课题的开发。一直到 2016 年 7 月，研究院的工作才再次启动，与高淳政府、慢城中心共同研究制定并颁布了中国慢城标准。

总的来看，在政府购买服务、政企研一体化等新的执政思路引导下，地方政府自上而下对大山村以及慢城区域的社会发展采取了积极的干预政策，试图引入专业化的机构为区域发展带来新的活力与机遇，然而，引入新的行动者意味着新的赋权。在缺乏真实的共同目标的情况下，行动者各自从自我利益最大化的角度出发进行了理性选择，导致发展计划与村庄发展的现实基础和真实需求产生了错位，不能充分获得当地居民认可并调动其参与积极性。这不仅不利于整合区域发展的利益分化问题，还最终使将新的力量引入地域社会的地方政府难辞其咎。

（三）政企合作中的社区权益

慢城机遇中充满了地方政府渴求的政绩诱因，以及旅游公司看中的市场诱因。在国家推动“反哺三农”的系列政策下，地方政府对乡村发展进行主动干预的积极性提高。一方面，乡村经济活力的复苏与富农、益农的社会效应和参与式治理结构的建设，有助于地方政府在基层社会的治理权威的重塑;另一方面,全国层面对乡村价值的反思与重拾也促使地方政府重新深入基层去寻找现代化发展转型过程中的新的文化价值和本土资源,从而有利于获得地方政绩与政治好评。慢城建设基本完成后,地方政府尝试采取政企合作模式引入外来资本共同运营慢城,这为基层村落社区的农家乐带来了客源,也为经营者带来了更多先进的理念和经验知识。

后税费时代,基层治理的有效性在某种程度上取决于政府对农民需求的回应和满足程度。[①] 在慢城机遇面前,地方政府面临着基层社区治理的现实需求。一方面,遵循过去自上而下的政策性干预,能够快速有效地落实地方政府的发展意愿;另一方面,地方政府也迫切希望能够对农民切实的需求进行回应并尽量满足,但这需要农民形成一个自下而上的意见表达机制,从而帮助地方政府更好地实现善治。

在慢城建设初期阶段,慢城的管理部门主要包括地方政府派出的慢城管委会及其名下的全资子公司——慢城建设发展公司(国有性质)。慢城基本建设完成后进入中期运营阶段,慢城区域的管理部门进行了调整,公共服务功能由管理服务中心来承接,而市场运营功能则由股份合作公司来运营,实现了行政类公共服务与市场化经营活动的分离。

慢城运营阶段的政企合作模式可以被视为地方政府有意识搭建的地方投融资平台,通过引入社会上的优秀资本和运营主体,有望解决慢城理念与社区文化承载能力不相匹配的现实问题。在这一过程中,地方政府与企业的契约交换关系不可避免地会导致慢城品牌成为资本争夺的对象。那么我们不禁要问:当地民众如何参与到企业与地方政府的"利益合谋"计划之中?事实上,在地方政府与外来企业的合作过程中,并没有简单地将大山村的农家乐视为一个基础的、中低价位的餐饮和住宿接待单元,而是有意识地引导村庄社区的主

① 杜鹏.村民自治的转型动力与治理机制——以成都"村民议事会"为例.中州学刊,2016(2)

体能动性和发展参与权的自觉性。在运营阶段，地方政府延续了慢城筹备与建设阶段的“富民路线”，在引入外部合作力量之时将专业企业创造的价值尽可能留在本地，以激发本地的行动力，实现社会红利共享。

专业化的企业及团队的进驻，为慢城带来了丰富的旅游体验产品和旅行社合作资源，有助于当地旅游服务产业的深度发展。J集团的外派团队选择的驻村工作生活方式，无疑给村民带来了非常积极的影响。在工作之余，他们走访农户家庭，见缝插针地对农户进行宣教和经验分享，帮助农家乐更好地经营和营销，在村民中留下了较好的口碑，并初步建立起良好的协同互动关系。J集团驻村团队对大山村的村民有一种发自内心的尊敬和理解，不仅租用村中民居作为团队起居和办公的场地，每逢重大活动前夕还会与村干部和农家乐经营者开会沟通相关事宜，在日常工作中也经常性地走进农户家中，对农家乐的经营以及相关产业的投资、运营等提出有针对性的指导意见。对于许多不善经营的农家乐经营者来说，团队的建议多能引发他们的思考和调整。在J集团驻村团队看来，提升农家乐经营者的素质，帮助他们拓宽眼界、调整经营方向、解决经营困难等能够实现多方共赢。这种外来企业利用自身的专业经验和个人的工作热情为村庄整体和村民个体的发展出谋划策的做法将有助于社区能力的整体提升。

J集团运用其旅游产业一站式运作的优势，改变了慢城原先存在的管理运营主体缺失、产品体系不完整等问题，也帮助慢城获得了更多的媒体关注和多方合作资源的青睐。具体来看，J集团营销部门在节庆活动举办方面具有丰富的优势经验，主要为节庆活动提供包装宣传设计、活动策划以及现场执行等方面的专业支持。集团旗下的旅游网站为慢城设计了自由行专题产品页面，从而为慢城周边景区，以及大山村农家乐等乡村度假区带来了大量人气。据统计，由J集团参与运营的2014年秋季的“大地艺术节”和2015年春季的“金花节”期间，大山村的游客接待量和销售额显著提高。丰富的旅游产品延长了游客的停留时间，直接增加了农家乐的餐饮和住宿接待量，而且针对游客多元化的消费需求，村民在经营餐饮、住宿之外自行开发出了更多的乡村旅游产品,如干货咸货、蒸米糕、刺绣工艺品、自酿米酒、双人自行车骑行等。

相比于经营收入和经营能力上的提升,在乡村文化建设层面,外来的力量对当地的干预则表现出本土文化的缺位。J集团为慢城策划的旅游产品及其文化意象,如2014年"大地艺术节"期间开展的全民竞走、炫彩夜骑、田园小丑、蜗牛涂鸦、大地艺术秀、风筝表演等在内的二十余项互动项目,更多的是一种迎合城市年轻一族消费习惯的、"无地方性"的外来文化的移植与拼贴,在这一过程中,大山村的本土文化、"草根"农民的生活文化都有意无意地被忽略了。同样,所谓参与性的项目也主要是针对城市消费者的参与体验,而大山村的村民无法参与其中。例如,往年的"金花节"文艺演出,尽管可以看到许多高淳民间艺术和民俗文化的演出,但无一例外都是聘请区内专业化的演出团队和非物质文化遗产团队进行的汇演,大山村人既没有渠道也没有能力来参与这些专业演出,而大山村人自发恢复的民间艺术"大山钗",却因为"缺乏艺术性"而无法登上面向城市游客、新闻媒体、地方官员的大型文艺演出的舞台。

更大的遗憾在于,政府+公司的运营模式未能将乡村的发展主体性纳入进去,在实际运营中忽视了村落社区的能动性,无论是普通村民还是乡村能人,都很少与慢城运营公司有实质性的交集,公司的经营活动与村民的经营活动是完全独立的两种市场主体行为。具体来看,一方面虽然企业化的慢城营销活动卓有成效,带来了富有创意的旅游项目,也吸引了较多城市优质客源,但游客在农家乐的消费无法最终成为公司的有效收入,这在一定程度上造成了外来资本回报较低并最终导致其撤资离场;另一方面,外来的运营公司通过外派项目组的方式常年进驻慢城,不仅加大了企业自身的人力资源成本,而且在项目实施过程中与本地的政府领导、村委干部、乡村能人以及分散农户的交易成本过大,导致许多创意设想和旅游项目缺少本地化的运行团队而无法落地为常态化的运营项目,从而也影响了公司的持续盈利能力。

四、地方政府对慢城理念的本土导入

地方政府对慢城本土实践的精准扶持，体现为做好政府该做的事，创新政府能做的事，通过引入资金、资源、技术、管理与运营经验，对慢城价值理念进行本土化转译与植入，促进慢城特色小镇的文化扎根与文化再生产。地方政府能够精准识别并主动化解不利于农民创业的一部分制度性障碍，让更多的本地人有了在家乡谋生，特别是在非农领域谋生的机会，促进了农村地区第三产业的起步与发展。除了经营农家乐和贩卖特色农产品，另一些村民开始在伴随着新的建设需求而增长起来的本地施工、运输、园林等就业岗位中寻找机会，实现了新的收入增长。

地方政府的这种对基层村落社区的发展干预，可以被视为一种具有中国特色的规划性变迁过程，也可以看成地方政府工商化、企业化[①]的一种本土实践形式。从经济学的视角来看，地方政府对地方经济主体的扶持被视为一种“共存的庇护主义”[②]。但若从社会学视角进行审视，则认为地方政府扶持市场主体、进行资源再分配的过程实际上是一种分类控制的思路，[③]即在打破了社会的全面控制和垄断分配体系之后，国家可以通过介入市场经济体系，或在市场分配体系之外，利用各种资源渠道进行符合执政目标和政治意图的资源再分配，通过各种政策性工具将特定的资源有选择地输送给特定的主体。在

---

① Walder, A. G. Local Governments as Industrial Firms: An Organizational Analysis of China's Transitional Economy. *American Journal of Sociology*, Vol. 101, No. 2(September, 1995): pp. 263 - 301

② Wank, D. L. The Institutional Process of Market Clientelism: Guanxi and Private Business in a South China City. *The China Quarterly*, Vol. 147(September, 1996): pp. 820 - 838

③ 康晓光，韩恒. 分类控制：当前中国大陆国家与社会关系研究. 开放时代，2008(2)

对农村社会组织的诸多研究中也提到了“选择性管理”[①]“选择性再分配”[②]等类似的概念来指明这种状态。

政府的政策转型提供了利于农民获得更多发展资源的可行路径,慢城模式下的地方政府干预行为已经将村民的土地、生计、房屋、宗族、文娱、日常生活等都纳入了地方政府的慢城发展计划之中,但是,在政府干预过程中也出现了一些值得反思的现象,如外派机构和官员对政绩的过度追求、整个慢城发展过程中的商业化和资本化问题、发展话语下村民主体地位的缺位,以及合作模式中各方利益的再分配问题等。当前农村土地流转中存在着强行政色彩、弱市场因素等共性问题,阻碍了农村土地的有效流转。[③] 在大山村,由县一级地方政府主导的土地流转同样是以行政力量而非市场利益推动的,政府以一种企业化的行为按照市场价向农民支付租金,保障了农民的利益,但反过来由于无法找到支付土地租金的“下家”而导致了财政压力过大,政府以国有企业身份参与转包农民土地难以获得直接且充分的市场收益。

在慢城筹备阶段,地方政府对大山村农民手中的责任田进行了统一流转,尽管其稳定且合理的租金为村民尤其是弱势群体提供了较好的生活保障,但也无形中为村民个人参与慢城发展创新实践设置了较高的政策与资金壁垒,使土地彻底成为地方政府发展旅游业的工具载体,不利于村庄的内生发展与可持续发展。不仅如此,政府将土地流转到慢城公司后,在没有形成基于社会各方共识的、相对合理且成熟的商业计划的时候,在传统政绩观的影响下急于求成、举债建设、负债运营,这为后期慢城商业模式可持续运营和对外引入优秀合作伙伴埋下了隐患。

在慢城建设阶段,地方政府通过对农家乐创业进行扶持、对“项

---

① 邓燕华,阮横俯.农村银色力量何以可能?——以浙江老年协会为例.社会学研究,2008(6)

② 熊万胜.合作社:作为制度化进程的意外后果.社会学研究,2009(5)

③ 罗玉辉,林龙飞,侯亚景.集体所有制下中国农村土地流转模式的新设想.中国农村观察,2016(4)

目进村”进行积极干预等方式，为大山村源源不断地输入了发展起步所需的宝贵资源，改变了村庄落后、衰败的景象。然而，政府这种积极干预和资源自上而下的输入方式可能会无形中助长村民和当地村干部“等、靠、要”的消极、不作为心态。“资源进村”的同时，也是社区能力建设的绝佳时期，但是地方政府在为大山村引入外部资源的同时，未能同步建设村庄的社区行动力，致使外源性的发展动力无法转化为村庄内生的自主力量，大山村因此错失了社区能力建设的关键时间节点。同时，在资源的再分配过程中不可避免地出现了“精英俘获”现象，再加上普通村民在“资源进村”过程中话语权和行动力较弱，因而资源的分配方案不仅加深了一部分普通村民的不公平感，而且也可能令政府的干预成为村庄分化的现实推手。

在慢城运营阶段，地方政府有意识地减少对村庄行政式的直接干预，通过与外来商业机构合作的方式，引导村庄按照农家乐特色村的既定目标进一步向产业化和专业化方向发展。然而，由于前期投资负债较高，政府又无法从农家乐中获取更多收益，因此慢城的盈利模式尚不明朗。地方政府作为商业化的投资主体，渴望慢城项目能够整体盈利并逐渐覆盖前期投入成本，因而其在与外来商业机构合作的谈判中，过于重视短期回报和经济上的直接回报，导致外来机构与地方政府在有限的利润空间内形成内部争夺，长期合作难度较大。此外，政府在社区能力和文化建设层面存在前期的干预缺位，在持续运营的关键阶段，作为重要参与主体的大山村村民无法发挥文化自觉和文化创新的能动性。一方面，村民缺乏足够的主体行动能力来参与政府和企业的市场化经营活动；另一方面，由于村民主体行动能力的缺失，地方政府和企业在共商发展大计之时更无法将村民作为可以信赖的一方而共同行动，从而导致利益诉求上的分立，使得本地村民和本土文化缺位的问题陷入恶性循环。

表 2-4　高淳椏溪国际慢城发展阶段及其管理服务模式的阶段性演变

<table>
<tr><td>时间阶段</td><td>初期创立阶段</td><td colspan="3">中期建设阶段</td><td>后期运营阶段</td></tr>
<tr><td>核心内容</td><td>土地流转
区域规划</td><td>基础
建设</td><td>创业
扶持</td><td>项目
进村</td><td>旅游营销
质控监督</td></tr>
<tr><td>机构构成</td><td>瑶池公司
(乡镇企业)</td><td colspan="3">管委会+
全资建设公司</td><td>管理服务中心+
股份合作公司</td></tr>
</table>

地方政府作为外部资源的主要供给方,主要是通过县政府对下属各乡镇的发展做出规划和指导,镇一级负责完成县政府指派的各项任务,并完成政策与信息的上传下达工作。除此之外,乡镇一级政府还要负责落实诸如计划生育、公共卫生、社会治安、土地管理、义务教育、维稳等基层工作。正如一些学者指出的那样,"党政合一的国家机器对社会垂直层面和水平层面都拥有巨大的掌控力"[①]。从大山村的实际情况出发,强有力的政府干预是促使大山村快速转型发展的有效动力。通过紧跟宏观制度导向、整合地方现有资源、引入社会专业组织,建构起一种调动各方参与的准制度化的地方行动准则,这构成了促进大山村发展的外部动因。然而,这种以政府干预为主的外部资源输入方式在项目制的资金流入以及考核形式和地方官员政绩压力之下,导致地方政府包揽一切、急于求成、效率至上、负债建设,不仅不利于社区内部自主行动能力的生长,而且忽视了社会参与环节,从而造成社区民意与政府目标关系在一定程度上的紧张,并为后期政府的逐步放权和其他市场主体与社会力量的进入设置了较高的门槛甚至形成了阻碍。

正如已有的研究所揭示的那样,乡村旅游作为一项新兴的综合性产业,集旅游、餐饮、住宿、休闲、消费等于一体,不同于某一单一性行业,而政府仍然沿袭以往某一行业的管理政策来管理乡村旅游。[②]

---

① 瑞雪·墨菲.农民工改变中国农村,黄涛,王静,译.杭州:浙江人民出版社,2009:130

② 鲁可荣.后发型农村社区发展动力研究:对北京、安徽三村的个案分析.合肥:安徽人民出版社,2008:197

大山村农家乐的上级管理部门模糊不清：其餐饮、住宿等经营业务归镇一级农工委管理，同时，由于身处慢城核心区，大山村农家乐也受到区县一级的地方政府外派机构慢城管委会（后改为慢城管理服务中心）的监管和干预，因而与区县一级地方政府也有着密切的关联和互动。然而，面对上述“多头管理”现象，大山村农家乐分散的农户个体缺乏一个统一有效的行动主体来与不同的政府部门打交道，尤其是在政企合作模式下，由政府干预而引进的企业作为乡村社会新的治理主体拥有较为强势的工具理性逻辑，在市场竞争和谈判合作上农户容易成为弱势一方。

土地流转后，村中没有用于自主发展的土地空间和相应指标。农家乐创业热潮形成以来，村民或在自家原有的宅基地上，或通过宅基地置换的方式，初步完成了房屋的改造和新建工程。然而，随着经营的发展，一部分农户感到现有的住房面积需要继续扩大，也需要更多的土地空间来发展新的旅游项目，但是，这些都需要以从管委会返租的方式获得土地使用权。由于提出申请的村民不多，管委会至今没有向大山村村民返租一块地，相关的政策细则也就搁置至今。即使村民申请返租土地进行经营，租金也会成为经营的成本。如果没有较好的租金优惠或其他政策支持，村民在考虑了经营成本和经营难度之后，也许会打消扩大经营的念头。从这个意义上说，土地流转有可能成为大山村多元化发展和底层创新所面临的人为设置的制度障碍。村民没有真实的行动，并不代表没有潜在的需求，政策的瓶颈和可能存在的种种阻碍如同一面看不见的墙，不利于农民个体的生产创新和实践行动，这种情况属于政府积极干预可能带来的意料之外的消极后果。

县一级政府享有对地方社会的资源调度权和地方干部的人事任命权，对基层村落社区的治理控制能力在强化。正如有研究指出的那样，“随着项目制的推进，乡镇一级地方政府不仅没有转变为政府服务农村的行动主体，而且正在和农民脱离其既有的联系，变成可有可无的一级政府组织”①。事实上，来自更高一级区县政府的对农村社区的控制强化是伴随着双重意义上的资源流动和资源增值而实现的。一方面，政府为村庄带来更多的资源，通过资源诱导实现控制，资源的价值从地方政府流向村落社区；另一方面，政府看中基层社区的本土特色资源并加强控制和开发利用，资源增值的大部分从村落社区流向地方政府。在这样的双重控制与资源流动过程中，地方政府及其外派机构与被选中的特定村落社区正在形成一个实际的利益共同体。

县一级地方政府强势干预村庄社区发展，在不同时期地方政府采取的不同策略，或许仅仅是从自身的行政治理逻辑出发做出的权宜之举。若从社区多元治理的角度出发，政府干预仍存在一定程度的缺憾与不足。具体来说，在筹备阶段，被作为一项政治任务而推进的整村土地流转，忽视了农户在土地流转真实意愿上存在的差异，政府干预有所越位；在建设阶段，作为一项工程任务，以进村项目为主要平台进行工程建设，回避了治理矛盾，错失了社区治理能力的激活契机，政府干预有所缺位；在运营阶段，作为一项招商引资的任务，在投资收益压力下急于寻找外来投资主体，而忽视了外来资本可能导致的外部成本与风险，政府干预有所错位。

在现代化和城市化理论视野下，我国城乡二元体制在过去被视为一种制度壁垒，阻碍了乡村优秀人才向城市的流动，并导致城乡贫富差距越来越大，但其实，包括户籍制度在内的各种引发城乡二元差距的社会制度，其背后的逻辑都是由整个国家所处的发展阶段和发展目标所决定的。随着我国尤其是东部沿海地区部分发展较快的区域率先进入现代化中期阶段，社会呈现出后工业化转型发展和城市化动力减弱的趋势。在这样的特定阶段，城乡二元结构正在成为一种保护性的结构，农村集体所有的土地制度、维持小农家庭土地承包权的农业经营体制、户籍制度及其背后捆绑的福利等，对于原本处于制度型弱势地位的农村居民来说，开始越来越呈现出更多的制度红

① 周飞舟．以利为利：财政关系与地方政府行为．上海：三联书店，2012：126

利特征。过去与城市户籍捆绑在一起的医疗、教育、养老等保障制度，更多地与就业机会挂钩，而非简单地与户籍挂钩。换句话说，农民不愿意放弃农村户口，是因为仅仅获得城镇户口无法在城市就业体系中立足，难以享受到较好的城市生活红利；相反，如果保留农村户口，则既可以享有与农村户口捆绑在一起的诸如农村医疗与养老、耕地、宅基地、集体分红等各项福利措施，同时也不影响在农村之外的营生。只要农村的优秀人才想要进入城市社会，就有各种教育、再教育、参军、求职机会的大门向农民群体敞开。

正是因为作为村庄社区的成员可以享有村集体的福利、保障、分红等各项红利，大山村的村民并不愿意主动放弃农村户籍。不仅如此，政府为了建设和经营慢城而主导的诸如整村土地流转、农家乐扶持、外来资本引入等干预措施，更加强化了大山村人对作为村庄一分子所可能享有的未来福利的预期与想象，但是，目前这种以农户家庭个体经营为基础的社区产业模式仍然较为脆弱，恐将难以带动和支持一个社区乃至整个区域的现代化发展。依托于政府主导的外部资源输入，大山村的就地城镇化处在一种临时性的、不稳定的、较脆弱的状态，村庄的发展动力严重依赖于外部赋予村庄的短期资源、利益、项目。只要附着在农村户籍之上的制度红利和利益优势仍然存在，大山村人即使已经在城市购房、生活并实现家庭再生产，也仍然不会完全放弃农村的收益，甚至会为了保持信息通畅和人际和谐而积极参与村庄公共事务并用心维系村庄内的社会关系。基于大山村目前附着于土地流转合同之上的土地租金收益权，以及政府投入巨大的慢城旅游富民模式，可想而知，在未来很长一段时间内，只要政府能够持续支付土地租金，只要游客仍然源源不断地来到大山村，越来越多的大山村家庭就仍有可能长期维持这种“半城市化”的中间状态。

从个体和家庭的立场来看，对大多数大山村人来说，在城市或乡村能够获得的实际收益差距已经逐步缩小，甚至可能出现乡村反超城市的现象。在城乡互动和城乡流动更加充分的当下乡村社区中，农民及其家庭的工具理性发展得更加充分。当极度理性化的个体回归到资源大量输入的乡村社区,成为新的分利主体,就容易产生“精英俘获”的现象,加大社区内部的贫富分化。一旦外来资源输入停止,村庄本地资源又没有具有竞争力的获利能力,这些理性化的个体由于拥有城市生存的基本物质条件,就会率先离开村庄进城谋生。在宏观政策不断加大对农村社会保障、养老保障、医疗保障和弱势群体保障等社会福利扶持力度的基础之上,城乡良性互动机制的保障进一步带来了社会底层向上流动通道的开放,在乡村社会成员内生的、自发的、向上的流动意愿面前,“生活在城市、就业在农村”成为大山村人现阶段的一种理想生活方式。从这个意义上来说,政府的干预在其中发挥了不可忽视的积极作用。但是,需要引起警惕的是,尽管任何一项社会制度的设立都有其预期的受益群体,但实际的受益者可能会出现偏差或错位。动用国家财政和地方财政大力扶持的乡村旅游、农民创业、土地流转等创新做法,是否正在成为仅有少数村庄,甚至仅仅是个别村庄中的一部分人群所享有的政策红利,是值得地方政府反思的问题。

第三章
治理创新：社区组织激活

村级组织是乡村治理的重要载体和行动单元，可以将农民组织起来实现社会动员和社会整合。通过分析大山村各类村级组织在新机遇下的功能转变及其所面临的制度障碍，认为大山村的内生发展动力还需要依托一个能够有效代表村庄整体民意、集体发展需求和长远发展目标的民间组织机构。现有的各类社区组织暂不具有引领和执行村庄整体发展理念的功能。面对来自村庄以外的力量干预，基层村落社区内部难以形成有效的民意协商机制和一致对外的谈判能力，以致在地方政府主导的规划性变迁过程中始终处于弱势地位。

农村社区组织是指在乡村社区内有目的、有计划地建立起来的满足一定功能的各种团体和机构。目前，我国农村社区组织大多是在政府主导下形成和运转的，主要类型有：村民委员会、农村社区经济组织、农村社区科技文化组织和农村社区保障组织。农村社区组织具有“政府失灵领域的填补者”和“农民利益的代表者”这两大功能，被认为是我国农村社会经济可持续发展和新农村建设的重要保证。① 自人民公社制度解体、家庭联产承包制实行以来，农村居民组

① 余素芳，朱述斌，缪丽华，朱述红．社会主义新农村建设中的农村社区组织建设研究．江西农业大学学报（社会科学版），2006(12)：65－66

织化程度降低，个体化程度加重，农村社区内部分化明显，有效的社会整合机制与社会动员方式缺失。此外，作为一种超家庭的结构性力量，社区组织在发展的过程中还受到农村社会中的“圈子”和“熟人信任”的影响，容易形成围绕少数能人而展开的小圈子行动单位，并成为村庄权力精英阶层捕获优质资源、获得村庄收益优先分配权的政治工具，限制了社区组织所应当发挥的弥补政府职能和市场功能空缺、增强社会凝聚力、整合社区资源、提高农民生活质量等社会价值层面的作用。

正式制度与非正式制度赋予了村级组织相应的资源获取模式和自主行动空间。组织的领导者、活跃分子和普通成员作为重要的行动者，其自身的资源禀赋、价值偏好、综合能力等都会对组织的发展产生影响。从社区组织行动中可以看出，大山村仍然是一个基于“熟人信任”的、小圈子分化比较明显的村落，这种熟人社会的社会基础是我们理解该村社区组织发展和慢城模式本土化时一个不能回避的事实。一方面，村级组织增强了村民个体的集体归属感和群体行动力，拓宽了个人与村庄的社会资源网络，但另一方面，各个组织互不统摄，围绕各自的核心人物、主体诉求和外部资源形成小圈子，在一定程度上分裂了村庄整体的主体性和行动力。

本章还将分析社区精英对社区公共产品、社区合作组织的参与，并将这部分人群称为积极分子。这些积极分子作为社区公共活动或民间组织的核心领导人物，其身上具备的公共意识、公益精神、奉献精神、道德素养、社区威望、号召能力等特质较为突出。积极分子的产生是以村庄的内生秩序为基础的。在分层较为明显、价值生产能力高的村庄中，会涌现出许多积极分子，村庄社会分层、村庄历史记忆、村庄价值评价系统是积极分子产生的土壤。[①] 在一个开放社区中，资源的流动性远不同于过去封闭时期，以占有稀缺资源多少为衡量标准的精英界定方式也在发生变化。在当下的村庄社区中，通过自身资源整合能力成为经济能人，或者在社区公共生活中投入更多

---

① 张世勇.积极分子治村：徽州村治模式研究.济南.山东人民出版社，2009，6

精力和热情的积极分子，更加符合人们心中对“精英”二字的认知。

随着现代化的不断深化发展，尤其是市场经济向农村地区的不断渗透，传统意义上守望相助的村落共同体正在逐渐消弭，传统的文化价值和权威结构等在现代性的影响下正在发生深刻的转变。一方面，原有的内部约束力和内生整合力正在消散，农村社会结构从传统的差序格局向原子化、个体化的格局转换，农村社区某种意义上缺乏足够的社会关联；[①]另一方面，新的社区权威机制正在逐渐生长，这主要表现为村级组织的自我调整与自我完善。以大山村为例，传统的宗族组织、一度陷入治理困境的村“两委”、新兴的民间社会组织等都在新的外部机遇和内部需求的共同作用下发生了典型的变化，并在各自的功能界定范畴内对社区成员进行组织与动员，促使整个村落朝向实现新的社会整合的方向不断发展。

一、联村党委模式

传统中国的乡村治理模式主要依赖村庄内部自有的一套相对独立的整合机制和治理手段，村庄拥有内部自治的权力，而仅在赋税、兵役、诉讼、科举考试等少数领域与国家权力发生交集，村庄的自治性表现为“自我提供公共产品、自我生产帮扶体系、自我满足消费欲望、自我维持内部秩序”[②]，这在宗族型村庄中表现得尤为突出。近代社会，现代性不断发展渗透，现代国家政权体系和市场经济体系极大地解构了乡村的自我整合能力，传统宗族型村庄的自治功能逐步被国家行政力量或市场经济力量所替代，并在超越自然村落的更广泛的领域内实现了新的整合——人民公社时期国家意志与国家权力渗

① 贺雪峰. 新乡土中国. 北京：北京大学出版社，2013：64

② 刘伟. 论村庄自主性的形成机制与演变逻辑. 复旦学报（社会科学版），2009(3)

透至乡村最基层；改革开放以来延续至今的“乡政村治”格局中，乡镇政府和行政村两级组织分工合作，互动实现对村庄社会的治理。进入21世纪之后，国家逐步免除农业税，这一方面造成了乡镇政府的“悬浮化”和乡村社会的治理困境，但另一方面，政府通过加大对农村地区的财政转移支付力度，不仅实现了发展理念上的从汲取型整合向赋予式整合的转变，而且以各种支农项目和专项资金的向下输出，建构起一套新的基层社会治理逻辑。正如一些学者的研究指出的那样，“项目进村”现象正在成为一种“新的国家治理体制”。①

税费改革之前，通过制度外的公共产品供给模式，由农业生产剩余承担农村社会公共产品的供给成本，这导致了农民负担沉重和“三农”危机。② 针对“三农”问题，中央提倡“以工补农”“以城带乡”，通过财政外专项资金转移支付的方式，以项目制的形式来落实农村公共产品的建设资金来源，并催生了由国家力量直接干预基层社区和地方事务的行动空间。在这样的新的行政关系与工作场域中，村“两委”作为对接农民个体与国家基层政权的中间组织，既要对上级负责，按照项目制“技术理性”的特征严格落实项目建设工程，又要对村民负责，主导村庄利益关系的调整和新治理格局的构建。在这样的背景下，慢城区域提出了联村党委模式的构想与试点，这是农村基层党组织领导、发挥党员先进性，引领基层治理组织创新的一次有意义的尝试。

（一）后税费时代的基层治理困境

20世纪70年代末，人民公社制度解体，我国农村建立了“乡政村治”的治理格局，国家出于基层社会治理的需求，逐步建立了农村基层党组织和村民自治组织，即村“两委”。其中，村党委属于基层党组

① 应小丽.“项目进村”中村庄自主性的扩展与借力效应.浙江社会科学，2013(10)

② 温铁军.八次危机.北京：东方出版社，2013：183

织，起领导作用，村民自治委员会则是村民自我管理、自我教育、自我服务的基层自治组织，实行民主选举、民主决策、民主管理、民主监督。根据法律规定，村民自治委员会是乡村治理的主体。

长期以来，在土地集体所有、压力型体制及“两委”关系混乱的背景下，村民自治组织的行政化倾向非常严重。① 由于我国农村社区“两委”的关系界定不清，导致村党委及其直属上级乡镇政府对村庄自我治理干预较多，且越是资源丰富、发展前景较好的村庄，受到的来自乡镇政府的干预越多。党组织和地方政府对村委会的过度干预，在一定程度上导致了村委会行政化色彩浓厚、自治意识与服务意识较欠缺，自治功能趋于弱化。在撤并行政村、取消农业税等宏观政策影响下，村民委员会普遍缺少运转经费，难以吸纳本地能人和社区管理人才，再加上不少村庄由于精英人口和青壮年劳动力大量外流，村“两委”人员重叠且老龄化，村委会形同虚设，仅在选举的时候才发挥一点作用。

税费改革之前，国家建立了赶超型现代化和城乡非均衡发展的战略发展目标，并通过代理人体制从农村汲取资源支援以城市和工业发展为核心的现代化建设，从而导致农村基层政权表现为“汲取型政权”，村干部群体成为国家行政意志的“代理人”。② 在国家发展战略和宏观制度设计面前，村庄和农民单纯地被视为政策干预的对象，无力去反驳和改变这种自上而下的“被汲取”，只能较为被动地牺牲村庄和个人的发展需求和权益。为了缓和日益严重的“三农”问题，国家进一步推广并落实村民自治组织，希望通过加强村民自治行动能力，来弱化乃至化解村干部作为国家权威“代言人”在村落权力结构中的压倒性力量。但是，这一做法遭遇到了现实的困境，主要原因在于村民的自治意识、自治能力等依旧处在一个相对弱势的地位，无法对村干部形成有效的制衡和监督。这使得很长一段时间内，村民

---

① 修建峰.农村民间组织在村庄治理中的结构与功能——以山东省邹平县Z村老年人协会为例.山东省农业管理干部学院学报，2006(5)

② 周飞舟.从汲取型政权到“悬浮型”政权——税费改革对国家与农民关系之影响.社会学研究，2006(3)

自治被简化为村庄选举，从而遮蔽了村民自治有助于村庄社区治理的真实内涵。

在大山村，尽管较早就成立了村民委员会，但是同样面临重民主选举，轻民主管理、民主决策、民主监督的问题。总体来看，大山村的村民自治组织的行动能力和治理实效仍比较弱。在国家免除农业税费之前，农民与国家的紧张关系也反映在村委会与村党委两个组织架构之间的摩擦与模糊性问题上。村党委与村委会，一个属于政府治理的基层机构，一个是村民自治的行动组织。在乡村治理的问题上，治理主体及其行动目标的不明晰是一个普遍存在的问题，一方面，村党委贯彻国家治理的意志，而另一方面，村委会需要表达村民自治的需求，而这两者间必然会存在一定的错位，从而导致在农村社区治理工作中二者难以形成共同的立场与目标，带来村治行动的困境。

2006 年，国家彻底免除农业税费，并加快推进“以城带乡、以工哺农”、新农村建设、“美丽乡村”建设和城乡一体化建设等一系列农村发展战略，大量的资源从中央源源不断地进入农村社会，为解决“三农”问题、提升社会民生福祉发挥了积极有效的作用。与此同时，越来越多的研究者也认识到，税费改革在减轻农民负担的同时，也为农村基层社区治理带来了一些意料之外的负面影响。过去，通过征收农业税费能够实现对基层农村社区和农民家庭个体的有效动员，并同步完成服务于村集体公共事务的相关预算筹资，村集体和村干部有能力调动更多的资源来为村庄提供必需的公共产品。税费改革后，国家与农民的关系发生了根本转变，村干部“悬浮”于农村社区之上，村级组织也变得游离化，与群众的关系更加疏远。此外，农民的心态也发生了变化，在自上而下的资源输入机制中，衍生出了农民“等、靠、要”的消极思想，“只讲权利不讲义务”，导致乡村治理“内卷化”。[①] 正如有学者概括的那样，税费改革消解了农民与国家之间的制度性关联，导致村级组织治理资源进一步流失，农民参与村庄公共

---

① 贺雪峰．新乡土中国．北京：北京大学出版社，2013：379

事务的积极性降低，政治效能感弱化等，使农村基层社区进入新的治理困境之中。①

在大山村，村干部治理村庄的主要内容被概括为征收税费、征用劳动力、计划生育。现在，这三个治理内容都在不同程度上发生了转变。农业税费改革后，乡村基层社区基本不存在需要向村民征收的款项了。过去由于缺乏资金而不得不向村民无偿征用劳动力进行公共产品建设，在“项目进村”的模式下逐渐转化为按照市场价格支付劳动力工资的有偿征用模式。计划生育政策历经农村二胎—单独二胎—全面二胎的转变，加上农村地区晚婚晚育率的提高和生育意愿的降低，工作的任务量大幅减轻。有研究者将税改后地方政府与农村社区的治理关系描述为“悬浮型政权”②，这意味着国家因素从农村基层社区的退出，并为农村社区治理模式的转型和自我治理能力的生长提供了契机。然而，这一时期大山村的村民自治组织仍然处于一个相对停滞的阶段，不仅农村社区基层组织的行动能力正在逐渐弱化，而且村庄的社会关系进一步趋向松散化和非正式化。

虽然税费改革后国家力量退出村庄成为一个大的趋势，但遗憾的是，在慢城契机之下，作为乡村治理的重要社会力量的村民自治组织并没有同步生长起来。事实上，随着大量乡村建设资源短时间内涌入村庄，国家力量作为一种外来因素，以新的方式重新进入并干预村庄的发展。在“资源进村”的过程中，出于政治任务和投入回报的考虑，在村民参与意识和参与能力相对较弱的现实形势下，以村支书为主的村干部主力配合地方政府强势推进项目运作，而不是将资源交到村民手中并引导其参与村庄的发展，从而错失了培育村民议事能力和参与能力的良好契机。村委会作为重要的基层自治组织的地位与作用被人们所忽视，无论是村支书、村委会成员还是当地村民，都简单地将村委会理解为落实国家民主选举的组织平台，而非属于

① 杜鹏.村民自治的转型动力与治理机制——以成都“村民议事会”为例.中州学刊，2016(2)

② 周飞舟.从汲取型政权到“悬浮型”政权——税费改革对国家与农民关系之影响.社会学研究，2006(3)

乡村自己的意见表达平台和自我治理组织。基层社区居民利益多元化，难以形成统一的利益诉求，尤其是对乡村弱势群体来说，普遍存在社会关联度低、缺乏利益代言人等现象，其切身利益的表达存在一定阻碍，参与自治的主动性和自觉度较差。

慢城创立初期，蓝溪行政村曾以村集体经济的名义成立了“大山休闲观光公司”，尝试以村集体平台主导大山村的乡村旅游业发展，但面对分散化、个体化的农家乐经营户，村集体人力、财力和管理能力都呈现出薄弱的一面，对农家乐的监管力度十分有限，逐渐演化为一个为农家乐经营者提供便民商务服务（如代开发票等）的“空壳公司”。农村社会进入后税费时代，村集体和村干部同样存在一定被架空的现象。在“项目进村”的资源分配体制下，主要进村项目以行政村的名义来获取。但是蓝溪行政村既有位于慢城区域内的自然村，也有不在慢城区域内的其他村落。行政村将进村项目优先分配给慢城核心区大山村，容易产生“有违公平”的负面社会舆论。在来自地方政府的进村资源分配过程中，自然村层面的村级组织空缺，难以直接“俘获”资源，这在一定程度上导致村干部和村委工作人员积极性不高，并容易产生一定的不作为心理。大山观光公司的成立初衷正是为了应对这一逐渐被架空的趋势，但该经济组织存在定位不匹配、行动能力有限等局限性，所能获得的资源依旧十分有限。

（二）“公社记忆”与政治权威的没落

为了满足工业化发展的国家意志和主权维系的需求，中华人民共和国成立后不久，我国在农村地区逐步发起了以集体化和公社化为特征的社会化大生产运动，这种组织化、规模化的生产运动增加了村庄的社会性交往，并在此基础上形成了基于公社制的社会认同模式。“公社记忆”在老一辈人身上的延续，在很大程度上决定了村庄基于政治权威与政治认同的治理格局。在慢城区域内，以大山村为中心，大山村、小芮家、石墙围、画山下这四个村庄在人民公社时期同属于大山大队（后来成为大山行政村），因此村落之间依然存在着共同体意识。由于这些村落空间上相距不远，因此对外呈现出内部相对离散、外部相对聚集的集合聚落状态，在大山大队并入蓝溪行政村之后，仍然被统一称为大山片区。尤其是在慢城区域划定之后，大山片区内的四个自然村都被划入慢城区域，蓝溪行政村派出“小分队”长期驻守大山村，管理同慢城建设和开发相关的村务。

人民公社时期，根据房屋分布格局将大山村划分为大山一组、大山二组。房屋距离较近、分在同一小组、一起从事公社生产的家庭之间形成了具有现代性含义的邻居、同事、朋友等交往关系模式。这些公社时期留下来的亲密关系，构成了大山村家族血缘共同体关系之外的另一种相对稳定的公社共同体关系。这种公社共同体主要的行动者包括老干部、老党员、老模范、老知识分子、老复员军人等“五老”群体，他们多积极热心并志愿参与村落社区的各项建设事业，构成了大山村的一个潜在的社区志愿者团队，并逐渐与“老人会”和宗族组织发生了功能合并。由于村庄集体事务的空心化问题，他们在大山村发展过程中的作用一直被忽略。如今，随着这一代人的年龄增长，原大队书记和各小队长逐渐退出乡村管理舞台，新的基层治理生态发生了变化，加上乡村干部的年轻化，体制精英的政治感召力日趋淡化，大山村的公社记忆成为残留在老一辈村民心中的认同来源，并呈现日益消退的趋势。作为公社体制延续的村组制也面临着新的转变。

乡村治理是一个开放性的、适应性的系统过程，乡村治理模式的变迁有其外在的因素，也有其内在的动因。从外部因素来看，地方政府的现代化发展促使其朝向服务型政府转型，政府不再从农村汲取资源，而是为农村提供服务并输入资源，这不仅赋予村庄基层社会以较大的自主权，而且为社区自治能力的生长提供了空间。从内部动因来看，村庄内部存在新的发展需求和民生民意的诉求，在缺乏与国家或地方政府直接对话的有效渠道的情况下，村庄内部也迫切需要形成某种意见表达平台和发展共识的机制，这同样为村庄自治能力及其组织化的发展提供了动力。内外双重因素之下，村庄治理主体由谁来担任成为一个迫切需要面对的问题。

村党支部可以被看作国家影响力在村一级的制度化下延,[①]是国家管理乡村社会的一个政治部门。农村地区进入后税费时代以来,村党支部作为对上负责的末梢权力部门,享有参与体制内资源输入的政治地位,“资源进村”作为后税费时代乡村基层社会新的治理模式,外部项目资源在很大程度上必须通过村党支部的中介作用与基层社区发生关联,基层利益主体也必须通过村党支部的中介作用获得来自体制内的资源与信息的输入。

大山村的治理主体以村党委为主导,而村委会在村庄治理过程中发挥的作用极为有限。大山村所在的行政村为蓝溪行政村,蓝溪村的村委会设置在距离大山村较远的安兴集镇上,与村庄内部的生活和社会关系都比较疏远。村委主任以及分管大山片区的村委委员主要在村中发生纠纷和矛盾冲突时作为协调者的角色出现,而村委会组织本身并不具有“制度化地表达自身需求的渠道和能力”[②]。大山村 2010 年前后的村支书是由镇政府派下来的驻村干部,其与地方政府的密切关联,强化了村党委对村庄治理的主导地位。相比之下,村委会的自治能力被进一步边缘化。在资源、项目大量进村的过程中,村支书作为与上级政府直接对接的积极行动者和主要责任者,可以主导项目、资源带来的利益分配,村委会主任及其他成员逐渐被吸纳为利益分配过程中的群众动员者、政策执行者和矛盾调和者,从而更加依附于村党委和村支书。

大山村的集体经济发展情况一般,除了进村项目之外,集体经济中最大、最稳定的一块收入是村集体承包给苗木公司的土地流转租金。较少的集体经济收入导致村庄凭借自身力量供给公共产品的实力较弱,从而更加依赖外来的资源。在大山村的现实状态中,尤其是地方政府负债建设、运营慢城的初期阶段,社区治理既是一项政治任务也是一项经济任务,村支书的作为或不作为,对社区治理和经济发

---

① 毛丹,任强,余若燕. 关于村民自治的三个难题的政治学分析. 开放时代,2003(1)

② 杜鹏. 村民自治的转型动力与治理机制——以成都“村民议事会”为例. 中州学刊,2016(2)

展产生的影响是大为不同的。

乡村的权力精英通过控制有限的本地就业机会实现对基层社会的管治。然而,人口的回流、游客与农户的交往、外来投资者的实地考察、上级政策机遇的基层路线等新状况正在打破地方权力精英对乡村社会经济网络的绝对垄断局面,不断开放的市场环境为村庄创造出了更加广泛且丰富多元的社会关联网络和经济机遇。在这样的背景下,权力精英能够掌控和治理的范畴越来越小,他们不得不开始尝试争夺对更多新机会的控制权,同时,对于村中其他农户新开拓出来的市场机遇和交往圈子,他们时常显得束手无策、难以参与。

(三) 联村党委治理模式的探索

村委会的正式组织性质是基层群众性自治组织,接受村党支部的领导,主要负责处理村庄日常事务,如经济生产、政治任务、社会管理、治安维持等。按照村民自治法的制度设定,村委会是村民实现自我管理、自我教育、自我服务的基层群众性自治组织,对本村村民大会负责,但实际上,大山村的村委会在较大程度上受制于村党委的控制,并逐渐走向行政化,成为既不代表国家意志,也不代表基层民意,具有相对独立的价值诉求和行为立场的利益主体,[①]已不再能够成为有助于生成集体认同与集体行动的组织资源。

农村税费改革之后,不仅集体组织迅速退出农业生产领域,农业生产进一步原子化、个体化,而且农村集体组织运作经费和干部工资也被逐步纳入公共财政范畴,村级公共开支和公益开支也多由财政覆盖,村组干部不再从农民手中收取费用,更可以用支付工资的方式临时调动劳动力,这导致村集体组织不再受制于农民,因而也无须回应农民的实际需求,对村民来说,村委会变成了一种高高在上的外部资源承接平台。

为了改变这样的局面,同时也是为了更好地执行管理慢城区域

① 张静.基层政权——乡村制度诸问题.杭州:浙江人民出版社,2000

内乡村社区的政治任务,并统一管理慢城区域内的党政服务工作,2016 年 5 月,在蓝溪村党支书、桠溪镇人武部部长兼党委委员、慢城管理服务中心副主任(分管财务、人事)Z 的建议下,成立了慢城区域联村党委,其本人担任联村党委书记。联村党委聘请社工和村官,负责旅游咨询、社保政策咨询、民事代办、宣传介绍、会务接待等工作。办公地点位于大山脚下的大山慢客中心,二楼有间会议室,可召开联村党员大会,平时兼做党员活动室、青年民兵之家、妇女儿童之家、"慢淳"合作社社员活动室、巾帼联谊会创业培训基地、游客服务站等。村民有文艺聚会活动需求时,也可以申请免费使用。会议室有完备的音响设备,还配有可上网的台式机,是一个功能复合的新社区公共空间。联村党委办公室还负责为农民最低生活保障申请,农村建房规划许可,再生育一个孩子的申请,法律援助申请,农家乐注册、登记、营业手续办理,新农保业务办理,城乡居民基本医疗保险业务办理等提供必要的帮助。

此外,联村党委还承担了一部分社区公益事业,联村模式能够让一次活动同时服务于更多人,比如自 2016 年 6 月起,联村党委利用暑期开展青少年课外辅导班,由联村中的退休老教师、退伍军人等热心人士针对社区内的小学生组织课外兴趣爱好活动,义务承担教育下一代的工作。为村民提供民间活动的公共场所,如 2016 年 5 月底召开的芮氏宗亲会成立仪式,来自高淳当地和外地的一百多名芮氏族人济济一堂,而村内原有的老祠堂无论是空间场地还是硬件条件都无法接待如此多的重要人物,联村党委会议室提供了现代化的公共礼堂的空间功能。为游客和单位提供免费的活动场地,如 2016 年 5 月南京紫金文化艺术团前来慢城休闲旅游,就免费利用会议室进行了一场内部的文艺表演。

由于联村党委所在的办公地点大山慢客中心的前期建设费用和后期日常水电费用均由桠溪国际慢城管理服务中心承担,社工和村官的工资也由镇里统一支付,因此联村党委平时并没有其他的运营费用压力。

在现有的村级组织模式下,自然村庄的权力受制于行政村和乡镇政府的正式制度安排，村落领导权的权限模糊且主体缺失，慢城区域潜在的权力需求与现有的行政制度之间出现错位。随着慢城区域的发展，类似大山村这样的自然村越来越难以在行政村的体制内实现自身发展，行政村获得项目资金后重点使用在某一自然村，虽然在行为合理性上无可厚非，但仍有违公平原则。

农村公共产品能否顺利供应，与国家—社会间的良性互动存在密切关系，而国家提出的新农村建设目标为国家与社会的良性互动创造了一个良好的宏观环境，国家与社会具有了内在的利益一致性。在大的宏观环境条件具备的前提下，国家与社会的良性互动还取决于乡镇干部的有效组织、村干部的积极有为以及良好的村庄社会关联提供的社会支持。[①] 进入后税费时代以来，农村基层社区的治理有两种主导性的力量。一方面，如前所述，国家自上而下的进村项目成为治理基层社会的主要"抓手"；另一方面，在项目制的范畴之外，基层政府向服务型政府转型的动力和需求也越来越明确。联村党委模式作为基层党政组织服务型转型的创新尝试，有望为乡村治理提供一个新的治理单元和认同单元。

二、老年协会模式

大山村的老年协会是在村干部的主动发起、地方政府的政策扶持以及村中老人的积极参与下发展起来的，它不仅能够有效维护和保障老年人的合法权利，改善老年人的村庄留守生活处境，而且因具有合法的组织地位和确切的服务人群而"具备较高的自主行动能力"[②]。这种由特定群体的主体认同感和参与感所衍生出来的合法组

① 黄卫堂.集体经济缺失村的公共品供给问题思考——基于国家与社会互动的视角.中共浙江省委党校学报，2009(2)

② 邓燕华，阮横俯.农村银色力量何以可能？——以浙江老年协会为例.社会学研究，2008(6)

织的自主行动能力,被视为乡村社会中“不可忽视的重要社会力量”①,产生了积极的价值外溢,并有望在和谐社会建设、农村组织化抗争以及新乡土文化建设中都扮演日益突出的角色。②

作为拥有共同宗族祖先、共同家族姓氏、共同公共仪式的宗族村落,③大山村基于血缘关联和家庭交往等长期关系所积累下来的社会资本存量较高。改革开放之后,由于交通不便、远离市场,大山村整体处于滞发状态,集体经济发展缓慢,普通家庭的劳动力为了更好地谋生,大多外流到城市或本地非农就业领域,农民之间的身份分化与收入分化日益明显,村庄内部的社会关联呈现出被抑制的状态,原有的熟人社会中基于伦理、道德、面子、人情、人际信任的行动逻辑正在被市场化的、个体化的、工具理性化的价值观念和行为方式所替代。

但是,这一社会背景并没有带来宗族认同的消散或宗族制度的终结。在大山村,宗族组织以老年协会为“外壳”嵌入村落社区的正式制度之中,并获得了一定程度上的能动性。更为重要的是,慢城模式强调本土特色、挖掘传统民俗的文化再建构过程,使其在本土实践的过程中有效调动了高龄者参与的积极性,他们在传承文化遗产、强化宗族认同、增强社区凝聚力、提升村庄自主性等方面发挥了积极的作用。

(一) 老年协会的功能与意义

我国农村地区老年协会的产生从总体上来看是一个制度化建构的过程。1982 年 10 月,中国老龄问题全国委员会正式成立,随后,各

---

① 陈勋. 乡村社会力量何以可能:基于温州老人协会的研究. 中国农村观察,2012(1)

② 杨晓明. 农村老年人协会在本土语境下的诠释:一种制度主义的视角——基于粤东农村的一个个案研究. 中国农村观察,2009(6)

③ 作为一个单姓氏的宗族村,尽管大山村在公社时期被划分为三个村民小组,但实际上这三个村民小组共同组成了大山自然村的芮氏家族,并构成了一个相对独立的“熟人社会单位”

省、市、直辖市、自治区先后成立老龄委，一部分村庄率先成立了老年协会。1991年，全国农村老龄工作经验交流会召开，农村老年协会在全国大部分村庄成立，并成为国家自上而下开展老龄事业、落实老龄福利的重要基层民间组织。20世纪90年代，在地方政府的推动下，苏南绝大多数村庄都相继成立了老年协会，主要目的是为了维护生活在村中的老年人的权益，重建适合老年人群体的公共空间，提高老年人的生活质量。但是，大山村这样一个在地方行政体系中地位相对边缘化的村庄，在过去的很长一段时期内是作为制度建设的“空白地”而存在的。根据调研，大山村老年协会的成立时间相对较晚，且不是国家强制性制度推进的结果，而是在村干部的推动下，依靠村庄现有的物质条件和文化资源内生形成的民间组织。

大山村的老年协会成立于2003年的行政村合并之后。并村前，大山村作为独立的行政村“两委”所在地，拥有相对丰富的社会资本存量和行动关系网络，村委的办公场所就在村中的祠堂，这里同时也是老年人的公共活动场所。并村后，村务工作集中到上级行政村所在的中心村安兴，在老村委书记的建议下，大山村正式成立了老年协会，并每年从集体收入中划拨一定的活动经费。村党委对老年协会的支持，一方面是希望能够满足老年人的社会交往需求，另一方面也是希望行政力量离开大山村之后，在有重大事项需要有人帮忙做事的时候还可以调动一定的人手帮忙。

老年人作为老年协会和宗族活动的主要参与主体，其群体本身特有的行动力也是老年协会组织活力中不可缺少的重要因素。老一辈大山村人与其他地方的同龄老人一样，都经历了长期的集体主义教育，因而具有较强的公共参与积极性和自愿奉献的精神。老人群体也大多是地方文化的记忆传承者和传统文化的推动者。在大山村，根据老年人的口述和回忆，当地政府重建了大山顶上的文峰塔，复原了失传已久的“大山钗”民俗表演，这些传统文化景观的复原对于村落社区集体认同的重建有着重要意义。同时，值得一提的是，正如有学者关注到的一样，老年人通常不是村落利益的竞争者，而是受到特殊尊重的群体，[①]对于处于慢城机遇下的市场竞争环境之中和"资源进村"模式之中的大山村来说，老年人群体是相对远离市场竞争关系和利益再分配矛盾关系的特殊人群，这反而有助于老年协会获得更多的认同度以及更多的话语权和行动能力。

大山村的老年协会以自然村为单位设立，主要服务于本村老年人群体。由于村中仅有的公共空间就是芮氏宗祠，因而大山村老年协会的活动场所就定在祠堂内。芮氏宗祠是大山村重要的历史建筑，祠堂原本有三进，后来为了建设乡村小学，在缺乏建材物资的村情下，不得已拆除了祠堂的第一进，将拆下来的大梁、砖瓦等再利用，盖起了当时的乡村小学。余下的两进祠堂，第二进作为村"两委"的办公场所，第三进用来放置一些传统仪式用具，保留了传统宗祠的一部分功能。老年协会成立之后，便将祠堂第三进的室内空间整理出来，作为协会的活动场所，安放了几套桌椅用于村中老人打牌、喝茶、聊天等。大山村的祠堂作为村中重要的公共空间，在宗族活动相对受到压制的时期，也经常承接村民红白喜事的宴席，因此祠堂一隅辟有一个厨房，可以炒菜、做饭、备餐，与祠堂通过三个传菜口相连通。老年协会成立以后，宗祠内的活动以服务老年群体为名义，有了政治上正确且合法的身份，在老村支书的建议下，每年清明之时在祠堂举办"清明吃酒"，这成为老年协会每年一次的重要活动，也是大山村老年人难得的集体聚会。

农村地区的老年协会首先是服务于本村老年人群体的民间组织。从其对内的组织功能来看，大山村老年协会的主要功能包括：动员老年人参与社区公益类活动、管理祠堂（主要是祭祖活动）、组织红白喜事等。一些针对老年协会的研究也指出，老年协会还具有调解民间纠纷、辅佐村干部工作、监督村财务、引导村庄舆论、提高村民对于村庄的未来预期等意料之外的正向功能，对村庄善治发挥了积极

① 黄峥．农村老年协会发展的政治学启示——以宁波北仑区 H 村为个案．行政与法，2007(9)

的作用。[①] 此外，老年协会通常配备有专用的活动场所，因而能够以一种组织化的形式将老年人聚集起来，通过为老年人提供空间上的保护机制而为老年人群体创造更多的福利，从而促进老年人的主体感和价值感的提升。[②]

在大山村，传统孝道与家庭观念依旧比较厚重，老年人的赡养以家庭养老为主、政府补贴为辅，基本做到了“老有所养”。村庄社区重要的公共空间基本保障了老年人的公共生活需求，但老年人的社会地位边缘化现象仍不可避免。具体来看，老年人在村庄社区中的边缘化不仅表现在经济实力层面，更表现在社会空间领域。在家庭内部，年轻子女成家后多选择分家出去独立生活。以大山村为例，20世纪80年代以来的新房大多建在责任田附近或道路两侧、村头村尾，老年人单独住在村中老房子中，这种物理空间上的分离和家庭中心逐渐向年轻一代转移的现象，导致了老年人在家庭内部关系中的边缘化。在村庄公共空间，原有的传统公共空间在村庄老龄化、空心化的进程中逐渐解体，针对在村庄务农及留守的老年人群体的公共空间尚未充分建立起来。

面对农村老龄人口数量不断增加、老年人闲暇时间无事可做、精神世界空虚等现状，老年协会能够为其提供一个社会交往的“第三空间”，在一定程度上改善老年人晚年的赋闲生活。协会成立后拥有一定的组织能动性，可以通过承接外部资源输入和内部动员机制，全面提升老年人的社会福利水平。老年协会的成立还有助于实现某种“舆论生成”的机制，对于损害老年人权利，不履行养老、尊老义务的行为进行舆论道德谴责，从而有效保障老年人的合法权益。除此之外，随着老年协会自身权利、财力、动员能力与行动能力的不断增长，其有望成长为具有全面意义上的社会监督与治理参与功能的能动主体。

---

① 贺雪峰. 新乡土中国. 北京：北京大学出版社，2013：260－267

② 杜姣. 乡村社会空间福利的再造——基于鄂中H村老年人协会的考察. 社会工作，2015(3)

老年协会在形成村庄预期方面具有极其关键的作用。村庄预期可以分为村民对自己未来的预期和村民对村庄生活的预期两个方面。老年人的状况给中青年人以示范，其良好的精神风貌可以让中青年人对自我和村庄的未来形成良好预期。[①] 稳定的预期有利于提高村民的责任感，减少机会主义行为，并倾向于形成长远利益观和整体利益观，即有助于增加村庄的社会资本。这种社会资本为村民之间的相互信任与合作提供了基础，从而有助于提高村庄的整体福利，形成村民对村庄的依恋感和归属感。[②] 大山村宗族组织的当代延续与国家话语中的老年协会发生了"互嵌"——通过老年协会，宗族组织获得了合法活动的身份；通过宗族组织，老年协会获得了内生的行动力与本土价值意义。这实际上构成了一种针对老年人群体的社区福利，将原本处于社会边缘地位的农村老年人群体有效整合起来，以实现老有所乐，并对后人产生积极影响，有助于形成良好的村庄预期。

（二）老年协会的宗族组织化

大山村是一个单姓氏的宗族村落，全村人都姓芮，祖上共属于一个大家族。其地理位置相对偏远，芮氏宗族在经历了数次国家层面的宗族整治行动后，其族谱已失传，直到最近几年才通过互联网与江南一带的芮氏亲族恢复联系。在传统乡村社会，家庭、家族、宗族是同一个血缘关系网中具有不同边界的行动单位。随着乡村社会的逐步开放和市场经济的快速渗透，家庭的地位以"家本位"的伦理回归得到弥合与巩固，而宗族组织正在转变为一个超越村庄边界的跨区域社会网络，并更多地承担了传统文化传承的功能。相对于此，家族的概念正在离散，姻亲、邻里等亲密关系的重要性有所提升。

林语堂指出："使种族稳定的文化因素之一首先是中国的家族制

---

① 贺雪峰.新乡土中国.北京：北京大学出版社，2013：267

② 贺雪峰.新乡土中国.北京：北京大学出版社，2013：262

度。这种制度有明确的定义和优良的组织系统，使得人们不可能忘记自己的宗系。这种不朽的社会组织形式，被中国人视为珍宝，比任何其他世俗的财产都宝贵，甚至含有一种宗教的意味。向祖先表示崇拜的各种礼仪，更加增强了它的宗教色彩。对这套东西的意识也已经深深地扎根在中国人的心灵之中。"①中国的家族制度不仅具有保护族人、扶贫救济、兴办学堂、公共服务等功能，并且提供了一个以较低成本让族人获得生存与发展资源的血缘关系网。此外，家族的存在能够回答诸如"我是谁""我从哪里来""要到哪里去"一类的人生终极关怀问题，并提供了一个稳定的亲情环境以满足个人对情感的需求。家族文化影响了新的基层政治形态的结构，其家族意识表现在农民日常生活的各个方面，体现在农民与亲戚之间婚丧嫁娶、迎来送往的活动中。家族的关系网络一直是农民寻求资源和帮助时的首选对象。②

2011年，地方政府以打造慢城为契机，将大山村的土地进行了整体流转，老年人无需亲自种田也可以获得较合理的经济补偿，土地流转租金成为老年家庭一项具有保障性意义的重要收入来源，再加上村中农家乐生意火爆，经营户的家庭收入显著增长，对老人的经济补偿能力显著提高，大山村的大部分老年人因此过上了退休生活，但是，农家乐经营户忙于生意，难免会牺牲陪伴老人的时间，特别是旅游旺季，对老年人的精神照料难免有所疏忽。大山村作为一个宗族村落，老年人在村中仍然具有一定的宗族权威地位，其自身也在迫切寻找能够充实精神生活、创造自我价值的新方式。尽管老年协会给予他们实现社会交往需求乃至参与村庄公共生活的一定权利，但多集中在休闲娱乐生活层面，而原本由宗族组织承担的集体重大事项（如婚丧仪式、祭祖活动、文化传承等）仍需要以老年人为主的宗族人士来亲自组织并执行，因此，在老年协会的不定期聚会活动中，宗族组织的需求逐渐成为老人讨论的重点，也成为部分老年能人重建自己在村中权威地位的重要寄托。

---

① 林语堂. 中国人. 郝志东，沈益洪，译. 上海：学林出版社，2002：47-48

② 杨善华，孙飞宇."社会底蕴"：田野经验与思考. 社会，2015(1)

老年协会的收入来源包括几个方面:一是政府和村委的拨款,作为日常运营经费,占大约10%;二是群众与社会捐款,用于特定活动开销,如一年一度的清明酒会;三是经济活动收入,包括在祠堂内召开的会议的茶水服务费、场地租金、餐饮收入、演出收入等。相对独立自主的经济收入保证了协会自身的自主性与能动性,但收入来源多与宗族活动密切相关,这导致了老年协会对宗族活动和宗族能人的依赖。

老年协会作为一个公益性组织,不仅接受来自村集体收入的拨款和村民的捐赠,而且在全体村民默认的"集体授权"之下可以免费使用祠堂场所开展活动,这就要求老年协会不仅为老年人群体提供服务,更要为全体村民和整个村庄社区贡献某些价值。老年协会对宗族活动的执行,在很大程度上是为了满足村落社区其他居民的需求。通过对祠堂的日常管理和保洁、在特定日子举办祭祀活动、清明举办酒会聚餐活动、传承"大山钗"民俗表演等,老年协会承担宗族组织活动的合理性在人们心中得到进一步巩固。

老年协会的宗族组织化首先体现在成员构成上。官方规定的老年协会成员资格是年满六十周岁的大山村户口居民,理论上也包括大山行政村时期的周边三个小自然村[①]的居民,并不区分男女,但是实际的情况是,大山村老年协会成为大山村芮氏宗族非正式组织的正式"外壳",因此在成员上不仅排除了大山村之外的非芮氏族人,而且排除了村上的老龄女性群体。为了扩大人群、提升老年协会和宗族组织的行动能力,大山村的老年协会实际入会年龄底线降低到了五十岁,这个年龄的男性正是身强力壮、雄心勃勃、对外拥有良好的社会交往能力、对内愿意积极参与村庄事务的时候,这些中年群体的加入进一步丰富了宗族组织可调用的人力资源和社会资本,但同时也造成了老年协会的组织内涵漂移和一定程度上的排外属性。

其次,老年协会的会长和干事也与宗族组织的"头手"(办事人

① 除了大山自然村之外,原大山行政村还包括石墙围、画山下、小芮家三个较小的自然村,这三个小自然村的居民都不属于大山芮氏宗族

员)完全重合。老年协会设有会长,每任三年,由参加“清明吃酒”的老人在酒会上当场选举产生。由于宗族活动与老年协会活动基本重合,老年协会会长因此也被默认为宗族组织的领导者,并有权安排在任三年间包括“清明吃酒”在内的祠堂活动和宗族活动的“头手”。例如,2015 年“清明吃酒”之时选举出来的会长,上任后即安排好了 2016、2017、2018 这三年的“头手”人选,“头手”原则上是各家轮流出一人,但在实际操作中,会长倾向于选择那些与自己关系较近的人来一起办事,只有在实在找不到足够的人选时,才会动用各家轮流的原则,选择那些尚未担任过“头手”中的老年男性来帮忙。会长的私人信任与各家轮流的公平原则相互结合,能够有效动员起宗族活动所需要的义务劳动力,并构成了大山村宗族组织自身内在的运转逻辑。

老年协会的宗族组织化可以被视为老年协会与宗族组织相互嵌入的过程。老年人在满足了自身基本福利需求的基础上,渴望借助宗族组织的传统力量重建自身的权威地位,参与村庄事务的治理,并扮演文化传承者的重要社会角色。宗族积极分子与热心人士迫切需要为自身的活动寻找合法化的组织“外壳”,以增强行动的合法性与主体性地位,使得宗族组织的影响力重新嵌入村庄社区日渐多元化的权利与利益再分配格局之中并占据一席之地。

宗族组织有其特定的组织使命和行动目标,但是,毫无疑问的是,村庄的经济实力和政治地位,在很大程度上有助于维系该村宗族组织在更大的宗族体系中的地位并建立话语权。大山村的芮氏宗族正是在族人经济实力和村庄社会关注度大为提升之后,才重新建立起与溧阳前马芮氏家族总会的宗族联系的,并且在 2014 年举办了芮氏宗亲联谊会,提高了村庄在宗族关系内部的地位与认可度。考察大山村的老年协会和宗族组织的关系发现,原本宗族活动是挂靠在老年协会之下的,但随着宗族认同的提高,宗族活动逐渐脱离老年协会,开始萌生出独立的行动能力,并正在吸纳老年协会之外的更多村庄成员加入。然而,在我国现有的法律法规条框之下,宗族组织作为一种社会团体不得不挂靠在其他社会组织之下才能获得合法的社会身份与参与正式活动的主体行动权。

宗族组织自身的不断发展壮大，也越来越反映出宗族发展的内在需求与老年协会这一制度“外壳”的不契合之处。例如，老年协会的组织框架无法应对宗族组织成员的年轻化趋势。大山村的“大山钗”表演队中需要大量年轻力壮的男子参与表演，跨区域的宗族联谊活动也需要大量筹备人员和办事人员，仅仅依靠老年协会的组织架构远不能满足宗族组织实际承载的社会期望和内在需求。宗族作为一种文化认同行动单元，其组织成员的构成逐渐年轻化，且已经无法包含在原有的老年协会的制度框架之内，亟须寻找更加合适的创新型组织载体。如何统合宗族组织、老年协会与村落发展的价值共识和行动目标，是大山村的社会治理者和全体大山村人需要思考的问题。

（三）老年协会的变迁与功能漂移

大山村的宗族共同体有其特定边界，包括了大山村内全部的芮氏家族成员。举办婚事、丧事、祠堂聚会（主要是清明祭祖酒会）时，家族关系会在人际互动与人情往来中呈现出来。如前文分析介绍的，大山村全村姓芮，主要分为大门堂、二门堂两大房支。在过去，大门堂、二门堂的分化可以从婚丧事的人际交往中观察到。据本村人描述，大门堂的婚丧事由大门堂内部的家族成员来共同操办，二门堂也同样，两个门堂之间几乎不会发生交叉。在田野研究时发现，近年来随着婚丧产业化的发展，村里人多将红白事交给专业化的公司来操办，亲戚、邻居等日常交往密切的人虽然也会到场，但无偿出力的现象基本消失，前来帮忙的人会收到“工资”。村里年轻人的婚礼与城里人已几乎没有差别，仪式中呈现出的共同体关系正在消退。

一年一度的清明祭祖酒会成为能够让大山村宗族共同体“复苏”并行动起来的最主要事件。清明酒会让五十岁以上的本村男性免费参加，会上会探讨宗族发展的大事，每隔三年选举“老人会”（宗族组织）的会长、副会长、会计、出纳、干事等核心领导成员。清明酒会基于村中老年男性群体的社会关系，强化血缘认同，并以此整合全村家庭。

此外，在村落边界之外，宗族共同体也包括与大山村芮氏家族对接的更高层面的芮氏宗族组织与社会关系结构。具体来说，大山村的宗族共同体还包括同江南芮氏八宗的核心起源地——溧阳前马地区的芮氏宗亲会的交往关系。另外，正在筹备中的高淳地区芮氏宗亲会也在积极联络大山村的芮氏家族，希望能够在高淳地区建立起芮氏亲族之间的共同体行动组织与心理认同。

与此同时，老年协会因其根植于乡土社会，拥有强大的本地影响力和动员能力，能够在“资源进村”的过程中为组织和成员谋取更多的福利。同时，老年协会在行动中拥有老年人权益、宗族利益、社区集体福利等多重立场，在参与村庄政治与经济活动的过程中，可以依据具体事项灵活选择适合的价值立场和行动语境，发挥民间组织参与治理的积极功能。老年协会的多重组织立场、宗族自主行动力的增强、组织监管空白、组织权威巩固、宗族组织的借壳等因素，共同造成了老年协会的组织功能漂移。作为制度“外壳”的老年协会和作为运行实体的芮氏宗亲会共同存在于一个对外统一行动、对内发挥治理功能的民间组织之中。

具体分析，村治的真空化导致某些公益类活动和公共产品需要农村社区自我供给，这为老年协会作为非官方组织行动和发展提供了制度化的空间。由于几乎每家都有老人居住在村中，因而每家每户都直接或间接地与老年协会发生关联，这使得老年协会在村庄社区中具有相对较好的权威和集体动员能力，能够较好地完成其所应当承担的服务任务。老年人与家家户户都相关，通过老年协会去落实事情，往往能够收到较好的成效与反馈。老年协会符合地方政府乃至村委干部的执政需求，作为建设和谐社会、保障老年人福利、关心留守群体与弱势群体的重要基层组织，它具有“政治上的正确地位”，因而不仅获得了政治权力的认可，而且可以得到来自各方的拨款、捐赠、补贴等物质资源的输入。随着慢城的关注度提升，进一步挖掘并建构本土文化体系是慢城发展的题中之义，也是村庄在旅游经济中保持独特魅力的重要手段。老年人群体作为承载集体记忆、传承文化习俗的主体，其地位被重新重视起来，“大山钗”从失传到复活的过程很好地说明了这一点。老年协会与宗族组织共同运营祠堂公共空间，获得稳定的收入来源，确保组织的自我生存能力以及雇用人力的效率。大山村本身的高社会关联度使得传统价值体系和伦理道德观念依旧能够发挥作用，老年人热衷公益事业，构成了老年协会最为扎实的资源基础。①

需要指出的是，基层老年协会的直管部门责权相对模糊，对老年协会的管理松散或任其发展，这不仅为老年协会的生存提供了较大的自由空间，而且在某种程度上也放任了老年协会与宗族力量的彼此结合。在大山村，对老年协会的拨款原本是村“两委”作为老年人集体福利而支付的用于协会自我管理、日常活动、福利等的费用，有助于村“两委”对老年协会的控制和管理，但随着清明酒会活动的常规化、大型化发展，村“两委”给协会的拨款以捐助酒会的形式确定下来，并通过张榜公布的形式得以公开透明化和非正式制度化，这在一定程度上造成了村“两委”的被动地位，即村“两委”碍于人情、舆论、尊老传统等因素，不得不每年继续支援老年协会，而且支援的金额要和酒会的规格（在一定程度上也代表了村庄整体经济发展水平）相匹配，避免激起众怒，欠下人情，给村民留下“话柄”或任何可能影响村“两委”在村庄社会中的地位和权威的不利舆论。

老年协会的宗族组织化，可以视为老年人群体在协会内主体性地位提高、组织认同度提高、社会行动能力提高之后所发生的外溢效应。宗族活动对老年协会的制度突破，可以被视为传统文化的当代再生产过程。村干部和地方政府对大山村老年协会组织功能的漂移现象采取适度默许和变相支持的认可态度，这为基层社会文化治理提供了一定的实践创新空间。

有研究指出，老年协会对乡村传统文化的重建具有重要意义，对于增强村庄共同体意识与社会关系纽带、培育村庄舆论、形成人际和

---

① 申端锋．论农村社区NGO的发育和成长．山东科技大学学报（社会科学版），2004(3)

谐的村落社会也有着重要的作用。[①] 在大山村，老年协会同样有传统文化传承的组织载体与行动主体的重要功能。一方面，宗族文化认同带来了内部合法性的提升，另一方面，老年协会符合外部合法性的需求。在大山村，无论是老年协会还是宗族组织，都处于一种疏于监管的状态，这种基层组织管理的“中间断层”现象和管束力度的缺乏，在一定程度上为组织功能的漂移提供了空间。相比于老年协会的组织身份，其通过宗族组织发挥“连带性吸纳功能”[②]在大山村表现得更为典型和合理。此外，老年协会的组织身份更加便于在体制内获得认可并争取到更多的输入资源。

正如一些学者的研究所指出的那样，地方政府对社团组织的选择性管理为老年协会自主性的获得提供了发展空间，而老年协会连带性吸纳的功能增强了它在农村的权威及其在集体行动中的动员能力。[③] 地方政府选择性管理的范围意味着组织在多大程度上嵌入宏观制度以及组织在制度中的自由空间有多大，而连带吸纳功能强弱则意味着组织在多大程度上嵌入村庄社会情境及其内部认同度有多高。总的来看，大山村老年协会的诞生和发展嵌在村庄社会经济整体转型的过程中。乡村社区场域中，国家力量的退出为民间组织的成长提供了一个相对自主的政治环境，全国层面老年事业的制度化推进为村级老年协会的身份合法性提供了制度保障和资源输送的通道，同时，老年协会的合法性地位还存在于村庄社区内部，这是因为“老年人协会得以运作的基础性资源是村落社区提供的。作为一个具有公益性质的组织，它要维护老年人群体的权益，但它同样需要回报社区，为村委会分忧和分担公共事务，而且所做的事情必须符合乡

---

① 杨晓明.农村老年人协会在本土语境下的诠释：一种制度主义的视角——基于粤东农村的一个个案研究.中国农村观察，2009(6)

② 邓燕华，阮横俯.农村银色力量何以可能？——以浙江老年协会为例.社会学研究，2008(6)

③ 邓燕华，阮横俯.农村银色力量何以可能？——以浙江老年协会为例.社会学研究，2008(6)

土社会共享的文化价值观念，才能在村落内部取得它的合法性地位”①。

宗族化了的老年协会与行政村“两委”之间的关系变得更加复杂。慢城之前，老年协会依赖村“两委”的扶持，并通过这种来自正式机构的扶持支持组织自身的合法性地位。慢城初期，出于民俗表演与文化传承的需求，老年协会通过村“两委”同地方权力机构加强了合作关系，并在对外合作和村庄经济实力大幅提升的过程中逐渐增强了自身的经济收入能力和自主行动能力。慢城中期，裹挟了宗族势力的老年协会与村“两委”在争夺村庄内部有限资源（包括活动场地、硬件设施、活动经费、人力资本、社会威望、社会信任等）的问题上产生了竞争性关系，甚至出现了一些小规模的抗争事件，其在争夺村落的宗族集体权益层面发挥了较强的自主行动能力。这种民间组织定位与监管的模糊以及由此产生的组织功能的漂移，从村庄治理的视角看来有可能意味着对地方行政权威的威胁和对治理资源的争夺。②

三、合作社模式

合作社是一种既不同于企业，也不同于一般社团组织的，能够参与市场经营活动的特殊法人。合作社作为农村社会中重要的经济生产组织和社会行动单位，在村落社区的内生发展中有着不可或缺的重要地位。一般认为，合作社提升了农民在市场经济中的谈判能力和竞争力，促进了农民致富，同时也对农业的产业化发展和农民就

① 杨晓明. 农村老年人协会在本土语境下的诠释：一种制度主义的视角——基于粤东农村的一个个案研究. 中国农村观察，2009(6)

② 陈勋. 乡村社会力量何以可能：基于温州老人协会的研究. 中国农村观察，2012(1)

业、农村社区发展等产生了积极的作用。[①] 另一些学者发现，合作社制度的益贫本质在我国的具体实践中发生了一定程度的漂移，[②]出现了合作社的“名实不符”[③]“名实分离”[④]“大农吃小农”[⑤]“精英俘获”[⑥]等问题。典型的社会学研究对合作社的关注点主要集中在合作社作为一种经济组织的非经济因素上，如习俗、关系网络、信任、社会整合等要素在合作社设立、运营和发展过程中的重要影响作用。本节对大山村唯一一家农家乐专业合作社进行研究，主要目的是为了揭示合作社作为一种重要且独特的经济生产组织，在慢城带来的市场机遇中如何孕育而生，形成了怎样的治理结构，以及可能面临着何种发展困境。

（一）合作社的成立初衷与合作内容

合作社的运行逻辑更强调成员之间的平等与平均化的利益关系，而不像企业强调总体效率与内部竞争。这导致合作社在普遍意义上被视为一种相对于企业组织来说生产效率较低的生产单元，如果缺乏来自外部的扶持，则势必在充分竞争的市场经济中无法生存下去。在我国，市场经济条件下的合作社制度的创立与发展，最主要的推动力来自国家层面的大力引导和财政补贴，这构成了大山村合作社诞生的宏观制度环境。

在现阶段城乡一体化的市场竞争情形下，以家庭为单位的小规

---

① 王忠海，赵国杰，郭春丽. 农民专业合作社的功能系统与属性分析——基于北京市房山区的实践. 西北农林科技大学学报(社会科学版)，2009(3)

② 黄祖辉，邵科. 合作社的本质规定性及其漂移. 浙江大学学报(人文社会科学版)，2009(1)

③ 邓衡山，徐志刚，应瑞瑶，廖小静. 真正的农民专业合作社为何在中国难寻？——一个框架性解释与经验事实. 中国农村观察，2016(4)

④ 熊万胜. 合作社：作为制度化进程的意外后果. 社会学研究，2009(5)

⑤ 仝志辉，温铁军. 资本和部门下乡与小农户经济的组织化道路——兼对专业合作社道路提出质疑. 开放时代，2009(4)

⑥ 梁剑峰，李静. “精英俘获”：农民专业合作社成长之困. 宏观经济研究，2015(3)

模生产经营活动已经难以满足消费者的真实需求,也无法适应日益激烈的同行竞争。与传统小农生产方式下的家庭农耕业相类似,农家乐这种经营类型同样以家庭为单位作为经营收益主体和风险承受主体,也同样具有生产的淡季与旺季区分明显、劳动收益不可确定、生产规模偏小、产品种类单一、资本与技术短缺、劳动分工不专业等劣势,因此,尽管大山村的社区经济和主导产业发生了从第一产业向第三产业的转型,但以家庭为主要生产单位的生产模式依旧无法抵御现代市场的风险。在面对外部的国家行政利益、资本利益、消费者利益等不同利益时,农民家庭主体往往处于弱势地位,同时,以家庭为行动单位的商业竞争方式,在为家庭谋取利益和福利的同时,无法避免乡村社会利益分化和阶层分化、村民彼此之间缺乏社会关联和社会认同等不利于村庄可持续发展的新问题。

受制于旅游淡旺季和农村宅基地制度所带来的时空结构限制,大山村农家乐的单店经营规模难以持续扩大,摆在经营者面前有三条可行之路:一是通过提供多元化的产品(大多为土特产)提高客人的二次消费额;二是通过加大装修投入和提升文化品位来提高农家乐餐饮和客房的单价;三是寻找新的市场方向以提高淡季收入。现阶段大山村经营较好的农家乐,大多选择通过第一种方式来进一步提高经营收入。第二种方式存在较大风险,且受政策监管限制较多。第三种方式则缺乏信息渠道和合作对象。在大山村的农家乐创业热潮开始褪去之后,创业者和守业者逐渐在经营中觉察到一些靠个体力量无法很好解决的困难与风险,于是,在政府相关部门的引导和推动下,大山村中陆续出现了一些新的民间合作组织,并在各自的职责范畴内实践着底层创新活动。

“慢淳”农家乐合作社正式成立于 2015 年 11 月,由慢城景区内的农家乐、农家客栈、农副产品销售店、经济林果种植户等组建而成,成员 31 户,总出资 100 万元,是高淳区首家以农家乐为特色的专业合作社。合作社集餐饮、住宿、农事体验、休闲观光旅游、景区交通导游服务、农产品供应和销售为一体,可同时接待 2600 人就餐、280 人住宿。合作社以“诚信经营、规范服务、合作共赢、品质提升”为目标,按照“地位平等、民主管理”的基本原则，主要运营业务包括以下三个环节：

(1) 餐饮住宿预订服务。利用400电话平台和微信公众号平台，接受预定服务并统一安排客源，合作社从营业额中提取10%的服务费作为合作社的收益。

(2) 农副产品销售服务。各成员农户提供自产或代销的本地优质农产品，经合作社筛选后统一包装设计、统一定价，并通过微信平台和合作社店面出售，收取10%—20%不等的销售提成作为合作社品牌管理费纳入合作社收益。

(3) 景区旅游合作服务。与国际慢城公司合作，为游客提供导游、电瓶车、门票代售等旅游服务项目，并由慢城公司统一结算，根据客流量年底返还部分费用给合作社作为合作社的收益。

此外，作为农民合作的有效组织，农家乐合作社具备承接政府项目的主体资格。以“慢淳”农家乐合作社为例，其2016年承接了市农委的智慧农业—益农信息社项目2万元，成长型、领军型农业电子商务主体市级补助项目2万元，省农工委的农家乐合作社基地建设项目28万元，省妇联巾帼经济组织示范基地2万元，慢城中心农家乐接待能力提升项目9.8万元等。这些项目资金主要用于以下方面：

(1) 完成“慢淳”农家乐服务站基地建设。服务站主要分为三大区域：制度展示区。合作社章程及各项制度公开、公示上墙，按季度召开成员大会，进行规范管理，提升服务。旅游策划展示区。整合慢城景区餐饮、客房、小交通、门票资源进行统一安排，增添服务功能，增加合作社收益。农副产品展示区。收集优质特色农产品，成员通过合作社服务站平台进行宣传推广与销售，帮助成员规范、集中、品牌化运营。

(2) 努力打造合作社品牌。合作社完成“慢淳牌”商标两个类别注册，包括农家乐、客栈、休闲观光、新鲜蔬菜、果品类。向扬州旅游日用品公司定制客房布草(一次性拖鞋、牙刷等旅游用品“小八件”)，提档升级慢城客房服务和餐厅服务。

(3) 通过开展多元化的营销活动吸引游客。根据合作社工作日志记录，自 2015 年 11 月成立以来到 2016 年 6 月的半年多时间里，合作社主要开展了三项旅游接待服务项目：一是以第八届“金花旅游节”为契机，打造“四季节庆”主题活动，策划“慢城亲子游”“慢城养生游”及夏令营、冬令营活动。二是与南京麦兔国际旅行社、江苏金陵商务国际旅行社合作开展“麦兔寻宝——溪游记”，通过多元化、特色化的活动方式丰富游客旅程，丰富农事等活动。三是与南京“自在谷”农业发展有限公司达成合作共识，开展农业参与、农事体验、农园活动，包括认养“慢淳”农场土地、播种蔬菜、认养果树、体验秋季插秧、果品采摘、摸鱼抓蟹、儿童沙滩乐园、寻找儿时记忆做泥人等活动。

(4) 近期工作计划。合作社将加强成员间的合作，不断提高经营管理水平。一是打造成员活动阵地。游客接待登记处为中心活动点，收集慢城游客入住登记情况，统计和实时更新客房数量，通过图片形式展示给游客，让游客感受到宾至如归的感觉。二是成立合作社导游队。提升社员素质，培养学习型农家乐经营者；建立导游服务队，为游客进行景区解说、路线策划服务，为农家乐解决服务难题。三是规范农家乐经营，提档升级农家客栈。客栈布局统一调整，软式装修，新增特色“小八件”一次性消耗品；倡导低碳环保，减少损耗；打造主题房，采用竹筒插花、家庭园艺布置彰显客房差异性、特色化，由农家旅馆转型升级为精品民宿。四是开展农家乐专题培训。提升理事长或业务经理的管理水平，提高服务能力；开展电子商务培训，帮助不会、不懂、不知电商的成员学会运用支付宝、微信等技能，促进合作社增效、成员增收。

可以看出，“慢淳”农家乐合作社的设定，最初是为了给农民合作提供一个平台，然而在实际的操作中，成员间资源和能力的差异过大。“慢淳”合作社最开始设置了按工资分配、按交易提成分配和按股权分配的三级分配机制，但具体的分配比例未能确定。其中，合作社牵头人则提倡提高交易提成，因为其手上有较好的旅行团资源，可以解决客源问题；村干部和外村社员提倡以股权分配为主，农户获得的工资和交易提成只占极少的一部分，因为在入股金额上普通农户处于弱势；而普通农户则认为，即使有旅行团资源，仍然无法解决淡旺季的问题，淡季赚不到钱，旺季不需要合作社也能赚钱，而若按股分配，普通农户出资少，自然分得的也少，所以普通农户倾向于提高工资分配的比例。

几次碰头会开下来，合作社成员讨论的焦点不是在整个组织盈余部分的分配方式上，而是具体的客流分配方式上，因为对于一部分社员家庭来说，获得更多的客源是维持农家乐经营的根本，是用自身的劳动力换取收入的基础形式，而这些人带入合作社的资金，相当于"入会费"，农民并不指望用钱生钱，换句话说，农民更倾向于用劳动力来赚取相对稳定的工资性收入。在最后一次碰头会中，这个矛盾上升到了无法调和的地步。合作社牵头人提议先做起来，边做边调整，未获得全体成员的同意。合作社筹备阶段历经数次讨论，这对于大部分社员来说也是学习新事物和尝试与他人合作的过程。在这一过程中，社员们逐渐考虑清楚了彼此的优势和劣势，意识到"慢淳"合作社实际上是由合作社核心成员控制并优先分配的，那些相对边缘化的社员认为自己恐将无法获得满意的收益，或对收益分配不均这一前置条件感到不满，于是这部分人最终选择了退出合作社。

"不患寡而患不均"的心态仍然在影响农民的合作实践。在合作社碰头会散会后，个别农户表示，即使淡季、旺季自己家都没有客人，也不愿意把经营权完全交给他人。有人说道："他家（指合作社牵头人）吃不下的客人（指客满后安排不下的客人）介绍给我，我当然愿意，为了获得这个机会，我入股一点钱也是可以的，但是剥夺我们自己经营赚钱的机会，这个我肯定不愿意。完全把我们家拿过去给他们家做，回头怎么分呢？肯定先给他们自己家吃（指牵头人会把客人优先介绍到自己家），那肯定到最后他们家要分得多，这个利润不是大家平均分的。虽然他们都说慢城后面有可能客人越来越少，但我们也要争取自己再努力一下，哪怕旺季一天我只做一桌，其他时间都闲着，我也不愿意忙忙碌碌，做得那么累还给别人分去大部分。"合作社的其中一位干事也这样说道："虽然我是合作社的干事，但如果把这批客人作为我通过合作社接来的客人分流出去，分不好反而容易有矛盾，会说是我自己接来的客人，愿意分给谁家就分给谁家。合作社没有存在的意义。说白了，合作社能做的事，我们每一个个人都能做，无非是可能个人做得少，合作社做得多，但现在没到那个程度，还是以个人赚个人的钱为主。”

农民合作社是一种为保护底层农民利益而形成的特殊社会组织形式，然而，在市场经济的发展中，随着农村社会结构变迁和社会流动的加剧，农村社会成员间的异质性也在增长，表现为人与人之间的资源禀赋和资源配置存在显著差异。伴随着这一背景，一些农民合作经济组织产生了一些异化现象，[①]更有较新成立的农民合作社打破了原有的合作制模式，转而采用会员制的产权制度。[②] 这些现象都说明合作社正在异化为一种准企业的经济组织，甚至沦为一部分经营者“合理避税”的工具，其制度最初设立的初衷在实际的社会情境和人为操作中已经变得模糊。

村庄社区成员的分层与分化，对合作制度产生了两个方面的影响。一方面，在各方资源要素相对丰富的少数人中间更容易产生合作社的牵头人，在他们的积极努力下，合作社依托个体化的资源得以创立并运行，成为村庄社区承载外部资源输入的有效组织，并为其他多数普通村民带来更多可供选择的致富机会。另一方面，合作社牵头人和少数核心社员逐渐形成了一个相对固化的上层群体，社区内成员的分化直接投射在合作社内社员的分化现象之中，这造成了合作社制度的“类公司化”，核心社员与普通社员在合作社中的收益获取能力两极分化，同时存在个别人借用合作社进行经营活动“合理避税”的可能性。

① 应瑞瑶. 合作社的异化与异化的合作社——兼论中国农业合作社的定位. 江海学刊，2002(6)

② 赵晓峰，付少平. 多元主体、庇护关系与合作社制度变迁——以府城县农民专业合作社的实践为例. 中国农村观察，2015(2)

（二）合作社的内部异质性问题

通过访谈合作社参与者，分析加入合作社的动机，发现在合作社刚刚成立之时，外部动机占主要因素，除了牵头人的动员号召，他们也有一定的从众性和盲目性，即认为加入合作社是一件具有集体行动意义的大事，如果不加入可能以后很难再有这样的机会。因此，作为大山村乃至慢城区域唯一的农家乐专业合作社，“慢淳”农家乐的早期社员大多存在一种“占位”心理，认为即使短期内不会立即获得显性化的收益，但花一定的资金入社即可获得社员资格，并出于对牵头人的个人能力及其家庭影响力的充分信任而对合作社的获利前景有一种模糊但乐观的预期。随着合作社细则的逐步敲定，牵头人将合作内容分为对内提供会员制服务和对外提升销售业绩两个主要目标，并对参与的社员提出了相应的责任义务与合作要求。在这样的情况下，社员的参与动机逐渐由外部动机转向内部动机，开始反思自身的实际情况和未来规划是否能与合作社的经营目标与理念相一致，并最终决定是否参与合作社以及以何种方式参与合作。

具体来看，在为会员提供的服务方面，合作社能够提供休闲旅游设备（如双人自行车）的共享、餐饮住宿后勤服务（如消毒洗涤公司）的共享、培训交流课程的联络与报名、旅游信息平台的搭建与运营等服务内容，然而在深入讨论和短期尝试之后，社员普遍认为在这些服务内容上，合作社的议价空间不大，且属于强制性的额外开销，加入合作社等于需要强制支出此类服务费用，他们对合作社拟提供的此类会员制服务内容并不十分满意。此外，在提升销售业绩方面，合作社提供以下几项服务：(1) 统一采购服务，可以有效降低经营中某些可变成本（如一次性用品、食材与调味品等）的支出；(2) 农家乐通过挂靠合作社品牌，可以实现服务内容提档升级、单品售价适当提高、顾客二次消费率（如在餐饮、住宿的基本消费之外购买土特产、特色手工艺品等）提高等目标；(3) 对于那些无力经营农家乐，但装修条件尚可的留守老人家庭，或其他无心继续经营的农家乐家庭，合作社可以包租客房并支付保底费用。随着合作社经营活动的逐步推进，社员对于提高销售业绩方面的服务认同度提高，这成为其持续参与合作社运转的主要动机。

已有研究观察到，当前我国的农民专业合作社的参与主体在资源禀赋、利益偏好和角色作用方面均存在显著差异，①而在特定的制度环境里，农村精英由于拥有更多的物质资本、人力资本、社会资本优势而更容易获得成立合作社的机会。② 合作社成员的异质性及其导致的组织不稳定性表现为三个方面：一是资本参与的异质性带来的股权结构差异；二是业务参与的异质性带来的提成收入差异；三是管理参与的异质性带来的决策权重差异。③ 就大山村的案例来看，造成上述三种异质性分化的原因，既有社员个体之间客观存在的资源禀赋差距，也有合作社牵头人与核心成员人为设置的结构性区隔。

首先是资本参与的异质性。合作社牵头人最初选择的以投资换股权的方式吸纳了一些本地村民、村干部以及外来的资本投入，且占较大股权比重，但牵头人很快发现股权的分割必将伴随着自身利益的损失和集中决策难度的提高，在确定了经营方向后，牵头人感到资金并非合作社目前最为紧缺的资源，因此不再考虑通过割让股权的方式吸纳大量资金，这导致了合作社成立不久后就发生了非经营者核心社员的集中退股，并形成了更加鲜明的核心—外围股权结构。④核心成员实际控制合作社，成为合作社的代理人，而非核心社员虽然是合作社的委托人，但面临投资不足导致的控制权弱化。⑤ 这一问题带来的影响表现为股权结构的动荡，以及退股现象可能导致的合作

---

①　黄胜忠，徐旭初. 成员异质性与农民专业合作社的组织结构分析. 南京农业大学学报(社会科学版)，2008(3)

②　杨龙，仝志辉，李萌. 农村精英对合作社非线性发展的影响机制研究——基于北京郊区四个农民专业合作社的案例分析. 探索，2013(6)

③　邵科. 农民专业合作社成员参与：内涵、特征与作用机理. 杭州：浙江大学出版社，2014：100－122

④　王军. 农民专业合作社治理模式研究. 经济论坛，2010(12)

⑤　马彦丽，孟彩英. 我国农民专业合作社的双重委托—代理关系——兼论存在的问题及改进的思路. 农业经济问题，2008(5)

社及其牵头人威望和本地信任的损失。此外，合作社目前股权集中度过高的现状有可能违背合作社制度的理念初衷，并造成来自内部成员和外部环境的双重认同危机。

其次是业务参与的异质性。在“慢淳”合作社的经营设定中，社员参与的业务内容分为三种。一种是将餐厅和客房以低于市场价的价格整体出租给合作社；一种是以成本价从合作社购买统一的物资；一种是以分摊价从合作社购买外聘的专业技术团队提供的咨询、培训、考察等服务。出于合作社品牌整体打造和质量统一管理的设想，牵头人要求社员必须全部参与上述三种业务，并统一安排顾客，年末以合作社总体盈余为基础对普通社员进行相对平均化的分红。这种模式的矛盾点在于，不同经营者对牵头人设想的上述三种服务内容的需求与认可程度不同，参与意愿也不尽相同。具体来看，大部分经营者认为旺季客源充足，更愿意自己主宰经营收入，而淡季缺乏客源，希望合作社牵头人能多为大家介绍一些客人。但牵头人面对淡季有限的宝贵客源，更倾向于将淡季客源带到自己家的农家乐中接待而不愿分给其他社员。概括来说就是，牵头人自身较优势的销售渠道和客流来源导致淡季社员有合作需求、社长无合作意愿，旺季社长有合作意愿、社员无合作需求。另外，一些认为自家经营条件优于平均水准的经营者对包租模式下的平均分红难以认可，另一些对专业培训服务不感兴趣的经营者不愿为此支付额外费用，更多的普通社员针对分红模式模糊、核心圈层优先分红等产生了分歧，对加入合作社可能带来的额外收益预期不强，最终导致了一部分普通社员也选择了退股。业务参与意愿的分化直接导致了合作社经营内容与经营模式的不确定，包租转售的平均分红模式容易产生“搭便车”现象而损害那些资源条件较好、经营贡献较大的优质社员的权益。

最后是管理参与的异质性。由于农民个体间的文化素质、社会阅历、专业知识、时间精力等方面存在较大差异，在合作社成员大会上，不同人在发表意见、讨论方案方面的参与情况也不同。从普通社员的角度分析，有的村民性格内向，不敢向他人表达自己的真实想法，有的村民则碍于人情面子，不愿意在公开场合表达不同意见，更多人则懒于花费业余时间开会讨论,产生了"让其他人费力讨论,自己只管投票同意或不同意"这种具有"搭便车"倾向的管理参与观。从牵头人与核心成员的角度出发,为了巩固自身的权威地位、把控合作社的发展方向、优先享有利润分配权,他们主观上也不愿意削弱自身对合作社的管理控制权,于是通过人为设定拥有决策权的核心圈、不享有决策权只享有分红权的外围圈(包括认可合作社全部经营模式并全面参与合作社经营业务的正式社员和部分认同并参与部分业务的松散合作的非正式社员),在很大程度上限制了大多数社员对合作社发展决策、分配模式、领导组织等的参与、管理权利。

最初的成员构成为牵头人+核心成员+普通社员+非正式社员。在最初的设想中,牵头人与核心成员享有分红权,其中牵头人一人占股最多,普通社员享受较高的交易提成,但对交易量有一定要求,非正式社员则享受较低的交易提成,对交易量不做要求。这种人员构成方式实际上要求牵头人部分让利给村中重要关系户与外来智囊团。在随后的几次筹备会议中,牵头人在分析了各方资源、能力、精力等优劣势的基础上,综合判断村支书与智囊团等并不能为合作社的交易额带来实质性的明显提升,于是村支书、智囊团先后退股并退出合作社。除此之外,另一些不同意合作模式和提成方案的社员也选择了退股,或以非正式社员的身份维持松散合作关系。经过几次成员调整,合作社牵头人最终留下了一些能够"效忠"自己并维护自己在合作社中的决策权威的社员,形成了核心社员+非正式社员的组织结构。

这其中还掺杂了本村社员与外来社员的矛盾。大山村是一个单姓宗族村落,这导致本村人的"自己人"观念在地缘关系的基础上又加上了血缘这一更加具有排外性的认同机制。尽管社会主义改造、市场经济冲击、现代价值观涌入等一系列因素最终造成了乡村宗族势力的瓦解,但潜在的宗族认同仍然保留在大山村人家族化的亲属关系之中。进入慢城模式之后,大山村的宗族文化特质在强调地方性的慢城理念中以及传统文化复兴的社会潮流中被赋予了新的文化价值内涵,这在无形中强化了基于先天的血缘关系形成的宗族认同。

同时，随着外来资本与外来经营者进入大山村，宗族意识伴随着经济利益的争夺与瓜分而迅速觉醒，“自己人”与“外人”的区别可以通过某种集体性的利益表达而进行判别，这些都强化了村民彼此之间“自己人”的观念认同，并在无形中对“外人”产生了一定的不信任感和排挤心理。

“自己人”观念限制了外来合作对象的进入，也阻断了更优质的对外合作资源的输入，不利于合作规模的扩大与合作社的持续发展。但有趣的是，这种“自己人”观念在现实中也并没有使合作社更好地通过合作行为在市场经济竞争中获得生机。其主要原因在于，“自己人”内部也面临异质性的社员分化现象。合作社牵头人与核心社员之间的矛盾表现为：牵头人是合作社得以成立并获得各项补助的关键人物，但由于合作社的成立需要至少五名村民，因此核心成员存在这样一种想法，即没有自己作为核心成员，合作社就不可能成立。村民身份是合作社成立的前提，也是补助得以顺利下发到合作社的前提条件，因此，补助下发的题中之义不允许牵头人一人独享利益，而是应该分给所有核心成员，至少在分配的方案和比重上应充分尊重核心成员的意愿，可见核心成员并非关心合作社的长久发展，而是关心合作社的外来资金承接与分配的工具属性。牵头人则由于动用了自己的社会关系进行前期攻关，而认为补助的顺利下发主要因为政府看中了自己作为牵头人的能力，出于对自己的信任，与其他社员关系不大。保证补助资金的正确使用责任重大，并关系到自身的声誉、评价和政府关系的维系，因此牵头人自身更倾向于将补助资金用于合作社的长期发展壮大。牵头人与其他核心成员在扶持资金使用上产生矛盾，表现为资金的集中使用与平均分配的比重无法确定。

（三）合作社的行动困境与出路

中国的农民专业合作社自发展伊始就面临多重嵌入的复杂外部社会经济环境，不仅嵌入全球化、市场化、工业化、城市化等现代化复合进程之中，而且嵌入中国特色社会主义的政治与法律制度环境之中;不但嵌入城市与乡村,东、中、西部发展差异凸显的局势之中,也嵌入小农经济与传统乡村文化浓厚、缺乏民主实践的传统格局之中;既嵌入农业产业链整合加剧的态势之中,又嵌入生物、信息等技术革新、物流配送变革的现况之中,更嵌入农民群体差异性、能人不足的结构之中。[①] 大山村"慢淳"合作社的创立与发展同样面临着复杂的外部社会环境,其自身的发展与变迁特征表现为以下两个方面:一是合作社自身作为具有市场主体性地位的组织单元,越来越倾向于企业化的经营管理思路,在合作伙伴的选择与合作内容的定位上逐渐以追求利润最大化为导向,更重视生产的绩效结果而非生产的合作过程本身。二是合作社成员的异质性表现为内部社员在利益诉求、生产规模、个人能力、社会关系等方面存在明显差异,[②]这使得合作社形成了类似核心—外围的组织结构,有利于少数核心成员所拥有的稀缺资源的快速变现,激发他们的组织参与热情,但也导致了合作社的产权、控制权、利益分配权等优先集中在少数核心成员群体中,即产生了"大农吃小农"或所谓的"精英俘获"现象,[③]不利于非核心社员对合作社的持续参与热情和组织认同的生成。

通过前述描述与分析,我们可以将大山村的农家乐合作社理解为由农村能人牵头形成的特定组织在特定制度环境中的一种权宜性策略。牵头人为了将其所拥有的政府关系、市场渠道等资本快速变现,以公司化的经营目的和组织架构套用合作社的法人资质,而尝试对村内的农家乐经营资源进行整合,但在实际推进过程中,由于合作模式、利益分配、奖惩机制等存在问题而面临来自合作社成员内部的不合作。同质性社员合作相对简单,而异质性社员之间的合作容易产生问题。这里的异质性,在农家乐经营语境下,既包括家庭劳动力资源的多寡,也包括家庭成员文化资本与社会资

① 徐旭初.新形势下我国农民专业合作社的制度安排.农村经营管理,2008(11)

② 黄胜忠,徐旭初.成员异质性与农民专业合作社的组织结构分析.南京农业大学学报(社会科学版),2008(3)

③ 仝志辉,温铁军.资本和部门下乡与小农户经济的组织化道路——兼对专业合作社道路提出质疑.开放时代,2009(4)

本的多寡。

经济社会学认为,人类的经济行动与其所处的社会环境和社会结构有关,经济行动嵌在社会网络结构之中。合作社作为一种经济合作生产组织,其经济行为同样具有典型的社会嵌入性。在社会学的研究视野下,农村合作社的发展与演变受到一系列社会性、结构性因素的影响,包括人情、面子、权威与关系等非正式制度。农村社会阶层分化,本土宗族势力网络,农村能人的自发创新行动等,①这些社会性因素的不同组合与存在方式,使得不同村庄中的合作社制度实践呈现出一定的特异性,社会基础的存在方式决定了合作社制度的演变逻辑。② 有学者指出,我国农村合作社的实践运作逻辑与法律文本制度存在较大差异的关键原因是合作社的制度设置与其立足的社会基础不相适应。③ 较新的研究则指出,合作社的治理结构本质上是一种关系网络,合作社通过关系网络运作不仅可以实现跨区域的横向合作,增强竞争力,而且能够动员普通社员参与其发展,保持合作社的本质属性。④

大山村的"慢淳"合作社作为慢城区域内目前唯一的一家农家乐专业合作社,通过对地方社会和村庄社区熟人社会关系网络的高度嵌入,初步建构起合作社内部成员间的天然信任机制,但表现为物质和精神双重层面的激励机制则迟迟未能建立起来,这在一定程度上消解了熟人间信任带来的合作优势,并有可能强化熟人群体内部的市场竞争关系。此外,"慢淳"合作社现有的运营模式几乎完全依托个别强势社员(合作社带头人)的私人社会关系来推动,这与合作社制度的政策初衷和发展方向是存在一定矛盾的,因此,进一步扩展合

---

① 赵晓峰,王艺璇.阶层分化、派系竞争与村域合作社发展.中国农村观察,2013(3)

② 罗晓华,郭正林.农民专业合作经济组织的社会基础与制度设置.社会主义研究,2009(5)

③ 赵晓峰,付少平.多元主体、庇护关系与合作社制度变迁——以府城县农民专业合作社的实践为例.中国农村观察,2015(2)

④ 管珊,万江红,钟涨宝.农民专业合作社的网络化治理——基于鄂东H合作社的案例研究.中国农村观察,2015(5)

作社社会化和市场化的合作机制是维持合作社自身持续运营能力、避免合作社资源私人资产化的重要路径。

合作社牵头人成立合作社的初衷,一方面是响应地方政府的号召,另一方面也是看中了合作社制度所蕴含的税收优惠、财政扶持等政策红利。相比于成立民营企业,成立合作社不仅能够降低生产经营成本,而且能够以某种“典型身份”获得地方政府的庇护。所谓庇护关系,是指在特定场域中不同利益主体之间产生的一种特殊的双边交换关系。[①] 在这里,地方政府拥有较高的政治地位、政策权力,拥有更多的关键信息,这些在村落社区成员参与市场经济的过程中都能实际变现为直接或间接的经济利益,从而其担任了庇护者的角色,而获得这些利益的被庇护群体则通过自身的行动配合庇护者的要求,通常是通过成为典型或作为亮点出现在特定的场合中,从而对庇护者形成回报。

从这个意义上来说,合作社牵头人对合作社实行的是一种准公司化的经营架构与经营计划,这与合作社制度的初衷有一定的相违背之处,导致合作社成员之间没有建立起真正的平等合作关系,而是形成了牵头人+核心社员+普通社员+边缘社员的多元复杂关系结构。这其中,牵头人是合作社的实际所有人,对核心资源拥有绝对的控制权,牵头人与少数核心成员构成了合作社内部的利益优先分配团体,并享有合作社的管理权与决策权,而普通社员和边缘社员以及一些非正式社员则相应地处于被管理、被引导、被剥夺的不利境地。

乡村能人、外来人士和村委干部共同参与成立合作社,企图利益均沾,但其对合作社的贡献有限。合作社没有明确且可立刻盈利的收入来源,地方政府的扶持政策成为合作社最大的可见利益,但成员诉求各不相同,在内部分配上容易产生分歧。出资较多的核心成员、出资较少的非核心成员以及不出资的松散成员的复杂构成人为强化

① 赵晓峰,付少平.多元主体、庇护关系与合作社制度变迁——以府城县农民专业合作社的实践为例.中国农村观察,2015(2)

并扩大了合作社成员间的差异。

已有研究明确指出了农民合作社发展过程中的内部不均衡现象，并认为这种现象的实质是一种“多元主体分利秩序”下的“结构性排斥机制”。[①] 大山村的例子比较突出地表现出上述普遍性问题。在大山村，合作社牵头人作为乡村能人，其自身的资源决定了合作社能否成功申报、能否获得财政补贴、能否创造额外收益。因此，在合作社成立初期，牵头人及其他关键人物通过资源优势锁定对合作社的支配权与控制权，使不对等的权力格局合理化，并通过制度写入合作社章程之中，从而获得进一步的合法化，其他非核心社员只能认可合作社的这种内部组织结构，或者选择退社，并没有其他办法改变或改善自身所处的结构性边缘地位。我们看到，随着慢城带来的市场机遇不断发展，大山村逐渐演变为一个社区成员个体资源禀赋差异显著的村庄。不均衡的资源导致不对等的权力，在这样的演变逻辑下，合作社容易成为由核心社员控制的准公司化组织，并沦为进村项目资金再分配的“截留器”与“俘获工具”，从而失去其益农性本质。更为值得深思的是，无论是积极推动合作社成立与发展的能人群体，还是那些期望合作社为他们带来新的发展机遇的普通农户，抑或是能够对合作社进行意见指导和监督管理的有关部门，都对目前现有的合作结构与合作制度表示接纳或默认，这在一定程度上意味着合作社本身的存在与发展正在加剧乡村变迁制度化过程中的路径依赖，并衍生出一种“非常强大的结构性排斥功能”[②]。

究其原因，有研究指出，在农村社会中，具有企业家素质的能人是村庄社区的稀缺资源，“他们富于创造性且具有经营能力，也最有可能拥有资本”[③]。大山村的案例告诉我们，合作社牵头人作为合作社生产与经营的关键要素所有者，更倾向于开发和利用自身特有的

① 李祖佩.项目进村与乡村治理重构.中国农村观察，2013(4)

② 赵晓峰，付少平.多元主体、庇护关系与合作社制度变迁——以府城县农民专业合作社的实践为例.中国农村观察，2015(2)

③ 徐旭初.农民专业合作：基于组织能力的产权安排.浙江学刊，2006(3)

销售渠道优势，并通过创办相对低成本的专业合作组织为自身创造收益。合作社制度进一步激发了农村能人的能动性，为村庄带来了更多的市场合作机遇和政治关注度。然而在合作社的成立与运营过程中，农村能人将主要精力倾注在获取外部的政策支持资金上，而始终缺乏带动农民合作致富的内在动机。① 此外，合作社需要的是能够降低组织成本的制度建构，而非仅仅是物质上的扶持。② 在市场竞争压力与资源输入诱导的双重影响下，合作社的制度发生了一定程度的异化，这不仅会影响合作社组织自身的持续、稳定发展，而且有进一步加剧农村社会分层和农户阶层分化的趋势。③

“慢淳”合作社成立后，合作的内容与分红的方式始终难以确定，主要原因在于农家乐专业合作社的特殊属性。农家乐各家分散，经营空间与居住空间合二为一、难以割裂，如果由合作社统一经营，则无法限制各家私自接客的可能性，如果餐桌、客房私自接客与合作社预定客人产生冲突，合作社则将面临赔偿与责难。农家乐较小的生产规模和较高的协调难度，导致农家乐的合作经营不能成为一个最理想的盈利模式。

在地方政府的扶持和乡村能人的牵头下，“慢淳”合作社的资质成功获批，并且获得了较大的政策优惠。一是获得了传统的农民专业合作社无法取得的具有较强盈利能力的公司类经营范围。二是占据了慢城区域内首家，也是一定时期内唯一的一家农家乐合作社的垄断地位，大山村另一位乡村能人在同时期申请合作社就由于种种原因未被通过。三是申请到了政府财政项目补贴，获得了较为丰厚的创业资金收入。

---

① 杨龙，仝志辉，李萌. 农村精英对合作社非线性发展的影响机制研究——基于北京郊区四个农民专业合作社的案例分析. 探索，2013(6)

② 许建明，李文溥. 合作社与政府：制度性建构优于物质性支持. 制度经济学研究，2015(1)

③ 赵晓峰，付少平. 多元主体、庇护关系与合作社制度变迁——以府城县农民专业合作社的实践为例. 中国农村观察，2015(2)

表 3-1 “慢淳”合作社 2016 年进社项目资金一览

扶持单位	扶持内容	扶持金额	使用情况
市农委	益农信息社项目	2 万元	用于购买电脑设备
市农委	农村电商补助项目	2 万元	用于农家乐服务站办公用品配置
省农工委	服务能力建设项目	28 万元	用于农家乐服务站基建、装修
省妇联	巾帼创业示范基地	2 万元	用于购置女性创业书籍、物资
慢城中心	民宿提档升级项目	9.8 万元	用于统一购买客房服务用品

（根据调研整理）

因此，合作社的成功与否，除了与制度设计有关，还与社会资本有很大关系。有研究指出，中国的农民合作社发展具有“强者牵头、弱者参与”的发展特征。[①] 在大山村，合作社牵头人的强势地位不仅表现在其个人的知识视野、经营能力、经济实力、性格禀赋等方面，也突出表现为合作社牵头人拥有的丰富的政治资源关系网络。同样是农村能人群体，各个能人之间的能力各有差异。相对而言，那些政治资源丰富、政策敏感度较好的能人更容易取得成功。虽然也有经营管理能力和为人处世能力同样出众的优秀个体，但若缺乏与地方政府的良好交往关系，那么即使他们能够获得部分村民的信任与认可，也难以最终进入地方的“庇护体系”之中。

更深层的原因则在于社会信任层面。在大山村，农家乐被定位为旅游接待服务中相对低端的产品，对农家乐的服务质量监管存在空白，再加上农户经营分散化、家庭化，规模小，缺乏对外联络与拓展的制度化渠道支持，受制于旅游业淡旺季的结构性特征，农家乐合作社目前仍难以发挥规模经济的产出效益。农户间的异质性带来合作需求的分化和情感认同的疏离，这不仅消解了传统合作社内部交易成本低的优势，而且由于缺乏完善的科层制组织架构，反而进一步增加了组织内部的交易成本和人力资源成本。农民合作的效益性假设

① 徐旭初，黄胜忠. 走向新合作——浙江省农民专业合作社发展研究. 北京：科学出版社，2009

成立的前提是,信任是合作的基础,个体间的人际信任程度越高,合作的成本就越低,合作的效率在一定程度内也会越高,但是,人际信任的合作行动会出现边界现象,这在中国乡村的熟人社会中表现得非常典型,即在熟人圈子内部,信任的确有助于降低合作成本,提高合作效率,增强个体应对市场风险的承受能力,而在熟人圈子界限之外,由于缺乏熟人信任的替代机制,合作的难度和成本陡升,这有可能严重限制合作组织扩大规模、增加市场竞争能力。赵泉民等人将中国农民这种基于亲缘和拟亲属关系的熟人信任称为"圈子主义精神",并指出这是农民合作的基本行动逻辑,它一方面有助于合作组织的建立和发展,但另一方面也制约了合作组织的扩大与跨村域拓展。①

结合熊万胜提出的合作社三大核心特征——组织性、农民性、合作性,②尝试对大山村的农家乐合作社发展现状进行综合分析。首先,在组织性上,"慢淳"合作社最主要的合作内容是客流的统一预定与统一安排,但合作社并没有采取将各家农家乐整体反租后统一经营的组织模式,而仅仅是采用介绍客源并抽取提成的合作方式,这导致旺季客源充足时各农家乐合作意愿不强,而淡季交易量低的情况下合作经营带来的收入也非常有限,因此,在组织性上社员之间是一种松散合作的形式。其次,在农民性上,"慢淳"合作社基本做到了以本地农民成员为主,但较高的农民性并没有为合作社带来较低的内部交易成本和共同的未来价值预期。由于农民群体的职业分化和财富分化,现实中的合作社成员形成了中心人物—核心圈层—边缘圈层的差序结构,这实际上是一种异质性程度较高的人员构成。在这种差异化的成员构成中,合作社的实际控制人通过争取政府扶持、承接大型团客、营销潜在客群等形式,充分利用私人化的社会关系和市场机遇为合作社创造收益,在合作社的经营贡献中具有其他社员所

① 赵泉民,李怡.关系网络与中国乡村社会的合作经济——基于社会资本视角.农业经济问题,2007(8)

② 熊万胜.合作社:作为制度化进程的意外后果.社会学研究,2009(5)

无法企及的绝对优势，并享有收益的优先分配资格。再次，在合作性上，领头人的动员能力和合作社的分配方式都面临来自社员的质疑，合作社内部认同情况较差。在实际运营中，合作社承接到大量游客团体后面临着如何接待的现实问题，因此仍须依赖其他社员提供农家乐客房和餐桌，当社员以客满为由临时拒绝合作社的客源时，合作社将直接承担违约风险，但又没有有效的对内惩罚机制来抵御这种内部的不合作风险。因此，合作社一方面对其成员的经营场地依赖较重，另一方面又缺乏有效的违约惩罚机制，这导致领头人对合作社的控制能力不足。应该说，大山村"慢淳"合作社名实分离的情况表现得尤为典型，且有其自身的特殊逻辑和现实困境。总体来看，合作社的行动能力有限，主要原因在于组织合作方式松散、成员差异性较大、组织控制能力不足等。

在合作社制度的理想模式中，社员应当成为惠顾者（使用者）、所有者（投资者）、管理者（控制者）的统一体，[①]这也是合作社这种组织模式有别于其他企业类组织的本质性特征。以大山村的合作社实践经验为例，由于合作社成员间的差异不可避免，因此要求合作社自身的制度设定能够更加强调公平性而非平等性，如果合作社牵头人与社员缺乏对公平与平等概念的共识性理解，那么最终将损害资源丰富者与资源匮乏者双方的利益。同时，合作社的制度设定还要兼顾效率与公平，即资源优势方能够通过合作组织获得更好的资源变现途径，同时也要适度让利给资源劣势方，以确保更多普通社员的合作收益，从而提升社员对合作社组织的忠诚度。

就目前的发展状况来看，"慢淳"合作社恐将难以成为发挥村庄自主能动性、促进慢城模式本土化落地的有效行动组织。究其原因，一方面，合作社在一个异质化的多元利益主体参与的社会环境中逐渐演化出一种结构性的排斥功能和闭合性的组织特征，通过对参与资格和权利增长的排斥，合作社实际上加剧了农村社会分层和农户

① 邵科. 农民专业合作社成员参与：内涵、特征与作用机理. 杭州：浙江大学出版社，2014：100 - 122

阶层分化的趋势。[①] 另一方面，合作社自身的生存与发展也面临困境：对外的发展规模难以扩大、合作渠道难以打开，无法形成规模经济的集聚效益；对内无法形成低交易成本的合作机制，合作内容与盈利模式迟迟未能确定，无法开展实质性的合作生产。内外双重困境导致合作社成立近一年仍然维持在空组织状态，仅仅成为争取政府扶持、增加牵头人身份背景的空壳机构。

不同于欧美等国基于大农场经济的合作社制度环境，大山村"慢淳"农家乐专业合作社建立在小农式、个体化的家庭生产基础之上，其发展的基础与路径或许可以参考日本的农协（农民协会）模式，通过延长产业链，实现城乡一体化的产供销一条龙服务，成为能够与城市工商法人相竞争并在城市消费市场中生存下来的经济实体。这就需要经营者转换思路，从城市消费者的消费需求出发，思考消费者"想要什么"，更重要的是寻找进入城市消费市场的入口，增强与城市消费者的互动和交流，提升合作社作为大山村乃至慢城区域旅游服务供应者的市场主体地位。

四、慢城治理与村级组织的行动空间

社会组织是能够调动组织参与者共同合作，增进共同利益，共同应对外部世界，以期实现共同目标的社会团体，而农村社会组织是指"农村中为完成特定的社会目标，执行特定的社会职能，并根据一定的规章、程序而进行活动的人群共同体"[②]。我国的农村社会组织包括村民自治组织、农民合作经济组织和农民文化娱乐组织三大类。[③]

---

① 赵晓峰，付少平. 多元主体、庇护关系与合作社制度变迁——以府城县农民专业合作社的实践为例. 中国农村观察，2015(2)

② 程贵铭. 农村社会学. 北京：中国农业大学出版社，1998：103

③ 鲁可荣，朱启臻. 农村社区组织创新与新农村建设. 朱启臻. 农村社区合作组织理论与实践探讨. 北京：中国大地出版社，2006. 62－65

本章主要考察了大山村的社会组织如何在村庄社会的变迁过程中实现应变并发挥作用，认为与村庄未来发展目标相契合的新型组织的建设将有助于发挥社会整合功能，提高大山村的村庄秩序与发展活力的持续性。

村级组织的行动能力在很大程度上取决于其组织资源的相对独立且稳定的来源渠道，取决于组织对现有制度空间的嵌入程度，也取决于组织的牵头人、执行人、组织成员等行动者所拥有的资源汲取能力。在大山村，村党支部以及受其领导的村委会在“资源进村”的新治理方式下呈现出较强的行政化倾向、较小的自主行动空间以及组织行动者对上级负责的较强行动逻辑。而老年协会和农家乐合作社作为民间组织，支撑其初期阶段生存与发展的绝大部分资源也同样来自代表国家意志的地方政府部门，其中最为关键的是资金和登记注册的资格。不同的是，地方政府给予老年协会和合作社这两种民间组织以不同的自主行动空间，选择的依据在于地方政府自身在特定阶段、特定事件中的特定目标诉求，[①]而民间组织负责人的政治态度（合作或抵抗）和组织成员的社会关系属性，也导致老年协会和合作社呈现出不同的行动逻辑和行动能力。

乡村组织具有参与乡村社区治理的主体性地位。在大山村，村“两委”的收入来自财政拨款、集体资产收入、进村项目提留等，除了这些物质激励之外，还有来自上级领导部门的评价体系带来的激励机制，因而尽管不同的干部作风导致其行为方式与做事效果不尽相同，但相对于其他村级组织来说，村“两委”仍是具有较强行动能力和较高思想觉悟的有效治理主体。“老人会”与宗亲会的收入来自国家拨款、村集体补贴、族人捐赠、祠堂收入等，在新的宗族关系运作中，对外关联的重要性远大于对内关联，从而导致现在的宗族组织不再关注村庄治理的矛盾问题和本村社会利益网的张力。合作社的收入来自项目补贴、经营利润、培训咨询收入，是依靠合作社所有个人和

① 地方政府的行动诉求除了表现在对村级组织的管理方式上，还体现在更多的制度创新实践中，关于这一点将在下一章进行详细分析与论述

极少数核心会员的垄断性资源创造的收入，鉴于合作社存在进入门槛，因而实际上也很难对社区形成治理能力，反而分化出一小撮新的利益得主，加剧了村庄治理主体的多元分化。

总的来看，大山村的村庄治理以行政干预式、事件导向型为特征而展开。行政村基层党组织的干部作为乡镇基层政府的行政势力外延，在村庄治理过程中发挥了重要的主导功能，形成了对村委会的吸纳与控制。在前任村支书的“鼓”与“呼”之下成立的慢城联村党委作为一种基层组织的创新模式，可以被看作基层村治组织顺应村庄社会结构变迁与社会情境变化的自我调适过程。老年协会针对特定人群发挥了一定的自我治理功能，但由于与宗族力量相互捆绑，老年协会对老年妇女群体的权益有所忽视，未能较好满足该人群的公共福利。此外，随着村中宗族力量以非正式组织的形式逐渐发展壮大，现有的老年协会逐渐无法满足宗族的自我发展需求，村庄宗族人士迫切需要寻找新的合法组织化的平台，以发挥宗族作为一种传统价值文化力量和社会关系维系模式可能蕴含的丰富社会资源的作用以及与此相关联的社区治理功能。农家乐合作社的人格化运作方式与规范化运营机制似乎是一对难解的矛盾，这也是慢城模式在村落社区层面落地所面临的组织层面的局限与困境。

村级组织的稳态化、正式化与科层化变迁，往往意味着基层村落社区的社会理性化过程。这种理性化的趋势在整个中国的现代化发展中表现为从国家中枢机构到地方政府部门再到基层村落社区的整体特性，因而村级组织的地方性、传统性、非正式性等组织特质和行动逻辑往往被掩盖在制度化的理性外衣之下。慢城模式被嵌在地方社会的理性化与传统性的复杂关系之中。农村社区组织的分类一般遵循政治组织、自治组织、经济组织、文化组织等划定方法，然而，大山村的村级组织实际上并没有如此明确的功能区分，不同的组织实际上是分属不同的“圈子”，并在其初始功能之外派生出了多样化的组织功能，以满足组织管理者和组织成员，即“小圈子”内的成员在村庄本地的生产与生活需求。

表 3-2　大山村三类村级组织的社会功能与“圈子”成员

	村“两委”	“老人会”	合作社
政治功能	社区管理	老年福利	树立典型
经济功能	集体资产	宗祠管理	合作经营
文化功能	官方文化	传统文化	创新文化
主要成员	村干部、党员	中老年男性	中青年经营者

（根据调研整理）

具体来说，首先，村级党组织和自治组织发生了功能合并。村“两委”成员首先是村庄社区的管理者，共同行使社会治理的职能，并以集体资产的方式成立了具有经济生产功能的村级经济组织，同时，村干部群体也执行着政府自上而下的文化输入任务，他们善于调动各方资源，组织开展符合地方政绩要求的农村文化娱乐活动。其次，作为能够整合村中老年人群体的有效行动单位，大山村的宗族组织借用老年协会的组织“外壳”，不仅统揽了村内重要的文化娱乐和休闲活动，面对宗族组织自身发展壮大的需求，也发展出了一定的经济再生产和文化再生产功能，同时，宗族组织的壮大正在改变村中的非正式权力网，有望提升村庄对外的政治文化地位。良性健康的当代宗族组织能够有效动员村庄力量，参与村庄治理，辅助政府发挥善治的作用。最后，以合作生产为设立初衷的合作社组织在发挥经济生产功能之余，也扮演了符合政府预期的政治形象，并被赋予了一定的政治任务，同时，合作社也在村庄文化建设方面发挥了重要的自组织作用和内部创新效应，但是，相对于村干部群体自身相对优秀的人力资源素养、拥有的来自官方的干部培训机会，以及宗族干事受到的来自宗族文化和地方性知识的文化规训，作为新生事物的农民合作组织缺乏对其成员和领导者的再教育机制，也缺乏足够的信息共享渠道，合作组织成员的非专业性和专业顾问机制的缺失将不利于组织的稳定发展。

慢城带来的资源和项目进村，在一定程度上缓解了村“两委”空心化、治理“悬浮化”的问题,并给予村“两委”新的治理内容和工作思路。通过村“两委”的动员和运作,村中面貌有了极大改善。慢城给大山村带来的文化经济模式提高了其对传统资源、地方文化等的重视程度,这使得老人和宗族作为社区传统资源的守望者和传承者重拾在村中的话语权和行动能力。慢城带来的市场机遇也促使更多的乡村能人成立专业化的合作机构以获取更多的市场机会和社会资源,但是,我们也要看到,村“两委”日益脱离群众的现状,不利于资源分配的民主监督,在地方政府意志和村庄发展诉求出现矛盾时,也不利于村庄权益的声张,村民缺乏有效的代理人机制,这可能将进一步导致慢城模式失去本地性,而变味为相关利益者的获利工具。老年协会对传统文化的贡献在现有的地方情境中迅速转化为村民对宗族认同的强化,老年协会创造出来的大量的社会资本被潜在的宗族组织发展需求所截获,而未能及时有效地转化为一种新的地方认同机制。有利于慢城模式进一步在本土植入且持续有效发展下去的基于共同理念基础的社区认同仍有待建立。合作社的名实相悖问题恐在一定时间内无法纠正,同样其也无法充当村庄集体利益的代理人和地方社区认同的承载者。

究其原因,大山村的村级组织不断尝试并寻找对制度资源的嵌入,力图获取更多的资源以用于组织自身的发展壮大和在村落社区内的合法性建构。地方政府作为资源的总体调度者,在不同的执政目标和行动阶段中,赋予了不同的村级组织不同的甄别机制、吸纳机制以及资源输送的制度化渠道,这无疑极大地激活了村级组织的活力,并在一定程度上造成了村级组织对外来资源输入的依赖性。有所不同的是,大山村的村委会、宗亲会、合作社这三个典型的村级组织对地方制度的嵌入策略与资源依赖背后的逻辑呈现出一些不同的看法。

首先,大山村的行政村委会虽然是村民自治组织,但在日常工作中仍然受制于村党委,并对乡镇乃至区县一级的地方政府权力形成显性化的依附关系,如此一来,村委会一方面可以借力政府驻村干部的权威进行村庄治理,另一方面也期望政府项目资金的注入能够成为村庄矛盾调解的有效经济工具。

其次，大山村的宗族组织在现有的制度条件下缺少合法身份以及行政资源输送的正式对接机制，在“借壳”老年协会之后，宗族组织获得了来自外部的资源输入渠道，也具备了一定的地方文化传承功能，其与有关部门的利益性依附关系正在增强，组织自身的发展亦不断壮大和年轻化，并因此获得了更多来自宗族系统内的非正式的资源输入，但总体来看，宗族组织与地方社会的其他非宗族组织的关联仍然非常松散，无论是受到的监管力度还是扶持力度都十分有限。

最后，合作社由于经营内容的特殊性，与正式的组织关联较弱，与外部制度环境的交流同样以资金输入为主，形成了对资源输出部门的利益性依附关系。与宗族组织不同的是，合作社牵头人充分利用了与外部社会的私人关系，为合作社组织争取各种机会，并形成了外部制度环境对合作社组织的人格化庇护关系。相对于宗族组织而言，合作社对制度的嵌入程度更加深刻，组织自身的正式化发展潜力也较强。

基层政府的服务型政府转型，对农村居民的主体性提出了较高的要求。它要求个体通过多样化且合理、合法的表达机制，形成一个相对统一的发展共识，以利于基层政府更好地服务社区，同时也利于地方政策的制定和执行更加有效地反映地方社区的发展需求和发展偏好。然而，在大山村，随着社区成员的异质性分化，个体与小群体的偏好和需求也产生了差异化分化，并最终表现为在不同村级组织中的多元化表达。村级组织在村庄发展机遇面前发生了功能调适与行动激活，并最终生长出相互独立的边界和各不相同的对外连接系统。可以说，村级组织的小团体化和功能强化，在很大程度上消解了村庄作为一个整体的公共性和主体性地位，促使村庄治理机制走向多主体、分对象的多元治理格局。大山村的多元治理格局存在一个潜在的问题，即无论是现有的社区治理组织，还是宗族行动组织，又或是经济合作组织，都难以调动全体社区成员以形成一致的发展共识和统一的行动单元，甚至，随着各村级组织的发展成熟，不同组织成员及其家庭之间的区隔也在进一步加深。这种区隔的形成原因既包括权力资源、财富资源等导致的物质性区隔,也包括来自身份认同层面的文化性区隔。

在大山村这样的村庄,由于自然条件、社会条件、农民素质等方面存在一定的滞后性,村庄的发展相对于苏南地区的其他先发农村来说存在明显的滞发现象。进入21世纪以来,以家庭为单位的小农兼业生产方式并未发生实质性的改变,小农天然的弱势地位表现为,无论对自然风险还是社会风险,都缺乏足够的承受能力和抵御风险的保障机制。这种社会经济状况影响了身处其中的每一个个体的心态,表现为农民的保守心理和观望心态,以及对外人的不信任和怀疑态度。村民对于那些没有短期金钱回报的创新实验和探索行为普遍缺乏主动参与的热情,而更多只是被动地等待外部力量的推动或者其他能人的带动。不仅如此,在对这些外来力量或社区能人缺乏足够信任的情况下,村民的态度容易转为一种普遍的怀疑甚至否定态度,从而使村庄的集体行动陷入一种消极的不合作状态之中。社会组织存在的意义之一,在于通过制度化的合作模式,建构起一种制度信任,从而形成结构化的"自己人"关系,使社会组织成为个体的"认同与行动单位"①。贺雪峰从中国社会文化中公、私的内涵与关系的角度来理解中国农村社区的"认同与行动单位"——中国社会中的"公"不是"私"之外的一个明确固定的领域和范畴,而是"自己人"这种具有本体性的连带关系衍生出来的"化人为己",是一种"你有我有大家有""你好我好大家好"的具有共有性质的共生逻辑。这样的公共意识必须以"自己人"结构为载体,以强有力的地方性共识为保障,否则,"自己人"结构便会丧失本体意义,地方性共识瓦解,"自己人"就会蜕变为纯粹工具性的东西,被小私的逻辑主导。②

大山村的经验告诉我们,以村支书为首的村组干部对村庄人情交往的参与度直接影响到村民对集体和政府的认同感,也直接影响到社区治理的效率和效果。由于村民自治组织在实质上成了基层政

---

① 贺雪峰.新乡土中国.北京:北京大学出版社,2013:16

② 贺雪峰.新乡土中国.北京:北京大学出版社,2013:17

府治理农村的一种制度性安排，在很大程度上主要体现国家的政治意志与地方政府的发展需求，因此现阶段村民对村“两委”的认同度较低。随着宗族意识的复苏、宗族活动的增加、宗族对外交往的日益频繁，作为宗族组织“外壳”的老年协会逐渐发展为具有独立经济来源和自主行动能力的民间社团组织，有效塑造了一种“我们感”，即“自己人”的认同，在一定程度上构成了部分中老年村民的认同与行动单位。在新型民间组织中，由于农民个体的异质性较大，难以生成强有力的集体共识，因此现有的合作社等组织充当了个别农村能人发挥自身社会资源和人力资源优势以进行经济生产并实现个人价值的过渡工具，表现出一定的市场理性和私有属性，尚未形成新的认同与行动的有效整合机制。

正如在本章中观察到的那样，在慢城为村落社区带来的特定发展机遇之下，三类村级组织的组织活力与行动空间都得到了扩容，但同时，其组织功能与价值内涵也都发生了一定程度的漂移。这一方面说明村级组织作为一种制度化的地方性实践后果，其演化、变迁的过程是与地方社会的特性和参与主体的特定需求相契合的，而非同质化地被整合进国家力量的制度化框架之内。另一方面也提示我们，现有的村级组织与慢城模式在组织理念、理性需求、行动主体等方面仍存在较大偏差，无论哪一种现有的村级组织，都暂时无法取得作为慢城核心社区的大山村的主体地位。一个具有主体能动性、对外合法性和对内认同基础的慢城社区民间组织尚未真正建立起来，这在很大程度上导致了慢城本土化实践过程中的主体性缺失、组织缺失等问题。

第四章
利益契合：家庭目标重建

家庭是村庄社会中的个体在乡村的变迁与发展过程中发挥积极性、主动性和创造性的基本单位，家庭理性的回归以及由此带动的人口回流，构成了触发大山村变迁的动力之本源。本章将以农家乐家庭经营作为切入点，从家庭伦理与家庭利益的角度出发，从日常生活世界的视角来理解大山村人的行动意义，探讨大山村农户家庭的内生发展目标与动力，分析农村家庭对农村生产方式转型和外生市场机遇的主动参与及自我调适的过程机制。

在国际慢城这一发展机遇面前，大山村人面对村庄内外变化的社会环境，努力调适自身的观念与行动，为个体和家庭的发展谋求利益，这种动力可以被视为一种来自个体与家庭层面的基层社会的能动性。在市场化和城镇化的共同外部环境作用下，大山村的经济生产回归到以个体家庭为单元的经营模式。大山村人将家庭的目标需求与村落社区的发展契机进行有机结合，充分发挥了个体的主观能动性和主体行动作用，从而生成了来自基层社会和日常生活意义层面的推动社区整体变迁的内生动力。

这种来自个体家庭层面的能动性也有其局限性，主要表现为受家庭本位思想、家庭生命周期固有规律，以及城乡公共服务资源配备差距等现实问题影响，其家庭发展目标更倾向于朝向下一代进入城市社会而积极行动。因此，在这一过程中，家庭在村庄中的经营行为和生计选择更多的是一种工具理性意义上的行动，而非基于价值理性的对乡村生活和慢城理念的真正认同与选择。

一、家庭理性重缀

2010 年前后，大山村的人口外流现象比较突出，村中的中青年劳动力大多到村庄以外的区域务农。从事的行业以建筑施工和轻工业生产为主，外出地点主要是南京、常州、溧阳、高淳等周边城镇。从 2011 年到 2016 年的这五年间，大山村实现了从“打工经济”到“旅游经济”的经济结构转型，农业生产方式和家庭生计模式也都发生了较大变化。自 2011 年以来，大山村从一个与旅游业几乎没有任何关联的远郊丘陵地带的小小村落，转变为一个全村近一半的家庭经营农家乐饭店或客栈、人均收入(旅游业)超过 10 万元的农家乐专业村。农家乐家庭既是一个生活与消费的组织单元，也是一个实体经营的生产单位。以农家乐家庭作为切入点，是理解大山村社区结构构成与变迁的基础。

在慢城机遇来临之前的 2010 年，大山村的家庭或多或少仍然与土地生产发生联系。其中，夫妻双方完全在本村务农、没有其他非农收入的家庭占全村的 40%左右；有 30%的家庭选择在本地务工，晚上回家居住，兼顾种田和照料家人，属于小农兼业家庭；选择全家外出经商或务工的仅有十余家，这些家庭只有在春节、清明节等重要节日才会返乡；另有两家是全家外出务农的家庭，夫妻二人在常州郊区租下较大面积的土地种田，原因是当地更加靠近大城市，蔬菜售价较高，而土地租金相对便宜，综合下来种田收入更加理想。

表 4-1　大山村 100 户家庭在 2010 年的谋生类型调查

	务农	兼业		弃农	
	纯务农	半农半工	半农半商	弃农务工	弃农经商
本地谋生	41 户	27 户	3 户	2 户	1 户
异地谋生	2 户	12 户	—	9 户	3 户

（根据大山村 100 户家庭的入户调研统计）

大山村的小农兼业家庭中，夫妻中至少有一人需要兼顾村中的农田，因此家中至少有一人留在村中生活，这导致小农兼业家庭又可再分为以下三种情况：夫妻二人都在本地非农就业，居住在村里，兼顾农田；夫妻中一人在本地非农就业，居住在村里，另一人在家务农；夫妻中一人在外地非农就业，夫妻分居，另一人在家务农。

总体看来，在 2010 年前后，甚至更早时期的大山村，外出打工家庭并不占主流，这在很大程度上是因为大山村所在的乡镇乃至县域的区域经济，尤其是工业和服务业相对不发达，无法提供充足的非农就业岗位和具有诱惑力的非农就业报酬。但是，如果从村庄内在的原因分析，可以有助于我们更好地觉察并理解大山村人基于家庭理性的内生行动逻辑。家庭理性是中国农村家庭在生计选择、社会适应、市场参与、家庭再生产等社会实践过程中遵循的基本行动逻辑。大山村人固有的"家本位"观念和家庭生命周期客观规律作用下的家庭结构变迁动力共同形成了社会化小农呈现出来的家庭整体意义上的理性。选择返乡经营农家乐，可以被视为家庭成员在特定的时代机遇下遵循家庭整体利益最大化原则而做出的理性抉择。

（一）大山村人的"家本位"观念

农民家庭的经济行为受制于家庭文化结构，而家庭文化结构又受到更加深层的家庭伦理观念的影响。在"家本位"观念下，农民以家庭再生产为目的，围绕家庭整体的发展目标而安排生产与生活。

梁漱溟指出了中国传统社会的伦理本位特质，[①]阎云翔认为中国农民的社会行为属于“文化家庭模式”[②]。中国的农村家庭不仅是满足农民基本生活和交往的单位，更是农民的精神归属，农民在其中不仅能够实现家庭延续的目标，而且可以获得生命的意义感，即获得“本体性价值”[③]。换句话说，这种“父子一体”“祖孙一体”的传统文化观念已经内化到整个民族、国家的现代化与现代性层面。[④]

费孝通指出，中国农民的生活逻辑是一个以家庭为起点，由内向外越推越远、越推越薄的“差序格局”[⑤]。这里所说的“以家庭为起点”的行动逻辑就是“家本位”文化。农村社会中的“家本位”文化具有以下特点：第一，在家庭成员与作为整体的家庭的关系方面，强调家庭高于个人，个人利益应服从家庭利益（当然，家庭也必须考虑满足家庭成员的个人利益，但这是次级的考虑）；第二，强调每个家庭成员对家庭所负有的责任，并且认为这种责任应伴随家庭成员的一生；第三，“家本位”既包含“家庭本位”，也包含“家族本位”，即所有的家庭成员都负有对家庭所归属的家族的责任与义务，“光宗耀祖”即为此义。[⑥]

大山村是一个具有六百年以上建村史的单姓氏宗族村落，全村人姓芮。芮姓是我国一个非常古老的姓氏，起源于中原，相传为黄帝“姬”姓的分支。大山村的芮氏宗族为芮姓江南八宗里的第二宗，是一世祖芮毓的第二个儿子及其后人所繁衍下来的族人，至今已是第二十九代。相对完整的宗族记忆和相对封闭的宗族村落生活，在一定程度上强化了村庄的“家本位”思想。

有观点认为，随着现代化、工业化、城市化的建设，以及与之相伴

① 梁漱溟. 中国文化要义. 上海：上海人民出版社，2011：76

② 阎云翔. 私人生活的变革：一个中国村庄里的爱情、家庭与亲密关系（1949～1999）. 龚小夏，译. 上海：上海书店出版社，2009：10

③ 贺雪峰. 农民价值观的类型及相互关系. 开放时代，2008(3)

④ 麻国庆. 永远的家——传统惯性与社会结合. 北京：北京大学出版社，2009

⑤ 费孝通. 乡土中国生育制度. 北京：北京大学出版社，1998：27

⑥ 杨善华，孙飞宇. “社会底蕴”：田野经验与思考. 社会，2015(1)

的现代性不断向农村社会的渗透，农村中“家本位”的传统观念正在受到外出打工潮的冲击，乡村文化正在发生从“家本位”思想到个体化思想的转变。[①] 然而，在大山村观察到的实际情况是，更多的大山村人是被迫无奈才不得不牺牲对家人的陪伴而选择外出打工。这并不能说明大山村的“家本位”观念已经发生异变，而是在城乡贫富差距过大、就业机会差别悬殊、农村社会日益商品经济化的宏观结构性制约下，家庭成员的幸福感不得不暂时让位于家庭财富的积累需求。尽管那些外出打工的年轻人在结婚、购房等人生阶段之前，几乎不需要依赖农村家庭的补贴，但绝大多数外出打工的中年人会选择把打工收入汇给家庭成员，以求对家庭经济做出贡献。在大山村人看来，个体的发展建立在家庭发展的基础之上，个体的选择首先是为了家庭的发展，个体获得发展后首先要反哺于家庭，而家庭的发展也有助于个体的进一步发展。来自家庭的情感纽带和村庄社区所给予的安全感是大山村人重要的人生诉求，这与较长一段时间以来城乡社会差距导致的农民弱势地位紧密相关。正是在面对外部社会，尤其是进入城市社会之时，农民很容易遭受到来自经济、法律、社会福祉等方面的风险与不公，才会导致农民即使进城找到工作，具备了经济独立和社会独立的基础，也依然不会轻易隔断与家乡和家庭的联系。

随着现代性不断渗入乡村社会，在市场理性的诱因下，“家本位”的文化伦理传统并没有被迅速消解，而是在巩固家庭组织作为经济核算单元和亲密生活单元的地位方面不断发挥积极的整合作用，并在市场经济的作用下共同催生出一种“半工半耕”的小农家庭生计模式。黄宗智认为，这种制度化了的“半工半耕”之所以产生，其根本制度原因在于中国土地制度和城乡二元户籍制度这两大宏观制度给农民家庭带来的负面效应，[②]这使得农民进入社会时除了采取小规模、低报酬、过密化的小农生产方式，只能选择城市就业底层的临时工身

① 杨君.现实伦理：农民生育观念转变的社会基础与趋势.华南农业大学学报（社会科学版），2013(3)

② 黄宗智.制度化了的“半工半耕”过密型农业（上）.读书，2006(2)

份，除此之外别无其他选项。贺雪峰在解释“半工半耕”现象时，更加强调农民家庭在我国特有的城乡二元制度中的能动性和理性选择，即一方面农民能够自由进入城市务工，获得远高于耕种田地的非农收入，而另一方面，城市的资本和人口被制度限制在农村社会之外，再加上农村土地经营体制对村民土地承包经营权的保障，农民家庭可以保留农业生产，同时积极投身打工浪潮。在家庭收入最大化的理性配置行动下，最终的结果是在打工市场中有优势的青壮年劳动力进入城市务工，而老年人则留在村中继续务农。贺雪峰称之为“基于代际分工的半工半农”的小农家庭生计模式。[①]

2011年前后，在大山村人“家本位”的价值观念和行动逻辑之下，农家乐经营在村中如火如荼地展开。在大山村人看来，经营农家乐在不损失家庭收入（甚至大幅增加收入）的前提下，满足了家人团聚和照料家庭的需求，提升了个体的幸福感和家庭的凝聚力。

大山村人之所以选择经营农家乐，是因为这项经营活动有助于追求家庭收入的最大化，并满足家人团聚、家庭照料和家庭再生产的基本需求。经营农家乐是为了改变家庭成员分离带来的不幸福状态。从这个意义上说，绝大多数大山村的农家乐经营者会在商业产出利润和家庭生活质量之间寻找一个适当的平衡点。正是由于“家本位”的文化规范存在，农家乐并不会朝着追求市场效率最大化的商业化机构发展，而更多的是一种为了服务于家庭再生产目标的家庭生计模式与村庄生活方式。

在大山村，那些人口相对较多的大家庭在现行的地方制度安排下更容易获得成功的有利条件：一方面，土地租金的总体收入较多；另一方面，经营农家乐的人手充足、分工合理。他们主动抓住致富机遇，积累家庭财富，是为了应对家庭发展的下一阶段性问题——城市购房、子女上学或婚嫁等可以预见的家庭重大开支。随着财富的增长，农村家庭的投资、理财、保险等需求逐渐得到满足，家庭的抗风险能力有较大提升。

---

① 贺雪峰. 新乡土中国. 北京：北京大学出版社，2013

(二)大山村家庭结构与家庭生命周期

家庭生命周期理论将家庭的形态分为形成、扩展、稳定、收缩、空巢和解体六个阶段。这种划分尽管是一种理想状态,与社会现实的情况有一定出入,但是理论所揭示的家庭形态发展规律是客观存在的。在"家本位"的伦理价值和家庭发展的经济利益诉求的双重影响下,农民家庭的经济行为目标是兼顾务工和务农,实现家庭收入最大化。农民调整家庭结构,形成"半工半耕"家庭经济模式,并形成了"新三代家庭"这种新的农村家庭结构。[①] 但是,值得注意的是,这种家庭结构的变化仍然是处在一个动态的变迁过程之中。家庭生命周期的理论指出,家庭结构与代际关系的表现方式同家庭内在的发展规律和特定的发展阶段有很大关联。在不同的阶段,家庭的结构和家庭成员之间的关系会发生动态的变化。在特定的家庭生命周期阶段,家庭的内聚力、向心力、凝聚力能够维持家庭结构的完整性,而家庭发展所需要的独立需求、生存需求、移居需求等也会在新的阶段促成家庭的再生产。

历史的经验告诉我们,小农家庭的结构有其特有的弹性和稳定性。不可否认,现代性和市场因素会对固有的家族血缘关系形成一定的解构,表现为农村家庭在工业化与市场化的进程中原有的结构和功能都发生了分化。近年来,随着现代性"进村"的进一步发展,中国农村家庭出现了暂时性的分裂局面,甚至家庭成员个体化的倾向也逐渐呈现出来。从这一动力过程来看,市场要素对家庭构成了解构性力量。然而,现实的情况是,市场在数十年的改革开放过程中,并没有真正、完全地使农村家庭组织解体,相反,在越来越繁荣的市场经济环境中,小农家庭呈现出充满弹性且相对稳态的结构,农村家庭的功能也在实现着家庭组织自我整合与凝聚的作用。例如,黄宗

① 王海娟.社会互构论视角下"半工半耕"的微观机制.中共宁波市委党校学报,2016(1)

智就认为，江南小农面对市场形成了一种家庭化的生产形式，并在“打工经济”的背景下逐渐形成一种“半工半耕”的家庭生计模式，由中老年父母、中青年夫妻、未成年以及未婚子女的三代人构成的扩大家庭成为农村家庭最为常见的规模和结构。贺雪峰也指出，“半工半耕”的实质是一种基于代际分工的家庭生计模式，即在城市中有就业竞争力的人(一般是中青年的丈夫或夫妻双方)外出打工、农村留守人员(包括中老年夫妻，未成年、未婚子女以及一部分并未外出打工的中青年妻子)在家务农，这种代际间的分工能够实现家庭收入最大化、家庭风险最小化的现实效用，是当代中国农村社会中最为常见的一种家庭存在方式。

在大山村，主干家庭数量占大多数，除了传统伦理价值的潜在影响力，更好的经济报酬和更低的生活成本也是促使大山村人选择子代与父代共同生活的原因之一。子代与父代选择不分家或重新在一起生活的原因，更多的是出于经济利益的需求。费孝通早年就发现农田承包到户后农村主干家庭数量有明显回升，这是因为分田到户后，父子合并经营具有更高的经济效益。[①] 同样的道理，在大山村的农家乐经营户中，父代的宅基地、房产与庭院、制作美食的经验与子代的营销能力、信息捕获能力、装修审美的时尚感等进行了较好的结合，创造出了更高的旅游经济效益。

另一个不可忽视的因素是，独生子女政策在农村地区的广泛执行深刻影响了农村家庭的人口结构和代际关系。尽管有研究认为，随着农村的现代化发展，农民家庭的代际关系或多或少呈现出“脱嵌”化的趋势，表现为代际关系在经济、情感和精神上的独立性增强，[②]但在大山村的独生子女家庭中，调查发现，代际之间的经济关联和情感维系并没有出现明显的弱化现象，相反，在农家乐经营家庭中，家庭劳动力的代际分工现象、子辈对父辈的文化反哺现象、家庭

---

① 费孝通.三论中国家庭结构的变动.北京大学学报(哲学社会科学版)，1986(3)

② 王海娟.农民家庭代际关系脱嵌化诱因与效应分析.湖南农业大学学报(社会科学版)，2016(1)

财产的共享性特点等都在对家庭代际关联的维系与重建产生正向的促进作用。

以大山村为例，农家乐家庭通过代际分工的模式，努力实现家庭再生产的目标。在这一过程中，父代为子代组建新的家庭甚至进入城市社会而付出金钱、资源和体力，独生子女政策使得父代为子代做出的牺牲和贡献更能够集中在一个子代的身上，从而显示出更多的潜在回报效应。父代愿意为唯一的子代贡献余力，而子代也能独享父代的财富积累。如果不考虑其他影响代际关系的因素，单纯从子女数量上来看，独生子女家庭的亲子关系会更加紧密和融洽，这也导致独生子女家庭中子代对父代的赡养责任进一步强化。此外，由于子代在经营活动中占据更符合市场需求的人力资源优势，农家乐家庭的文化传递模式表现出了典型的反哺性。随着经营活动的不断发展，一部分农家乐经营户的经营主体和家庭权威也逐渐从父代向子代过渡。

农家乐经营为农民家庭带来的最直接效益便是经济收入的快速增长，这在一定程度上弥补了在农村社会养老机制尚不健全的情况下传统农村家庭养老能力的不足。老年家庭的生计来源更加多元化，至少在经济层面缓解了老年人群体的生活境况，而晚辈家庭在村中经营和生活，相对于外出打工的情况来说，更加能够顾及老年家庭在生活和精神上的现实需求，在一定程度上减少了留守老人和空巢家庭的数量，并能有效缓解老年家庭的养老风险。

由于绝大多数大山村的年轻人都选择在城市落户，农家乐家庭在旅游经济中赚取的财富绝大多数都会转化为子代在城市的购房费和生活费，而这也是大山村农户家庭的理想生活目标，对此，无论是父代还是子代都不存在异议，因此，农家乐经营带来的丰厚收入看似更加偏重于子代的享用和支配，但实际上仍然是作为家庭成员共同享有的公共性财产，用来支撑家庭成员的共同目标和心愿。此外，在支援子代城市购房的同时，绝大多数父代家庭仍会保留对经营收入和其他收入积蓄的较大控制权，以保证自己老年生活的经济来源相对充分。一部分中老年经营者提到了养老预期的改变："以前也指望儿子可以养我老，现在有了自己的农家乐小店，感觉可以一直做到老，我们要争取老了也能自食其力，不给孩子添负担，甚至还能补贴他们小夫妻。到真的做不动的时候还可以转租给其他人经营，也能获得租金收入，不怕儿子不养我，说不定等儿子、儿媳人到中年，我们夫妻老了做不动了，他们还会想回来接手继续做。”[①]与此相对的是那些由年轻一代主持经营的农家乐家庭，经营收入则更多由年轻夫妻支配，在优先满足自己和未成年子女的消费和投资需求之余，再对父辈进行经济支援，以补充父辈的养老开销。

家庭生命周期理论解释了家庭发展的原动力。农民在家庭生命周期的不同阶段，家庭内部所面临的经济压力不同，他们会在劳动与闲暇、劳动辛苦程度与需求满足程度之间做出不同选择。[②] 在“家本位”的伦理价值影响下，处于家庭生命周期不同阶段的农户家庭有不同的任务目标与生计安排。大山村的农家乐经营户多是出于家庭特定发展阶段需求而选择经营农家乐，农家乐经营与家庭发展在过程与目标上具有较高的契合性：由年轻人主持经营的农家乐解决了部分年轻人的就业问题；由年轻父母经营的农家乐能够让父母在赚钱的同时照顾好家中的学龄儿童；中年夫妻经营农家乐多为了获得更多的收入以支援子女进城定居和为晚年生活做准备；老年家庭经营农家乐既提高了老年人的社会参与程度、满足了社会交往需求，也能够吸引外出工作的子女利用周末和节假日回家中帮忙经营，这不但能在一定程度上缓解老年家庭收入下降带来的经济压力，也有助于改善留守老人的生活处境和精神面貌。一位返乡创业的中年男士说道：“以前种田几乎没有钱，后来一天到晚在外头打工赚钱，根本谈不上对家人的照顾。那时候就认为，只有有了更多的钱，才能更好地孝顺老人。这几年做了旅游，旺季拼一点、苦一点，挣得更多的钱，等真到了淡季，有了钱，也有了闲，就可以多陪陪老人和孩子，也可以把老

---

① 2013 年 2 月对某村民的访谈

② 王海娟. 社会互构论视角下“半工半耕”的微观机制. 中共宁波市委党校学报，2016(1)

人接来一起住，这样不仅是物质上可以多给他们一些，在情感上也可以有更多的交流。”①

家庭生命周期的客观存在，也意味着家庭具有各自独立、各不相同的特定发展需求。家族中处于不同发展阶段的个体家庭有着不同的需求和不同的行动动机。中国农村社会中存在已久的分产析户现象——也就是大山村人口中说的“分家”“自立门户”等——正是家庭生命周期规律在历史实践中的真实表达。以大山村的 60 户经营农家乐的家庭为例，按照家庭生命周期和家庭结构特征可进一步细分为三类：第一类是 25—35 岁年龄段的年轻夫妻与其父母及其未成年子女共同组成的主干家庭（也称三代家庭），共有 29 户；第二类是 35—50 岁年龄段的夫妻与其未婚子女组成的核心家庭，共有 22 户；第三类则是 50 岁以上的中老年夫妻组成的空巢家庭，共有 9 户。

在第一类家庭中，某种意义上，家庭再生产的阶段性任务已经完成，家庭最重要的任务是对年幼子女的陪伴与抚育，以及对老人退休生活的规划。农家乐的创业机会吸引了原本在外打工的年轻夫妻返回农村打理生意。相比于在外打工，年轻夫妻经营农家乐既可以获得不低于打工的经营收入，也有更多的闲暇时间可以自由安排，能够满足年轻人看重休闲消费的生活方式需求。在家里做生意可以最大程度地维持家庭关系的完整性，有利于改善和巩固良好的代际关系，相对充沛的现金收入也有助于父辈从容规划即将到来的退休生活，但也正是因为家庭生计的改善，这类家庭普遍产生了提升生活品质的需求。为了给下一代提供更好的教育条件、给老一代提供更好的医疗与养老服务、给自己创造更好的休闲消费生活，年轻夫妻赚钱的最大动力是早日在城市买房居住。

在第二类家庭中，夫妻双方正当壮年，但其子女大多处于 15—30 岁的年龄段，家庭处于发展壮大的关键时期，需要准备充足的资金供养子女在城市读书、就业，并准备未来的结婚、建房、购房、生子等一系列花费，家庭也需要充足的保障措施以防范可能面临的风险。由

---

① 2015 年 3 月对某村民的访谈

于夫妻在经营农家乐之前大多已经工作了10—20年，甚至有的家庭已经在县城或镇上购买了住房，因此对于这些家庭来说，夫妻双方共同的奋斗目标是通过经营农家乐积累起能够维持一家人城市生活开销的大量财富和经营资源。虽然第二类家庭的家庭劳动人口数量不及第一类家庭，但好在抚养子女的任务减轻。因农家乐旺季多在节假日，夫妻双方中即使有一人(多为男方)在村外有相对稳定的工作，也不会对农家乐的经营产生太多的影响，因而可以在不影响正常工作的情况下兼顾家中生意，实现家庭收入最大化和家庭风险分散化，有助于家庭再生产朝着健康、理性的方向发展。

在第三类家庭中，农家乐主要由中老年夫妻独自经营，其经营的目的在于为自己积攒更多的养老积蓄。形成空巢家庭的原因大多是子女已经在村外乃至城市中落户，而老人未能或不愿离开村庄生活。由于能力和体力有限，这类农家乐更倾向于只提供客房而不提供餐饮，接待量较小。也有一部分老人将农家乐转包给亲戚、邻居或其他外来的经营者，仅收取一定的租金。受整个村庄旅游产业的发展带动，农民的房屋具有了经营空间的附加值，房租也有了较高的提升。对于空巢老人家庭来说，将家中空置的房屋作为客房经营或转包给其他人经营，不失为一种理想的生计模式。由于经营活动需要与外部发生联系，不仅仅是与消费者沟通，还需要与村中各类组织、村干部、经营管理部门等打交道，因此一些老人的子女也会在旅游旺季抽空回家帮助父母打理生意。这样，农家乐经营不仅拓展了原本处于社会边缘地带的空巢老人的社会交往空间，也提高了子女返乡探访的频率，较好地改善了老人的晚年生活质量和代际伦理关系。

家庭发展需求随时间而改变，能够为个体发展创造一定的特殊机遇。在“家本位”的传统伦理观念影响下，个体发展又反过来服务于家庭发展的需求和节奏。当家庭生命周期得到正常发展时，个体随之跨越到新的发展阶段并朝着新的目标前进。在家庭生命周期理论中，家庭成员个体与家庭整体是相互促进、共同发展的。

有研究者指出，中国的家庭生命周期有其特点，即中国的家庭在几乎每一个阶段——从孩子出生到孩子结婚再到配偶死亡——都面临着父母与子女同住或分住这两种选择,也就是说,一个主干家庭可能在家庭生命周期的不同阶段都面临着维持现有主干家庭或诞生新的核心家庭这两种选择,反过来,核心家庭也有可能在不同的家庭生命阶段中重新发展为主干家庭。这和美国人典型的强调子女到18岁必须离家的家庭生命周期是非常不一样的。① 在大山村,一个有趣的现象是,那些原本可以独立出来的核心小家庭似乎更倾向于维持原有的主干家庭结构。除了申请新的宅基地比较难、父辈原有住房的人均面积充足等原因,更主要的因素在于,保持较大规模的家庭结构有助于农家乐经营中的人员调度。主干家庭越来越成为主流,农家乐经营较好的家庭普遍都是主干家庭,因为在现有的家庭经营模式下,可以低成本调用的家庭成员越多,越有助于提高农家乐的服务能力和经营收入。

农民以家庭为行动单位,个体的能动性受到家庭生命周期,尤其是家庭内部的劳动力供给情况的影响。在大山村的农户中,已婚子女与父辈共同生活的联合家庭最具有劳动力数量上的优势,拥有未婚子女的核心家庭次之,已婚子女与孙辈移居城市的空巢老人家庭在经营致富和社区参与上较为被动。主干家庭与农家乐经营模式的高度契合,原因在于主干家庭的家庭生命周期大多处于父母和成年子女都具备劳动能力且孙辈需要在本地上学和被照料的阶段,这样的家庭一方面能够按照理想中的“家本位”伦理实现家庭成员的团聚和相互照料,获得较高的幸福感,另一方面也需要利用家中劳动力充足的宝贵阶段迅速积累财富,以应对接下来可能面临的家庭养老需求和教育投资需求。

(三)个体理性与家庭理性的杂糅

中国传统农民的小农生产方式存在已久。在以农民个体家庭为

① 杨善华.中国当代城市家庭变迁与家庭凝聚力.北京大学学报(哲学社会科学版),2011(2)

单位的小农生产方式的基础上，又形成了小农经济、小农社会、小农意识等概念。在现代化的话语体系中，“小农”往往被视为传统落后的生产方式和社会心态。自20世纪50年代以来，以国家现代化建设为目标的宏观社会变迁彻底地改造了传统的小农：在集体化时期，小农被完全整合进纵向一体化的国家权力与社会经济计划之中；在市场经济时期，小农进入市场化的自由交换过程之中，农民和农户再度成为农村最基本的生产、生活与社会交往单位，同时，小农个体也受制于二元分立的社会制度环境，因此它也被视为一种社会化的过程。一些研究者使用“社会化小农”的概念来说明农民个体如何嵌入当下的社会经济关系网络之中，并认为“社会化小农”不同于传统小农家庭，新的生产、生活和交往要素正在改造着中国传统家庭的惰性，使农户的社会行动与市场行为能力均得以提升。①

农民个体的行动有其合理性，可以用生存理性、市场理性、发展理性三种理性的理想类型来分析农民作为社会经济发展的参与主体所表现出来的理性行动。② 在农业社会时期，中国的农民理性更多的是一种基于个体与家庭生存需求的、以农业生产和村庄生活为核心的小农式理性，被称为生存理性。在市场经济阶段，农民个体作为劳动者进入市场，个体在服从宏观社会制度安排的基础上，遵循市场经济的行动规则，表现为追求收入报酬最大化的工具理性，也就是市场理性。市场理性为个体和家庭带来更多的经济收入和更好的物质条件，但与之相伴的也有农村家庭的撕裂、村落社区的滞发以及身份认同的迷失等负面问题。在此基础上，从家庭的整体利益和个人的真实需求出发，一部分人在市场理性的基础上生长出具有反思精神的发展理性。

如果说传统小农遵循的是生存理性，那么当温饱问题解决后，随着时代的发展，大山村便出现了以获得更多经济报酬为动机而离开土

---

① 徐勇.“再识农户”与社会化小农的建构.华中师范大学学报(人文社会科学版),2006(3)

② 徐勇.农民理性的扩张:“中国奇迹”的创造主体分析——对既有理论的挑战及新的分析进路的提出.中国社会科学,2010(1)

地的群体。由于城市就业体系存在结构性特征，因此农民进城就业往往从事的是相对低端的体力劳动，而其在工作中的再教育和再培训也相对缺失，这导致外出打工者的人力资源无法在长期的打工经历中得到增长，他们在城市的竞争力始终处于边缘地带，他们努力多年，渴望扎根城市的梦想仍然遥不可及。但是，值得肯定的是，在城市中经历了多年的打工、就业甚至创业历程后，外出打工群体及其家庭不仅获得了高于农业种植的收入回报，也开阔了自己的视野、提升了个人的素养，无论是因为个体发展目标的提升，还是年龄增长后人生目标的转换，或是家庭成员特定阶段的现实需求，大山村的外出打工者对谋生方式和生活方式都有了更进一步的思考。这种思考同时也伴随着选择的矛盾，如个体利益与家庭效益的矛盾、短期效益与长期规划的矛盾、农业生产与非农就业的矛盾等。

人的理性思考与行动逻辑往往是多重因素的叠加，大山村的农户们也是如此。事实上，在大山村人的行动逻辑中，既有相对保守、安稳的生存理性，又有基于经济收益最大化的市场理性，也有为了追求理想生活方式而出现的发展理性，这三种理性的存在更多的是一种杂糅的状态。这种理性的杂糅可以理解为农民个体及其家庭在不同时期对不同的外部机遇和宏观制度进行"社会适应"的结果。在变化的外部环境和开放的社会交往中，大山村人既要思考"如何活"，也要思考"如何活得好"以及"如何更好地生活"。

二、家庭经营协作

大山村人通过农家乐这种家庭经营方式，实现了个体理性与家庭理性的较好结合，但是，个体发展需求与家庭发展需求并不完全同步。在家庭经营协作的基础上，大山村人出现了家庭成员关系和家庭发展目标的调整与重建，这其中也包括了对小农家庭面临的风险而采取的理性化应对方式。

自慢城落地以来，大山村陆陆续续已有六十几户人家在村中经营农家乐。2010年前后，村上仅有一家饭店，其原是高淳一家有名的饭店，因地处商业中心、靠近高淳老街，是高淳高端商务宴请和政务接待用餐的定点消费场所。饭店的老板在大山村租用民宅开设分店，最初仅为政府接待提供餐饮服务。村中的饭店雇有一名大厨和几名帮手，人员工资和营业收入都统一由总店进行结算。应该说，该饭店作为大山村最早对外经营的餐饮消费场所，并不算是真正意义上的农家乐。2011年，政府针对大山村农家乐创业进行扶持，首批先扶持了六家，2012年又扶持了第二批十家。由于前期扶持的成效凸显，农家乐经营助民致富的效果被大山村人广泛认可，在政府扶持阶段结束后，仍有越来越多的农户自发加入农家乐经营的队伍中来。

农家乐想要经营得好，首先要有一笔经营启动资金，其次要具备充足的家庭劳动力，最后还要持续建构社会关系，学会“抱团取暖”。这三大因素决定了农家乐经营能否成功和持续，同时也是导致农家乐经营户经营效益呈现差异化的主要原因。

首先，资金投入。农家乐的启动资金和生产性再投资是直接导致农家乐经营规模和经营档次产生分化的因素。刚开始，游客看重装修、家具、空调、热水等基本硬件，到后来，是否有停车场、是否有室外凉亭、是否有麻将桌、是否有Wi-Fi等都成为游客挑选店家的因素，于是新一轮的装修和改建投资则主要围绕新的竞争要素进行。根据调研，大多数农家乐的前期装修费用在20万元左右，进行二次装修的费用普遍也在10万元以上。

其次，人力资源。在乡下经营饭店、旅馆完全不同于城市，最大的问题就是劳动人手的不足。大山村的农家乐在诞生之初是为了解决农村剩余劳动力，但随着旺季游客数量不断攀升，绝大多数农家乐都出现了人手不足的问题。除了人手不足之外，还存在经营者基本技能不足导致的经营困境。经营者不识字、不会算账、不会说普通话、不会使用互联网等都成为部分农家乐难以正常运转的“短板”。

最后，社会关系。村中经营比较顺利的农家乐大多具备某些本地优势资源。例如，良好的家庭背景，意味着对父辈的社会资源和社会声誉的继承，其经营诉求更容易获得村干部的支持；特殊的政治人脉，意味着灵通的消息渠道和更容易获得的某些“特许资格”；雄厚的财富实力，往往意味着商业思维发达，有成功的经营经验，社会各界关系广泛；传统的手工技艺，意味着可以通过特色化的小本经营以独特性为卖点吸引游客和媒体的关注。关于社会关系差异对农家乐经营的影响将在下一章重点论述，本节主要讨论每家农家乐家庭都需要面对的共性问题，即创业资金和人力资源问题。

（一）农家乐创业的资金分配

农家乐作为一种需要前期投入的经营方式，初期的投资资金是否充分决定了农家乐创业能否展开。根据调查，大山村人的农家乐创业初始资金来自以下三个方面：一是个人多年打工积攒下来的积蓄，开业初期大约投入 2 万—10 万元不等，不包括后续的二次翻新和扩大经营的费用；二是向亲朋好友筹资，有 75%以上的家庭在筹集创业初始资金时向他人借款，借款金额从 0.5 万—5 万元不等；三是政府资助，最初几家享受了政府扶持政策的示范户，政府资助的方式并非直接提供现金，而是免费帮农户进行符合农家乐经营要求的装修改造，如改造卫生间、粉刷墙壁、购买家具、安装空调和热水器等，折算下来户均扶持金额为 7 万元左右。由于政府对外宣传力度较大，慢城旅游名气迅速增长，大山村的农家乐经营家庭大多在一两年内收回初始投资成本并开始盈利。

大山村人通过经营农家乐而获得的收入主要使用在以下三个方面：首先，对于那些近期有重大开支预算（如教育、盖房、装修、结婚等）的家庭来说，一部分营业收入会进行家庭储蓄或选择理财投资产品留待日后使用，一些家庭还购买了人寿险和重疾险，这部分的总金额在 10 万—20 万元。其次，更多的收入会用来满足日常生活中更高的消费欲望，最新款的手机、奢侈品牌服饰、珠宝玉石和私家车等高端消费品在村中越来越常见，甚至俨然成了成功家庭的“标配”，这一类的开销除去买车在 1 万　10 万元。大山村人近几年新购买的私家车大多为5万—15万元的国产车，主要为了解决家庭出行需求和采购运输需求。这些高端消费品对村中的经营成功者提升生活品质和拓展社会圈层有积极作用。此外，如果农家乐经营较好、年收入较多，在基本满足以上开支的前提下，比较有商业头脑的经营者还会对农家乐进行二次装修改造，这部分的支出为5万—50万元不等。

随着农家乐的消费者逐渐增长，通过经营活动而积累下来的财富也日益增多，大部分经营户都产生了扩大经营范围、扩充经营内容、提升经营质量的需求，对农家乐进行二次投资乃至多轮生产性投资主要表现为以下几种类型：一是扩大经营空间，由于餐饮的单位面积盈利更高，因此主要是针对餐饮接待区域的空间扩容，包括增加包间、增加桌椅和修建凉亭（在院子里搭建半户外的用餐空间）。二是增加服务内容，一些原本只有住宿接待功能的农家乐新开辟了厨房和餐厅，可以用于餐饮消费，另一些原本仅有餐饮接待功能的农家乐改造了客房和卫生间，从而具有了住宿接待功能。三是进行装修翻新，对原本陈旧、落后的室内硬装、软装、家具、家电等进行改造和替换，实现餐厅和客房的升级。

案例：以CN农家乐为例，2011年创业的初始资金来源包括政府扶持6.5万元，个人投资3.5万元，借款2万元，全部用于客房的基础装修。2013年进行了第二次投资，包括扩大厨房、增加包间，花费20万元。2014年进行了第三次投资，包括搭建凉亭、增加桌椅，花费15万元。2015年进行了第四次投资，包括室内翻新、置换家具，花费10万元。

大山村人为何热衷于对农家乐进行再投资？原因在于，在竞争性的经营过程中，经营者逐渐意识到“单位面积产出”的商业概念。在经营者看来，扩大餐厅面积、增加餐桌数量、增加包间数量、扩大厨房面积等做法都能够直接提升接待能力、扩大经营规模。

(二) 农家乐经营的内部分工

在大山村,人们出于经营目的而将家庭成员组织起来进行分工合作,家计与经营的收支不分离,这样的农家乐经营模式犹如韦伯笔下的“家庭共同社会”,仍是一种看似“前现代”的家庭经济形态。但是这种“前现代”的家庭外在形态之中蕴含的是日益现代化的家庭内部关系。核心家庭化以及代际间、亲族间的分工合作关系使得农村的家庭结构在乡村现代化进程中表现出其功能的合理性和独特的适应性。农家乐在高效率地吸纳外部资金的同时,积极发挥了“社会安全阀”的功能,并有助于家庭成员个体对现代社会的调适与融入。

只有极少数的年轻人计划把农家乐及其相关产业链当成个人事业来运作,这些人往往已经拥有了较好的初始资源,如参与了合作社、有父辈做生意积累的资金、有相对规模化的家庭农场、家中有成功经营餐饮业的经验、父辈有较好的政府人脉和社会资源等。更多的普通人只是把农家乐创业视为个人打工谋生生涯中的一次尝试,是过渡性的、临时性的特殊阶段,也是理性计算之后的权宜之举。随着经营收入下降,不少返乡创业的村民再次萌生出外出打工的念头。另有少数在村中任职的村组干部能够兼顾在村内的工作和家庭的经营活动,而且在村中的任职有利于农家乐经营,因此这部分经营农家乐的村组干部是对目前的村庄生活现状满意度最高的群体。

在农家乐经营大业中,父母为子女提供经营房屋、宅基地、创业资金、人脉关系、人情交往等,是子代创业的重要“合伙人”。费孝通曾指出,中国家庭的代际关系是一种反馈模式。[①] 一般来说,代际关系包括两个方面:一是父代对子代的抚养义务,包括将子代抚养成

① 费孝通.家庭结构变动中的老年赡养问题——再论中国家庭结构的变动.北京大学学报(哲学社会科学版),1983(3)

人、完成婚嫁以及对子代婚后的资助；二是子代对父代的赡养责任，包括经济供给、生活照料和精神慰藉。[①] 在大山村的农家乐家庭父—子—孙三代直系亲属的家庭组织结构中，家庭劳动力按照不同禀赋分工，使得异质化的劳动力特质同经济生产本身的特殊性以及家庭需求较好地结合起来，实现了劳动力收入最大化和家庭效益最大化。[②]

在“打工经济”模式下的大山村家庭中，家庭成员之间通过分工合作实现家庭收入最大化的机制就已经形成。年轻人、中年人大多在工厂或工地打工，从事的是对体力、脑力、敏捷度、耐力、知识储备等都有一定要求的工作。随着农业技术的发展，农业生产的劳动强度已经大大降低，老年人只要身体硬朗，无论男女都基本能够胜任农业生产活动，此外也可以照顾孙辈，以分担子辈的抚养压力。家中老人如果能够帮忙照看小孩，则夫妻双方都可以外出务工，获得双份务工收入。在农家乐经营模式下，这种家庭成员之间的合作机制得到延续和发展，原因是多方面的。首先，因独生子女政策在农村地区的普及，现阶段大山村的三代家庭中，子辈多为独生子女或一男一女，由于女孩出嫁多随夫居，因此留在村中的子代绝大多数都只是儿子。农村家庭少子化、一孩化在一定程度上消解了农民家庭“分家析户”的必要性。其次，近年来国家逐步放开二孩政策，农村独生子女家庭生养两个孩子的现象较为普遍，由此导致年轻夫妇的抚养压力较大，需要父辈帮助抚养第三代。在这样的家庭再生产结构与需求下，三代家庭“同财共居”的核心特征和结构优势得以巩固和传承。最后，在农家乐的家庭经营理性下，家庭成员的代际分工同样有助于实现家庭财富最大化。

另外，女性在旅游业中有天然的从业优势，即使是老年妇女也可以在厨房中烧菜、洗碗，老年男性也可负责保洁、买菜等工作，老年人

---

① 王海娟.农民家庭代际关系脱嵌化诱因与效应分析.湖南农业大学学报(社会科学版),2016(2)

② 王海娟.社会互构论视角下“半工半耕”的微观机制.中共宁波市委党校学报,2016(1)

擅长的传统美食制作手法的价值在旅游经济中也被重新重视起来。客人多的时候，家中只需留一人照看小孩，其余的人手都可以调动起来。相比于小夫妻在外打工、父母在家种田，这种全家人都能参与其中的家庭经营活动不仅降低了经营成本（主要是雇用人力的成本），而且充分发挥了各自的劳动力价值，并直接反映在家庭经营收入中。相对于三代家庭，那些缺少老人帮忙的核心家庭以及只有老夫妻两个人的空巢老人家庭，在经营上较难实现分工合作，从而在一定程度上影响了农家乐的经营规模和经营效益。

（三）家庭式经营的小农属性残留

有学者详细论述了当代中国社会发展半个多世纪以来的社会制度与小农特征的同步变迁对应关系，并将之分为以下三个阶段：一是国家全能主义时代，主要是指农业社会主义改造到人民公社制解体这一时期，通过一体化的组织建设和对经济活动的严密控制，小农被纳入国家权力体系之中；二是实行改革开放和开始社会转型的过渡时期，主要是指 20 世纪 80 年代至 90 年代，主要表现为小农的回归，特别是社会基本单位和组织基础向小农家庭的回归；三是自 20 世纪 90 年代以来的社会主义市场经济时期，小农开始进入一个新的时期，即社会化小农时期。① 在集体化时期，公社作为国家权力的基层组织，实行政经合一的管理体制，大山村如同众多中国农村一样，直接被国家行政与权力体系纳入其中，但在 20 世纪 80 年代农村经济体制改革之后的将近四十年里，小农家庭逐渐重拾相对独立的社会地位和经营自主权，农村家庭生产方式的小农属性逐步复苏，作为独立核算单元的小农家庭的自我经营与收支调配功能愈加重要。时至今日，小农已经不是传统意义上的小农，并已经超越了商品小农阶段，越来越深地进入或者卷入一个开放的、流动的、分工的社会化体

① 刘金海.社会化小农的历史进程：中国的经验.华中师范大学学报(人文社会科学版)，2007(4)

系之中，与传统的、封闭的小农经济形态渐行渐远，进入了社会化小农的阶段。①

大山村的农家乐经营户在深刻嵌入以旅游业为特征的区域市场经济体系的同时，仍然保留着个体式、家庭分工型、具有一定内卷化特征的生产经营模式，而并没有建构起比较典型的集体化、企业型或适度规模化的、合作式的稳定模式。所以，大山村的农家乐经营方式仍然是一种小农属性的家庭生产方式。概括来说，大山村农家乐经营户的小农属性表现在以下三个方面：一是大山村农家乐的经营多为家庭作坊式的粗放经营模式；二是大山村的农家乐生产与经营活动大部分仍处于一种非正规经济的范畴；三是大山村的农家乐生产正在面临新的“再内卷化”问题。

首先，大山村农家乐的运转多为依靠家庭内部劳动力简单分工的粗放式经营，经营者往往缺少专业性的经营管理知识和个人职业发展规划意识。农家乐经营者多直接参与农家乐的实际生产过程，如承担采购、备餐、烹饪、收银、点菜、传菜等工作，一人身兼多职。尤其是那些既经营饭店又经营客栈的农家乐家庭，旅游旺季几乎是从早忙到晚，完全没有闲暇时间，这导致大山村农家乐家庭的生计来源对家庭内部劳动力资源的重度依赖，家庭生计模式相对单一。旅游收入淡旺季明显，容易受到天气变化、季节更替、政策导向、媒体宣传、游客偏好等因素影响。一旦失去充足的游客消费力，农家乐将陷入入不敷出的经营困境，甚至影响家庭成员的生计来源。另外，由于农家乐经营门槛较低，除了两户外来经营者有过餐饮经营与管理的经验外，绝大多数当地村民都缺乏充分的工商管理经验，也缺少主动学习的积极性和接受能力，这导致大山村的农家乐家庭大多依靠家庭成员进行以体力劳动为主的粗放式经营，仅有少数家庭会在旺季雇用人手帮忙，极少数的家庭聘请了专业的厨师或派家里的年轻子女去学习专业的厨师技能。

① 徐勇.“再识农户”与社会化小农的建构.华中师范大学学报(人文社会科学版),2006(3)

其次,大山村农家乐的非正规经济占比较高。非正规经济的提法最早出现在黄宗智对华北和长三角农村“半工半耕”家庭生计模式的概括中。[①] 他认为大量农村家庭的经济生产行为因其非正规性而容易被忽视。在大山村,尽管自2013年起对农家乐经营行为全面进行了工商注册登记,但农家乐在乡镇一级工商部门登记的类别为个体工商户,再加上远离乡镇城区,政府监管力度相对较弱,存在大量的现金交易和不开发票的个人消费,这些经济收入既不需要交税,也难以统计真实的交易额。此外,农家乐经营的不正规之处还体现在家庭经营活动与家庭收支关系的杂糅性上。家庭成员之间的财产私有观念不明确,大多数人为自家的农家乐贡献劳动力和社会资源时,并没有明确的工资性收入和提成可拿,而是将农家乐的整体收入作为家庭收入的来源,同时也将一部分个人日常消费需求纳入农家乐的成本开销之中,这与传统意义上的小农家庭的农业生产经营活动没有本质差别。在大部分农家乐家庭中,存在个别家庭成员的劳动力自我贬值现象,即某些家庭成员为家庭收入增长付出较多努力,但获得回报相对较少。例如,在有的家庭中,父辈辛劳赚来的钱用于给子辈在城里买房装修,有的家庭则是媳妇在照顾家庭的同时还要经营农家乐,赚的钱大部分用于补贴家用或为家庭成员未来的养老、教育、看病等需求而进行储蓄。同时,尽管很多农家乐经营者的经营理念、管理水平、应变能力、社交能力等得到了较好的发展,但并不具备在自家农家乐之外的市场化的企业中就职的竞争力,也无法以工资的形式估算出自己的劳动价值。在调研中发现,那些自称实现盈利的大山村农家乐家庭,大多在经营成本中仅计算菜品的采购成本、雇用临时工的工资支出、房屋的装修折旧费用等,却并不习惯将全家人的劳动付出所对应的价值计算到经营成本中,这导致农家乐的利润在一定程度上被高估,家庭成员在经营活动中付出的劳动力价值被严重低估甚至被忽略不计。

最后,由于农家乐经营场所主要是农民的宅基地和住房空间,受

---

① 黄宗智.中国被忽视的非正规经济:现实与理论.开放时代,2009(2)

土地管理政策限制,农家乐扩大生产规模和进行生产再投资的渠道十分稀缺,这导致大多数农家乐在获得了生产回报后,只能在有限的宅基地空间内进行“精耕细作”、不断积累,形成了一种类似于传统小农在有限的土地空间内不断提高生产精度,从而导致农业生产的边际效益下降的“内卷化”或曰“过密化”现象,并陷入一种“没有发展的增长”悖论之中。在大山村,那些年经营收入在20万元以上的农家乐,大多历经了数次翻新装修和场地扩建,营业收入多用来还贷或再投入到翻新工程之中,实际积攒下来的可支配收入并不多。可以说,大山村的农家乐经营群体正在以家庭化生产带来的“再度过密化”嵌入非农领域即工商业经济之中。

如果说传统小农家庭化生产存在“过密化”问题,“打工经济”模式下“半工半耕”的农村家庭是一种“去过密化”的过程,那么在大山村的农家乐家庭中,我们可以观察到这种“再度过密化”的转变。旅游旺季到来之时,尤其是节假日和双休日,一些保留原有工作的经营者牺牲休息日的时间来支持村中农家乐的经营,在追求客满率与翻台率的经营目标面前,他们可谓是忙上加忙。在那些“不淡不旺”的普通日子,由于会有散客临时进店消费,经营者们也不敢离店外出休闲或另寻工作,而是选择守在家中等待那些零散的顾客光临。只有真正的淡季到来之时,经营者们才会考虑短暂的离家外出度假或闭店装修等。

农家乐的家庭经营模式无法摆脱小规模、分散化的小农生产属性,这使得大山村的农家乐经营户仍面临诸多困难与挑战。首先,家庭经营的小型农家乐饭店和客栈无论是在专业化程度还是规模化生产上都存在短板,主要表现为投资金额少、经营规模小、人员培训弱。其次,以家庭成员为主力的农家乐难以发展出产业化的农业,从农家乐家庭内部难以激活所谓的“三产融合”或“六次产业化”。最后,农家乐模式在激烈的休闲产业市场竞争中缺乏竞争力。以大山村所在的慢城区域为例,在乡村休闲产业领域,农家乐饭店和客栈的定位是满足中低端消费需求,以与大资本投入的特色餐厅、高端民宿客栈等进行区分,而村中大量集聚的同质化经营业态呈现饱和状态,这必然导致一部分农家乐在市场竞争中走向边缘化。

在有限的本地资源条件限制下，为了实现个体和家庭发展的目标，原来务农的大山村人将经营农家乐视为实现身份转变、阶层流动的最可行策略。自己当老板，对大山村人来说意味着从农业劳动者和受雇者的身份境遇中解放出来。既不受土地的束缚，也不受雇主的支配，被积极开建农家乐的大山村人视为一种理想中的自由状态，但是，这种对老板身份的盲目向往和对自由的片面理解，无形中成为部分大山村农家乐后期遭遇经营困境的隐患之一，主要原因在于一部分创业者过于草率地做决策，装修投入过大，经营成本高，①经营压力较大。

小农生产方式在农民土地完全流转、身份从农民变为个体经营者之后仍然残存在农户家庭之中，其背后固然有深层次的原因，即具有小农主义特点的传统村落文化基因的延续——中国传统村落文化具有的乡土性、宗法伦理性、封闭性、保守性、平均主义与满足感及经验思维等特点，②但是，如果说传统的小农是一种自然主义的历史结果，具有典型的自然属性，那么在当今中国的现代化变迁过程中，小农属性的残留则更多来自社会性的诸多因素、条件的限制和影响。不仅如此，这些来源于农村社会外部的因素或者条件，也将直接决定小农的变化及演进方向。比如有研究者就指出，当今中国的小农受集体所有制和土地均分政策的约束，以至于在农业生产活动过程中和农村领域难有大的作为，而只能寄希望于农民自身或者农村社会的外部。③ 这一点在大山村的农家乐经营户身上表现得尤为典型。大山村的农家乐虽然为村民带来了快速积累的物质财富和显著提升的生活质量，表现出家庭内生的发展力和能动性，但依旧难以摆脱家庭化、分散化和“过密化”的生产格局，因此在推动农民个体与家庭乃至地方社区整体的持续发展上仍具有较大的局限性。

---

① 据了解，登记为个体工商户的农家乐家庭全部水电都按照商用水电价格收费

② 朱启臻. 农村社会学. 北京：中国农业出版社，2002：178－181

③ 刘金海. “社会化小农”：含义、特征及发展趋势. 学术月刊，2013(8)

三、家庭风险应对

大山村农家乐家庭在发挥个体能动性的同时，也存在内生发展层面的局限性，但不可否认的是，即使经营农家乐对于绝大多数家庭来说可能是一种“没有发展的增长”，仅从物质财富增长的角度来看，在当前城乡一体化趋势不断加强的苏南农村社会环境背景下，这些家庭仍实现了不可忽视的阶段目标和价值意义。

慢城作为一种从国外引入的区域发展理念，在中国城乡二元结构体制正在由对“三农”的剥削转型为对“三农”的反哺和扶持的本土时代背景下，正在逐渐演变为一种对后发乡村和弱势农民产生保护机制的福利型区域发展的本土模式。在这一模式下，村庄中原有的社会底层群体拥有了城乡之间良性互动与自主流动的机会，区域社会结构因而更加富有流动性，并由广泛的流动性带来了社会的弹性和风险应对能力。

在打工家庭中，虽然农民家庭通过半工半农的代际分工实现了家庭收入的增长，但也为此付出了家庭不完整、隔代抚养等代价。在农家乐经营家庭中，家庭成员之间原有的内聚力量弥补了市场经济与现代性带给家庭的分裂力量，并提供了一种父代与子代合作经营、共享收益的家庭依赖关系。农家乐经营作为一种生计模式，带给农户家庭的好处是显而易见的。

最显著的益处是提高了家庭收入，并因此使得家庭成员整体的风险承受能力提升，个人职业与生活方式的选择更加多样化，个体尤其是年轻一代有更多的机会去寻找和选择自己真正想要的生活方式。父辈通过贡献已有的住房用于经营，从而有权利从经营收入中分得一部分收益，或者用这份潜在的收益换取子辈对父辈的赡养。农家乐不仅为父辈未来的老年生活提供了另一份保障，也为子女做好了失业保障，并为家庭再生产积累了更多的财富。三代家庭相对充分的家庭劳动力和良好的代际关系，能够较好地适应农村社会经济的变迁，成为一个具有弹性的社会行动单元，有助于农村社会基础的稳定。

正是因为大山村的家庭在参与市场经济和社会结构再生产的过程中具备良好的适应能力，因此在农家乐模式下，家庭组织的文化功能和经济功能才能得以发挥，从而不仅满足家庭组织自身的再生产需求，而且也奠定了一种相对稳定的社会文化基础。在这种文化基础上，农家乐家庭经营的经济行为能够扎根并嵌入其中，使家庭伦理与家庭生计拥有了一个较为理想的结合方式。农家乐的家庭经济模式“不是简单的制度性规定，或者农民的被动性适应，而是农民家庭积极主动实践出来的、符合农民家庭需求和约束条件的家庭经济模式，并可能由于宏观社会经济环境以及农民家庭结构变化而不断变化”①。

（一）半城半乡的双栖生活

2015 年，大山村中已经或有计划在城市购房并移居城市的家庭数量达到 55 户，有差不多 25％的家庭都拥有了城镇化的需求和能力。考虑到大山村有近一半的家庭是家庭生命周期进入中后阶段的老龄家庭，所以如果只考虑那些中青年家庭，则实现从乡村到城镇流动的比例可能更高。除了城市化政策松动、住房供应宽松等外部因素之外，从村庄社区内部的角度来看，其主要原因在于农家乐经营为农户家庭创造的巨大财富所产生的“外溢效应”。

随着人地流动的加速以及“工业进村”“资本下乡”，农村的所有制结构发生了巨大的变化，由单一集体经济向多种所有制经济转变，个体经济、私营经济、股份制、集体经济等多元经济在村庄并存，村庄不再是传统意义上的生产共同体或经济共同体，更多的是人们社会

① 王海娟.社会互构论视角下“半工半耕”的微观机制.中共宁波市委党校学报，2016(1)

生活的场所。[1] 特别是对于一些兼业型的经营者来说，他们在城里有本职工作，周末和假期回村经营农家乐，并将其当成增加家庭额外收入或满足个人兴趣爱好的事来做，心态比较轻松、平和。

在社会转型时期，小农家庭往往表现出极强的生存适应力和弹性，这种灵活的适应性源自小农家庭相对具有弹性的劳动力使用和家庭主义理性的资源整合能力。在一些学者看来，中国农村的弹性带来的稳定为中国现代化提供了“稳定器”和“蓄水池”，尤其是“以代际分工为基础的‘半工半耕’的农村劳动力再生产方式”为中国制造提供了高素质廉价劳动力，“城乡二元结构下农民可以返乡的制度安排”也为进城“农民工”提供了进城失败后返回家乡的可能。[2]

尽管农村社会充满了可以有效化解外部危机的弹性承受能力，但也有研究指出，当前的中国农村社会正在面临着无主体的严重问题。吴重庆提出了“无主体的熟人社会”，所谓无主体，一是农村中青年大量外出务工、经商，不在村里，村庄社会主体的实体丧失；二是农民对村庄失去主体感，缺乏费孝通笔下所描述的那种农民与乡土的利益关联、情感眷恋和价值归属，从而导致个体缺乏对村庄主体的关怀与责任；三是村庄社会的政治自主性、社会自主性、经济自主性等正在丧失，并逐渐成为城市社会与城市文明的附庸。

大山村由于存在较好的集体机遇和输入资源，因此农民通过参与创业经营和其他地方活动具有了较好的主体感，但是，若深入挖掘这种主体感，又会发现其中的分裂之处：大山村人的这种主体感仅仅来自一种利益上的关联，即对村庄经济发展机遇的珍视，在情感上和价值上，人们还是更加认可村外的城市社会，并希望有朝一日自己或自己的后代可以在城市中扎根并获得新的归属感。这种分裂的主体感正在主宰着大山村的主体阶层，即希望通过经营活动实现身份转换的中青年群体。

城乡二元结构存在于社会制度的方方面面，表现为经济上和文

---

① 陈世伟.政府规制与农民创造：规划性变迁中的村社治理转型.求实，2012(4)

② 贺雪峰.新乡土中国.北京：北京大学出版社，2013

化上的分立。首先，进城落户涉及一系列的大额支出。为了子女更加方便地接受城市里的优质教育，需要购买城市商品房并落户，进入公立学校，或者支付高额的私立学校费用，这对于绝大多数农村家庭来说都是负担不起的。其次，在文化上，“农民工”在城市中一般只拥有初级职业地位。“农民工”之所以能够接受或者忍耐这种地位落差，是为了在城市中换取高于在家乡能够获得的收入，也就是说，城市社会是一个“客居空间”，而乡村社会才是获得自身认同和生活意义的场所。

（二）代际关系的理性化

在传统农业生产家庭中，老年人通过让子女继承土地的方式，保障自己年老力衰、无力耕田之时的养老生活，而在大山村的农家乐经营家庭中，由于人们已经基本上脱离了土地，在商业化、市场化的环境中谋生，家中的老一辈可以通过提供农家乐初始资金、提供房屋作为经营空间、在经营中做帮手或帮子代分担照顾孩子的责任等，积极融入农家乐经营活动之中。在农家乐经营家庭中，父辈依旧延续着对子代及其家庭再生产的重要责任，也是出于对自己老年生活的考虑。农家乐能够为晚辈留在村庄生活或经营提供契机，父辈的房屋充当了最大的经营资本，父辈老后也因而有权利分得一部分经营收入。

在大山村经营农家乐的三代家庭中，有些老人的养老积蓄较少，农家乐的绝大部分收入存放在主导经营活动的子辈名下，因此只要农家乐的经营盈利可持续存在，其子女大多不愿再进入城市就业，并几乎完全依赖农家乐经营所赚取的金钱来生活。在这样的过程中，代际关系作为重要的家庭关系之一，也呈现出理性化的发展趋势——父辈的宅基地和住宅空间是创造收益的来源，子辈在收入来源上依附父辈的宅基地和住宅，这种基于利益的依附关系有望强化子女对老人的赡养意愿。

在市场理性逻辑下，农家乐经营使家庭资产实现了代际间的流动与再配置。在调查中发现，代际之间的传统伦理性情感并没有被市场理性所淡化，相反，父辈对子辈的奉献、子辈对父辈的赡养等家庭伦理传统观念依旧影响着家庭成员之间的责任与义务。即便他们一开始声称是为了赚取更多的金钱，但进一步追问其最终目的，回答仍然是为了后代积累财富资本和社会资本。此外，理性化的价值观念也在迅速植入已有的代际关系之中。比如，家庭现金资产充沛后，越来越多的家庭开始自费配置一些医疗保险和养老保险，将自己的老年生活预期金钱化和多元化，不再是只依靠子辈的赡养。一位大山村人这样解释："我们全家都不是城里人，我们夫妻俩在城里工作十几年，留在城市真的不太容易，相反，在我们家乡发展的机会很多，如果孩子今后选择在家乡发展，我们肯定也早晚要返乡。在我们这个年龄，身体还行，回家做做生意，挣钱是一方面，另一方面也可以发展更多本地关系，这么做都是为了孩子，我们在家乡的关系和人脉越来越多，说不定他什么时候就用得上了。一般来说我们农村家庭的孩子，就算在城市站住脚跟，发展得也不会太好，城里也讲关系，我们没有那个关系，孩子就只能靠自己。城里房价越来越贵，总要考虑结婚生孩子吧？等他们年纪大了，不愿意打工了，说不定还是想回来。我们这么做，也是想为在外打拼的孩子有个保底。"①

有研究认为，在当下，农村家庭代际关系正在发生转型，服从于家庭收入最大化和父辈对子辈的责任伦理，大多数农村家庭通过家庭老年成员的自我剥削而实现盈利。② 更有研究指出，农民代际关系正在各个层面丧失关联性，呈现出一种新型的低度代际平衡。③④ 有学者进一步将农村家庭代际关系划分为反馈型、失衡型、"脱嵌"型等

---

① 2014年9月对某村民的访谈

② 陈锋．农村"代际剥削"的路径与机制．华南农业大学学报（社会科学版），2014(4)

③ 杨华．当前我国农村代际关系均衡模式的变化．古今农业，2007(4)

④ 贺雪峰．农村代际关系论：兼论代际关系的价值基础．社会科学研究，2009(5)

几种模式,[1]并认为代际关系的"脱嵌"化是当下农村家庭代际关系出现的新动向,它将导致农村养老方式从家庭养老转向自主养老,同时可能带来新的老年福利问题和其他不确定性问题。[2] 在大山村,"打工经济"模式下的家庭同样经历了代际关系的短暂失衡和父辈的自我剥削,虽然是为了获得更多家庭收入的权宜之举,但并不利于家庭再生产的可持续健康发展。农家乐的创业经济和家庭经营模式避免了上述研究中所指出的失衡型代际关系滑向"脱嵌"型代际关系的变迁,而是重建起一种基于理性反思的良性代际关系的再度整合模式,子代对于父代的疏离关系得到控制。基于经济理性的交换型代际关系[3]在一种双方均认可的家庭理性层面上被子代与父代共同接受,成为一种理性化的家庭伦理责任。

(三)身份认同的提升

慢城的到来,将大山村人置于一个更加开放、更加全球化的社会价值体系之中。从农民或打工者变为老板,无疑是身份的巨变。老板身份意味着对农民身份的成功摆脱,这需要更多的冒险精神与挑战精神,以及更多的独立自主性,这也可能意味着更多的财富积累,这些方面的转变都在无形中提高了个体的社会地位。人际关系中基于业缘交往的社会关系不断增长,对于大山村人的身份感塑造有着重要的意义,尤其是一些优秀的农家乐经营者从普通人一跃成为全国媒体的采访对象,变成与明星肩并肩合影的"幸运儿",成为外国游客眼中的"中国代言",成为互联网上的自我展示者……这些新的经历无一不在从各种方向塑造着大山村人的自我认同,也在塑造着一种身份自由切换带来的自由感和愉悦感。

身份认同的提升需要在一个公共的场域下得到确认,因此,农家

---

① 王海娟.交换型养老:特征、逻辑及其影响.南方人口,2013(5)

② 王海娟.农民家庭代际关系脱嵌化诱因与效应分析.湖南农业大学学报(社会科学版),2016(1)

③ 孙新华.交换型代际关系:农村家庭代际关系的新动向.民俗研究,2013(1)

乐经营活动带来的阶层分化更展示在村庄公共领域之中。经营户与非经营户家庭收入差距的扩大，导致其对村庄公共产品的支援能力差距也在扩大。清明酒会捐款榜上，经营户的捐款数额大多在600元以上，稍差的也至少捐200元，而普通农户则以50元、100元为主。身份的认同最终需要来自周遭社会的认可，村落的公共领域提供了一个身份确认的公开机会。

无论是传统小农的历史阶段，还是"打工经济"模式下的空间分离式家庭，或是大山村目前的农家乐经营模式，农村家庭内部的劳动分工是一个一直存在的现象。传统小农通过家庭成员间类似男耕女织的有效分工，实现自给自足的家庭生存与发展。在"打工经济"模式下，农村家庭的结构与功能都发生了一定的简化，由于家庭成员常年异地分居，家庭关系疏离，农村家庭几近走向解体。可以说打工家庭成员跨空间的劳动分工，牺牲了家庭成员之间面对面的情感互动，甚至以扶养对象(老人、儿童)的福祉为代价而换取短暂的经济回报。农家乐经营这种家庭生产方式有助于农村打工家庭和农村留守群体以较低的成本和风险嵌入市场机遇之中，并有助于家庭财富的快速增长和家庭成员阶层身份的向上流动。

农民外出打工和返乡是一种多样化策略，受到来自农村内部的价值和资源的影响。[①] 其实，不仅是那些曾经外出打工并最终返乡创业的大山村人，还有那些由本地务农转变为经营者的农民，他们选择农家乐这种经营方式并对其投入大量金钱和精力，又何尝不是一种受到内在价值驱动和资源条件影响的多样化策略？从家庭内部关系来看，慢城带来的发展契机遵循农户家庭已有的原则，在家庭成员之间分配新的资源与任务，同时也改变了另外一些农户家庭成员的分工合作关系。从家庭外部关系来看，自由竞争的商业氛围使得农户家庭通过经营农家乐和其他小商业，在原本十分有限的非农流动机遇之外获得了更加广阔的非农就业机会和身份转变的可能性。农民

---

① 瑞雪·墨菲.农民工改变中国农村.黄涛，王静，译.杭州：浙江人民出版社，2009：216

主体的创新性受到政府规划和政策规定的严格限制，这反过来要求政府具有更强的前瞻性和创新性，创造更符合慢城理念、有利于当地可持续发展的社会与商业环境。

农家乐模式为大山村的农户家庭带来了新的外部资金和市场资源，更重要的是，家庭主妇劳动力的商品化、外出打工子女的回流等改变了传统农户家庭的生计来源模式。伴随着这样的趋势，大山村人的消费观念也在悄然无息地发生变迁，家庭成员个体的个性化发展需求开始显现出来，表现为个人化的商品消费的发展，并从消费的角度重新定义了身份的认同。作为创造家庭收入的一分子，大山村人意识到了包括自己在内的主要家庭成员在农家乐经营中具有不可或缺的重要地位，满足个体消费需求与满足家庭积累需求之间开始出现紧张关系。家庭收入优先满足个人消费需求的现象在家庭主妇和年轻子女身上表现得尤其明显，这在某种程度上意味着家庭权威模式也逐渐脱离了单一的父权模式，女性和子代的权益在家庭中开始变得更加重要。

农家乐创造的额外收入首先用来维持家庭的日常开销。现金收入，且每日进账，家庭现金流完全不同于以往务农和务工情况下的收入模式，这令绝大多数经营者感到“手头上宽裕了”，同时也感慨“花钱的速度更快了”。随着现代商品经济在大山村的普及，农村原本高度发达的自给自足的产品供给方式也发生了变化。除了蔬菜、菜籽油以及部分拥有小茶园的家庭生产的茶叶之外，那些原本由乡村自我供给的生活物资，如主粮、水、电、燃料等都采用从外部购买的方式进入村庄，日常生活用品，如药品、日用洗化品、香烟、手表、餐具、家用针织品等过去主要在乡镇集市购买，现在随着进城消费和互联网购物的普及，大山村人也拥有了同城里人一样的多样化且便捷的商品选择。随着大山村人生活质量和消费品位的不断提升，一些在乡镇集市难以购买到的婴儿用品、保健品、品牌服装、品牌家电、电子产品等则在大城市的卖场和互联网上购买，使用互联网购买海外直邮的商品也不算什么稀奇的事情。得益于互联网购物和物流业的发展，一些原本只能在城市市场购买到的优质产品甚至海外进口产品也开始进入那些相对富裕的大山村家庭中。

农家乐的额外收入其次用来满足家庭发展的需求，主要是为家庭下一阶段的发展目标和大宗消费进行储蓄，如子女教育、结婚、建房、购车等。对子女的教育和婚姻进行投资，能够实现家庭资产的代际传递，符合家庭延续与发展的需求，也有助于家庭在村庄中社会地位的确立。父辈对子辈的财富传递往往是父辈在村庄中面子与自尊的重要来源。另外，农村家庭对小汽车的需求越来越强烈，小汽车被大山村人视为一项家庭资产而非单纯的个人消费品。农村路网发达之后，乡村公共交通相对配比不足，购买小汽车可以更加舒适、安全、快捷、自由地出行，可以接送子女上学、去更远的市场购买食材、全家人进城消费或自驾游等。一部分家庭也会选择购买健康保险和养老保险以提高家庭的抗风险能力。随着对外交往的增多和可支配收入的增加，农民购买商业保险的需求有所增加。

若这些额外收入还有结余，则会出现两个不同的使用方向。一是置办比较高价的个人消费品。与城市一样，一些常见的奢侈品牌服饰、高档电子用品等在大山村同样被视为个人财富地位的象征，主要消费群体是家中的年轻人。二是进行生产性再投资，包括装修翻新、入股合作社等。选择对农家乐进行再投资的这些大山村人更倾向于把经营农家乐作为个人事业和家庭产业来运营。生产性投资的普遍存在意味着大山村人十分看重农家乐这一家庭生计来源，并希望在未来一段时间内维持这种家庭生产模式。农家乐是寄托了个体与家庭价值与希望的重要载体。可支配收入增长后，出现了新的消费需求，生活质量得到了改善，消费结构更加现代化，消费观、投资观也都发生变化。农家乐的经营不仅是农户家庭重要的收入来源，也是农户家庭进行自我投资的重要平台。

以农家乐创业为契机，大山村人建造新房，并按照现代生活方式装修房间、购置现代家电产品，私人化的家庭空间同时成为具有一定旅游接待功能的社会化空间，并以此作为大山村人承载和享受社会资源再分配的工具。农家乐的有序经营带给大山村人的不仅是物质上的回报，还有精神上的成就感和幸福感，这些感觉来源于生活境遇得到改善、家庭关系更加和睦、社会身份得到认可、社会交往更有意义。大山村人的付出得到了市场的回报,同时也再次树立起他们自身的信心与自尊,为现代价值观的生成奠定了基础。

四、农户家庭对慢城机遇的嵌入方式

大山村的家庭通过登记注册为个体工商户的方式,以具有生产功能的市场角色嵌入地方社会发展的政策契机之中,但仍旧扎根于基层村落社区,并主要以核心家庭和主干家庭为单位开展自主经营活动。受制于发展规模的现实限制,农家乐家庭的收入增长更依赖代际之间的分工与合作。这既呈现出“打工经济”模式下基于代际分工的“半工半耕”的家庭成员关系的继承性特征,同时也具有区域地方社会发展的时代机遇下的创新性特质。总的来说,在慢城机遇之下,大山村人通过经营农家乐和从事其他非农职业,在旅游经济中获得了较丰厚的物质和精神回报,但由于行业特征局限,小本经营的农家乐需要依托家庭成员之间低成本的分工合作才能维持运营,这反过来强化了大山村人对家庭理性的回归以及对家庭分工合作模式的依赖。

农家乐本不是一个特别新鲜的事物,但是,对于本文的研究个案大山村来说,农家乐经营是这个滞发村落中近五年的发展变迁中最为典型的社会现象之一,是导致社区经济和农户家庭生计发生翻天覆地变化的最直接因素,也是打破村庄封闭保守的社会环境、促使村庄与市场经济和城市社会开始充分交流的全新事物。农家乐作为一种农村经济生产形式,受到传统的村落文化和家庭结构的影响与制约。个体的能动性是推动大山村社区经济发生转型的内在动力,但大山村人的个体能动性是建立在“家本位”前提之下的,家庭理性支撑着整个农家乐家庭的目标、动机和行动特点。

家庭是大山村人经营农家乐过程中一个非常重要的行动单位。

"家本位"的传统伦理观念、家庭生命周期的客观发展规律、家庭生产方式在农家乐经营中的经济合理性等原因，促使大山村人在村落经济转型的大环境变迁中，依托家庭组织进行一种相对低成本、低风险、高效率的主体参与行动。在过去主要依赖"打工经济"和小农兼业获取收入的农村家庭中，面对生存与生活的压力，面对非农收入和城市机会的诱惑，其凝聚力和稳定性往往受到来自外部机遇与内在需求的双重离散。"家本位"的伦理观念尽管一直存在于大山村人的心中，但不得不承受现实生活中由于家庭成员的分离、家庭关系的疏远等造成的家庭不稳定因素。选择经营农家乐，是大山村人在觉察到外部社会与市场环境转变之时所产生的理性与积极的应对方式。正是通过积极、主动改变的家庭生产方式，大山村人在力所能及的行动范围内不断追求"家本位"伦理约束下的家庭成员个体发展与家庭幸福感的提升。

杜鹏在研究浙江的家庭作坊时指出，类似"夫妻店"的家庭作坊能够长期生存的最主要原因在于，家庭化的组织方式极大地压缩了管理成本和交易成本，同时，家庭成为农民个体进入市场的中介，既能够吸收市场利益，又能够在一定程度上消化市场风险。家庭生产因其灵活机动性而能够有效规避市场风险，家庭的产业也为子代的就业和谋生提供了一条出路。① 大山村的农家乐家庭的经营实践行为也具有相似的特征和优势。在市场理性与经济利益驱动下，农村家庭结构出现了"去核心化"现象，主干家庭数量维持在较高比例的稳定状态，传统家庭伦理仍有一定的约束力。家庭代际关系在伦理与利益的双重强化下呈现出较强的凝聚力，但家庭成员之间的良性互动更加依赖于经济利益上的交换。家庭成员之间的利益整合方式维系着农村主干家庭的完整结构，增强了农村家庭成员应对变化与风险的灵活适应性。这种家庭内部的利益整合方式是大山村的家庭面对市场机遇和政策机遇所带来的变迁契机时所做出的理性抉择与

① 杜鹏.嵌入与再造:利益性家庭的生成机制——基于浙江J村家庭作坊的社会学考察.湖南农业大学学报(社会科学版),2015(6)

社会调适。

在慢城契机到来之时，大山村的农民能够通过调整家庭生计目标和家庭规模、改变家庭生产的种类与方式，勇于尝试新事物、开拓新市场。这种积极进取的精神是促使大山村的经济生产方式发生转型的内在动力。“慢城”称号的获批，对于身处其中的农村家庭来说具有特定的含义。对于大山村的普通农户家庭来说，慢城的发展被视为一次进入市场经济并分享市场收益的重要机会。农村家庭对市场的主动嵌入，表现为农家乐的创办热潮和持续经营的激情。在这一过程中，家庭内部或多或少发生了较为明显的调整与适应。一方面，农家乐是农民可以以较低成本支出和较少风险压力直接参与当地旅游产业发展的有效途径；另一方面，为了更好地与区域市场体系对接，大山村人通过内部家庭化生产与个体工商户登记的自组织方式进入城乡工商业市场，并成为创业主体。在农家乐家庭中，家庭化生产的竞争力来自家庭内部劳动力的充分动员和一定程度上的自我剥削，而家庭消费的指向则表现为向子代家庭和向城市生活倾斜。

可以认为，大山村的农家乐经营依旧是一种小农经营的传统模式，这表现为：在社区经济转型过程中，村庄内部的社会分工与职业分化仍处于相对初级阶段；从事农家乐的家庭成员的专业能力和职业素质从整个区域社会层面来看仍然是较低水准；尽管农民通过农家乐创业获得了个体工商户的身份，但这一职业身份的转化仍处于一种临时性和不确定的状态，身份转化，尤其是获得符合市场经济规律且在现代职业体系中相对确定且稳定的职业身份，是促进农民市民化和区域现代化的必经之路。

特定市场机遇下，农村家庭具备一定的市场利益捕获能力，并能够在一定时期内巩固家庭结构的完整性，但必须关注这种看似与传统小农家庭类似的稳定特性是否可持续，是否与外部市场机遇在村庄的辐射作用以及家庭自身的生命周期发展需求相关联。市场机遇的消散，以及家庭需求的改变，都将打破这种基于利益支撑背景的家庭化生产模式。受传统小农意识的束缚，以家庭经营为基本模式的农家乐经济抵御市场风险的能力较弱，促进农村社区职业现代化和社会分工细化的作用机制不明显，对人的现代化所产生的影响力也相对有限。

大山村的个案提示我们，农民个体家庭的慢城实践在市场化、工商化、城市化这三种现代化路径中的嵌入程度和表现方式是存在差异的。对于农户家庭来说，慢城更多地意味着一种个体参与市场化的机遇，但并不是一个理想的、稳妥的区域工商业增长模式。相反，对于大多数中青年农家乐经营者来说，选择返回村中经营农家乐，意味着不得不放弃在城镇化工商业体系中的职业发展机遇，因而呈现出一种类似“逆城市化”的趋势。村中创业、城中生活的“反向候鸟式”生活模式正在生成，这似乎提示我们，大山村的农户利用慢城机遇正在创造新的城乡一体化的生活方式。

第五章
创业返乡：中坚力量回流

作为大山村农家乐经营者的一个共性特征，大山村人“家本位”的传统伦理价值观对农家乐创业行动有着重要影响。本章主要着眼于大山村农家乐经营者的分化现象，思考创业致富能人与普通经营户之间的差异及其背后的成因，分析这种群体分化带来的影响。对社区能人的选定，主要参考了村干部的推荐、经营者彼此之间的评论、对经营者本人的访谈和对经营现场的观察，并结合农家乐年营业收入数额及其增长情况、清明酒会各家捐款数额与逐年变化情况等进行选择。

根据社区能人的社会资本、文化程度、职业身份等区别，认为大山村的社区经济能人主要有两大类：一类是因村庄整治和建设带来的建筑施工业承包者，另一类是农家乐经营能人。我主要关注的是农家乐经营能人，他们主要存在于三种家庭类型中，一是中年返乡“农民工”家庭经营的农家乐，二是新生代农村青年经营的农家乐，三是由女性作为经营主力的农家乐。

农家乐村的整体打造，意味着新的进村资源的重新分配。农户家庭的身世与背景、个体的成就动机与后天努力、个体的教育经历与工作经历等，都对农民返乡创业的过程与结果产生较大的影响。对大山村的研究发现，农家乐经营者对身份转变的渴望是否强烈，决定了不同的大山村人对市场经济和旅游产业的介入是否深入，并在很大程度上决定了他们的经营活动是否成功。反过来，经营的成功与否又是衡量从农民向商人的身份转变是否彻底的一个重要标准，并进一步区分了不同的创业者在家庭背景与个体素质层面的差异及其社会地位的分化。总的来看，慢城的发展有效促进了乡村中坚力量的回流与生长，扭转了村庄空心化的趋势，激活了乡村能人参与乡村振兴过程的积极性和能动性。

一、村民职业分化

社会分层是指社会不平等普遍存在的社会现象。由于人类社会的财富、权力、声望等社会资源对于全体社会成员来说既是共同需要的也是共同追求的，因此产生了稀缺性和分配不均的现象，此即为社会不平等。任何一个社会成员所拥有的财富、权力、声望均是社会分配的结果，象征着他所处的社会分层的位置。

社会阶层论主要讨论的是社会资源的不平等分配现象，不同的理论流派对社会阶层化有着不同的论述。在经典社会学理论中，马克思（Marx）从生产方式的角度出发，提出对生产资料的占有与否是区分资产阶级与无产阶级两大阵营的主要焦点，资产阶级对无产阶级的剩余劳动力进行剥削，无产阶级想要改变社会阶层，只能通过革命的方式推翻资产阶级的统治，而在韦伯（Weber）看来，社会阶层的构成包括了阶级、地位、政党等多种面向，分别对应财富、声望、权力在不同阶层的不平等分配。马克思与韦伯的观点差异在于，马克思认为声望与权力均由财富多寡来决定，而韦伯则强调三者之间相互关联但又各自相对独立的关系，并且认为社会阶层并不是简单的两个阵营的对抗，而是呈现自低向高的多级阶梯状分布。

当代社会学理论对社会阶层提出了更具解释力的观点。戴维斯（Davis）与穆尔（Moore）认为，每个社会个体的天分与能力都不同，而社会上各种地位的重要性也不同，一个阶层化的社会体系通过不平等的酬赏机制来激励那些有才能的和有天分的人才进入合适的社会岗位，以促使整个社会系统更加有效率地运转，这种观点从功能论的视角解释了社会阶层化在现代社会中的作用。达伦多夫（Dahrendorf）则从冲突论的视角指出，社会的阶层化实际上是社会生活中权力斗争与冲突的结果，权力的天然属性导致社会中权力的分配不均，最有权力的人可以制定规则并获得最多的财富，一群相对有权力的人则组成社会的统治阶层并通过法律、制度、教育等系统进一步维护其自身的特权地位。

（一）村民职业分化与阶层地位获得

在现代化的社会中，社会成员的地位虽然会受到其家庭背景的影响，但最重要的特征和动因，则在于个人后天的努力。这两种不同的地位获取方式分别被称为先赋地位与成就地位。现代社会区别于传统社会的重要一点在于，其社会成员拥有较多的流动机会，通过个体在教育、求职、创业过程中的努力，现代人突破先赋地位而获得成就地位的可能性大大提升。

但是，个体这种通过社会流动而得到的发展机会，仍然受到固有的社会阶层分化的影响。例如，子女的受教育机会、夫妻的相处之道、休闲消费的方式、成就动机与人生目标的规划等在不同的社会阶层中仍存在较大差异，且都有可能对个体的社会流动产生影响。布劳（Blau）和邓肯（Duncan）在1976年提出了“地位取得”模型，形象地解释了先赋性因素与成就性因素在个人社会地位获取过程中发挥的不同作用。在这一模型中，父辈的教育和职业水平对子辈的教育、就业以及后续的职业转变和社会流动均有或多或少、或直接或间接的影响。在大山村，放弃城市就业，选择回村创业并经营较好的年轻人，其出身大多是农村精英、知识分子和早年经商的农户家庭，即使有个别是普通农户家庭，父母也都重视对子女的教育。农村社会既有的社会阶层分化现象，通过父辈对子辈的影响而在下一代进一步得到放大和固化。总之，个人社会地位的变动往往会受到个人本身的努力程度和家庭背景的双重影响，而现代社会更倾向于根据通过个人努力而获得的成就地位来确定个体所在的社会阶层。

改革开放初期，我国大多数农村的社会阶层可简单分为广大农民阶层、农村管理者阶层和农村知识分子阶层。随着市场化的深入发展、现代教育在农村的普及、城乡二元体制的政策性松动等，农民个体产生职业分化，农村社会阶层的主要变迁流向表现为部分农业体力劳动者进入非农就业领域，并进一步分化为“农民工”阶层、企业雇工阶层、个体劳动者和个体工商户阶层以及少量的集体或私营企业管理者阶层，农村知识分子阶层和农村管理者阶层的变动不大。由于城乡户籍改革，尤其是本地中小城镇户籍制度的逐步放松，农村社会各阶层在现实中都可能存在农村户口和非农村户口这两种户籍种类。可以说，中国农村社会阶层的分化与农村地区乃至整个国家社会的现代化变迁是基本同步的。

农村社会结构的分化与社区精英的生成也同样相辅相成。自改革开放以来，农村地区确立了实行家庭联产承包责任制的基本生产制度，这极大地促进了农村地区的经济发展。这其中，一部分村庄通过整体层面的脱农化、工业化、城镇化转型，实现了村庄社区经济的飞跃式发展，创造出80、90年代以来一批著名的“明星村”，诞生了大量乡村致富能人，并带动了村民的共同致富。在更多的非“明星村”和集体经济发展表现一般的普通村落中，小农家庭也被赋予了参与市场竞争、分享发展红利的主体性地位，小农家庭构成了一个独立核算的基层组织单位，在一定程度上可以自由决定自己的职业身份和生活方式。

在2010年之前，大山村及其周边区域工业化和商业化发展水平较低，本地的非农就业岗位十分有限。农民想要脱离农业生产，最主要的方式是进入城市，成为“农民工”，但这种身份转换是临时性的、不彻底的，因此被称为“半城市化”。在本地想要实现农民身份的转换，唯有进入体制内工作或自主创业两种途径。慢城机遇的到来，打破了大山村固有的社区精英再生产的闭环，为更多的个体创造出走向成功的可能路径。

具体来看，大山村的农民身份分化经历了以下几个重要阶段：身份的分化首先始于职业的分化，即一部分人从农业耕种者转变为不直接参与农业耕种的人或进入非农业领域，农民的身份发生了职业化转变，而那些脱离农民身份、获得非农职业身份的人群又经历了职业再分化。接下来，职业种类和职业地位的分化进一步导致了收入的分化，并体现为家庭消费结构的进一步分化。消费结构的分化逐渐固化为社会阶层的分化，阶层的上升往往意味着生活方式的改善、社会声望的提升、社会利益的优先分配以及更精准的信息与资源俘获能力。

（二）农村社会分层与中坚力量的生成

在村庄的场域中，家庭不仅是一个基本的经济生产单位，更是一个社会生活的基本单元，因此，人们在村庄场域中的社会比较，往往是以彼此的家庭作为比较的主体。家庭的经济状况是村庄社会分层的基础，而家庭中参与村庄社会竞争的家庭代表者的社会声望和社会地位，是我们理解村庄社会分层的关键。[①] 衡量农村家庭代表者的社会地位，主要从经济地位、政治地位、文化地位等多个方面综合考量。

农家乐的持续经营依赖家庭成员关系尤其是夫妻关系的稳定性。农家乐的经营资本与农民的家庭财产之间往往具有不可分割性。与家庭作坊类似，大山村人经营农家乐需要占用家庭的宅基地资源、劳动力资源以及社会关系资源。家庭结构的完整无疑将直接生成双倍的劳动力资源。在社会关系资源层面，本地媳妇比外来媳妇占有本地社会关系优势的可能性更大，同时，由于村庄宅基地不宜转让的政策性限制，农家乐生意的继承与发展也寄希望于子代家庭的结构完整。

大山村的社会分层和个体社会地位的变迁特点在于，一部分农

① 张世勇. 积极分子治村：徽州村治模式研究. 济南：山东人民出版社，2009：167

户家庭经济地位的迅速提升，使其家庭代表者得以获取较高的社会地位和社会声望。不仅如此，这些家庭财富增长相对较快的家庭成员也开始利用各种机遇实现政治地位和社会文化地位的提升，从而巩固家庭在村域社会中的优势地位。更为隐性的变化则在于，人们对社会分层评判的价值标准正在发生变化，尽管大山村是一个有着宗族记忆和社区认同感的村落，但近几年来村庄经济的快速发展和贫富差距的迅速扩大仍然深深地影响了人们的价值取向和评价标尺。在政府的干预之下，村内的政治精英和文化精英也被赋予了更多的期望，人们寄希望于这些精英能为村庄的经济发展和社会治理做出更多贡献。

乡村能人或者说精英阶层，是推动社会变革、创新社会治理的主要参与者。精英原指质地特别精良的商品，社会学借以指代在社会中处于优越地位，可以做出重大决定，并享有高度集中的权力、财富和社会声望的人。[①] 西方的精英理论强调社会精英作为一个特定的阶层发挥治理社会的作用。一方面，精英是权力的代言人，因而有“权力精英”的说法；另一方面，精英是民众服从的纽带。社会正是因为精英阶层的存在，才能够实现统治者与被统治者的平衡。

意大利学者帕累托(Pareto)是最早的精英论者。他提出的精英循环论认为，社会下层中的优秀成员升入上层的队伍，而社会上层中的堕落成员降为普通民众，如此循环往复，即可保持社会的稳定和发展。具体来说，社会分层结构的存在是普遍的，但社会成员的地位不是一成不变的。现代社会是建立在创新、竞争、变革基础上的动态性工业社会。社会流动带来精英的循环，从而打破了传统社会阶级的稳定性。精英的循环路线畅通，有助于提高执政阶层的能力与才干，并促进社会的良性治理与平稳变迁。[②] 美国学者米尔斯(Mills)认为，社会精英具有支配和改变平民及其所属人员日常生活的权力和能力，并结合美国的社会权力结构的特征，把精英的概念从政治领域

① 邓伟志，主编．社会学辞典．上海：上海辞书出版社，2009：85

② 邓伟志，主编．社会学辞典．上海：上海辞书出版社，2009：48

推广到经济、军事领域,提出“权力精英”理论,认为相似的社会背景、同样的价值观念、自幼与权力中心有联系,这些基本因素让权力精英形成共同的利益,从而形成权力精英圈子,他们做出统一决定以维护共同利益,进而控制社会。[①] 陆学艺对中国乡村社区语境下的精英概念做出了比较准确的定义:所谓的社区精英,是指这样一种社区成员,他们在社区生活的某一个或几个领域拥有优势资源,并且利用他们的资源优势在那一个或几个行动领域中获得个人成功,这种成功使他们的行动或对维持既存社会结构有贡献,或会推动社会结构发生新的变化。[②]

社会学中的精英概念,指社会上具有卓越才能,或身居上层地位并有影响作用的杰出人物,尤其指那些在一定的社会关系中得到高度评价和合法化地位,并与社会的整体发展方向有联系的关键群体。[③] 与西方学者使用的精英概念有所不同的是,中国乡村的能人概念没有那么明显的政治意义和阶层内涵,而是更加强调经济层面的个体的能动性。换句话说,“能人”这一本土概念更加强调精英群体中的经济精英或非体制精英,并包括那些积极努力由“草根”向精英流动的“潜在精英”。

(三)农村社区能人与阶层流动现象

农村社区精英的创新与示范驱动,成为后发型农村社区发展的重要推动力。[④] 有关我国农村社区精英群体的研究,一般将其划分为体制精英与非体制精英。从理想类型上来看,还可以将农村社区精英划分为经济精英、政治精英、社会文化精英三类。在乡村社区研究

① 邓伟志,主编.社会学辞典.上海:上海辞书出版社,2009:84-85

② 陆学艺.内发的村庄.北京:社会科学文献出版社,2001:270

③ 邓伟志,主编.社会学辞典.上海:上海辞书出版社,2009:346

④ 鲁可荣.后发型农村社区发展动力研究——对北京、安徽三村的个案分析.合肥:安徽人民出版社,2008:93

中,比较本土化的两个概念是乡村能人和积极分子。[①] 乡村能人更强调对社区经济上的积极影响,积极分子则强调对社区公共事业的贡献。在现实的村庄生活中,能人与积极分子的概念有较大重合,只是用于学术分析时,取其对于村庄发展影响的不同面向进行描述。能人阶层构成了村庄社会的中坚力量,并有可能建构起村庄的公共领域,实现"积极分子治村"[②]的乡村治理格局。

表 5-1 大山村的就业类型与收入分层现象

收入分层	就业类型	就业人群	收入水平
第一梯队	工程队负责人	中年男性	20 万元/年以上
	农家乐经营者	中青年夫妻、中老年女性	20 万元/年以上
	批发零售业者	中青年男性	20 万元/年以上
第二梯队	工程队雇工	中老年男性	200 元/天以上
	农家乐雇工	中年女性	70—100 元/天
	生态农业雇工	中老年人	70 元/天
第三梯队	保洁人员	老年男性	800 元/月
	零工零活	中老年人	35 元/0.5 天
	土特产散卖	老年女性	旺季 50—100 元/天

大山村人以三种方式实现社会阶层的流动或生活境况的改善:一是在慢城带来的乡村建设和旅游开发的机遇下,一部分有能力、有经验、有资金的村民通过承包工程、经营农家乐、销售各类产品获得了收入的大幅提高,并且获得了老板的身份,其收入水平与城市中产群体已经没有太大差距。这些人迅速进入村庄财富分层的第一梯队,实现了从农民、打工者、个体户向准中产阶层的向上流动。二是大量不再务农的普通农民通过给工程项目、农家乐大户、慢城公司打工的形式获得工资收入,这类人大多签署正规劳动合同,工资按天

① 张世勇.积极分子治村:徽州村治模式研究.济南:山东人民出版社.2009

② 张世勇.积极分子之村:徽州村治模式研究.济南:山东人民出版社.2009

计、按月结,由于工作量淡旺季区别明显,因此个体可以根据自身的实际情况自主决定工作的强度。在城乡一体化的劳动力市场覆盖下,雇工的工资基本与周边区域和城镇打工工资接轨,这些打工者的收入水平普遍高于种田时期,因而实现了从底层农民向中等收入劳动者阶层的向上流动。三是原本处于村中弱势群体地位的中老年群体成为慢城发展过程中的主要保护对象,政府和企业为他们提供了力所能及的就业岗位。如慢城管委会(管理服务中心)提供的保洁工人岗位,解决了村中"五保户"的就业问题;旅游旺季的花草养护、打扫卫生等较轻松的体力劳动则优先雇用中老年妇女、低智商者和残疾人士;对于在村中售卖农产品的老年妇女,政府视其为一种具有乡土特色的旅游景观而持鼓励态度并采取宽松管理政策,再加上土地流转的租金收入,这些原本的弱势群体真正成了有稳定收入来源的自食其力者,其生活的风险性下降,社会地位和社会贡献均有所提高。

二、精英的再生产

大山村的能人大多具有多元化的社会关系网络,表现为"一人身兼多职"的身份多元化。在一个领域获得的成就,往往可以构成其进入另一个评价体系的准入资格,并为之奠定良好的评价基础。农家乐的信誉和品质成为经营者个体与家庭在地方社会获得更多发展资源的初始"通行证",这有助于优秀经营者赢得更多头衔、地位以及与之相伴的经济优惠与社会认可。

相对于普通农户家庭,能人大多具有较好的自主性与能动性,这赋予了他们在地方社会的制度、资源、文化、人际等复杂的关系网中理性、灵活选择的能力,以及设计并建构起新社会网络的行动空间。其中,与地方政府良好的关系往往构成乡村能人最为有效的社会关系资源。一方面,与政府的交情较好,有助于能人在村中形成一定的权威,因而大山村的能人都尽可能积极维护已有的政府人脉关系;另一方面,能人自身在村中的资源禀赋和动员能力,也使得地方政府在涉及乡村社区的项目和任务之时,优先从乡村能人中寻找典型和积极分子,以帮助政府和村干部完成群众动员的示范带头作用。

从大山村的实际情况来看,在农家乐创业、土地流转、成立合作社等诸多事件中,都可以看到地方政府对比较信任的乡村能人采取优先动员、实现合作双赢的现象。

(一) 中年返乡创业能人

新农村建设与慢城建设为大山村人带来了本地非农就业的机会,尤其是建筑工人、木工、电工等群体工作机会的增加,不仅对于农村生计多元化和农民可支配收入的增长具有重要意义,也吸引了一部分常年在外从事建筑施工行业的大山村人返回村中。这些中年返乡群体往往在建筑施工业工作多年,成为能够独当一面、发挥创造性的熟练工人,甚至有的人拥有自己的施工队伍,当上了团队的老板,也就是常说的“包工头”。

墨菲(Murphy)在对中国“农民工”返乡创办企业的研究中指出,返乡者在城市的居住时间、返乡时的年龄、最高受教育水平、返乡的原因等特征能够区分他们在家乡获取资源的能力,并影响返乡创办企业的规模和实力。[①] 对大山村来说,慢城机遇意味着外来资源的再分配。不同的群体和个体对资源的获取能力不同,这导致同样作为大山村人,其经营的实力和规模各有差异,对本地就业的参与程度也不尽相同。在大山村的经营户中,中年返乡者的普遍特征是勤劳朴实、吃苦耐劳、头脑精明、诚实守信,这是早年投身市场经济和在城市打拼所带给他们的精神财富,这使他们在“人的现代化”进程中比其他未曾外出打工过的普通农户走得更远、更好。

---

① 瑞雪·墨菲.农民工改变中国农村.黄涛,王静,译.杭州:浙江人民出版社,2009:144-169

用“推—拉”理论可以解释“农民工”的返乡决策。“推”和“拉”的因素能够反映“农民工”所拥有的社会关系和经济机会。其中，“推”的因素包括潜在的失业风险、较差的工作环境、较低的社会地位等，“拉”的因素包括家乡经济发展、优惠政策出台、家庭团圆需求等。打工者选择返乡，是因为他们将家乡当成可以获得最大程度经济独立，并摆脱沦为城市社会和劳动力市场附庸命运的所在。[①] 通过自我雇佣，农民可以实现一定程度上的自由和独立，并达到“小富即安”的理想状态。对大多数大山村人来说，这样的理想状态，在正处于蓬勃发展阶段的家乡似乎更容易实现，也就是说，对于部分返乡者来说，在成为老板、为自己打工的成功型目标的驱使下，在家乡本土比在异乡城市更容易实现这一目标，这意味着促使“农民工”返乡的“拉力”可能大于“推力”。

外出打工不仅帮助大山村人获得了直接的经济收入，而且总体而言，也能帮助他们开阔视野、增长见识、积累人脉。部分曾经担任过企业中层以上职位的人也获得了宝贵的管理知识和经验。在返乡之后，相对于那些不曾外出过或仅仅短暂外出过的村民来说，有长时间外出打工经历的返乡村民往往表现出更高的资源捕获能力以及实现既定目标的可能性。

案例：RJF，男，53岁，转业军人。以前在各地做建筑施工工人，积累数年后拥有了自己的施工队，成为一名“包工头”。几年前，他的事业出现转折，50多万的工程欠款令他一筹莫展。由于常年在外打工，他见多识广，隐约预感到家乡优美的自然生态环境适合发展乡村旅游业，于是向村干部提议应在村中发展农家乐。他认为，农家乐需要集群效应，单靠一两家不成气候，村里应该发挥集体的力量，号召更多的人一起加入进来，争取做出特色并获得政府的扶持。

2010年冬，大山村所在的椏溪“生态之旅”刚刚获批“国际慢城”

① 瑞雪·墨菲.农民工改变中国农村.黄涛，王静，译.杭州：浙江人民出版社，2009：154

称号,他率先开始了对自家楼房的翻新、扩建、改造工程,成为2011年村中获得政府扶持的首批六家示范户之一。他的农家乐位于村东路口第一家,通过一条幽静的林中小路与大马路和停车场相连,可谓占据了地理优势。农家乐的院子很大,小院里有秋千、假山、流水,水杉树林环绕,与周围农户都有一定距离,环境优势也十分显著。新扩容的客栈有三层楼,十多间客房,全部采用木制装修,顶楼有屋顶花园和会议室,最大的那间长租给城里的艺术家做工作室。2014年他又新建了用传统建筑工艺建造的纯木制水上小屋,作为休闲茶楼接待游客。

经营农家乐五年多来,无论是哪一步决策,他都展现出先人一步的超前意识和雅致独到的审美能力。他不仅诚实待客、努力经营,还非常热心公益。小长假期间游客蜂拥而至,他放下家里的生意,义务承担治安协管员的工作。此外,他还辅助村干部积极运作农家乐餐饮协会,渴望在公共领域为村庄贡献更多力量、为村民创造更多的机会。2016年春节期间,在他的积极运作和倾力组织下,以大山村农家乐餐饮协会为平台,农家乐经营户合作举办了“大山长街宴”,并成为当年高淳区政府主办的“年货节”中重要的特色活动内容之一。

(二)主妇型创业能人

大山村的本村女性、本地媳妇和外来媳妇中都不乏成功的创业者和经营者。实际上,大山村现有的农家乐中,主要由家里面的女性来经营的占到了80%以上。女性经营农家乐的成功标准,在大山村人看来并不难实现:通过小规模、低效益、个体式的服务实现收支平衡或略有结余,与此同时,能够相对自由地安排自己的工作时间,兼顾照料家庭。女性尽管忙碌,但勤劳和忙碌是一种传统美德,是走向成功的必备素质。“借着慢城的影响力开农家乐,只要是稍微勤劳些的人家,不是特别懒惰的,都还是能经营好的。关门和转让的那几家,都是自己不想做了,或者在其他地方有更好的生意,家里实在没人来做农家乐。”①

此外,如果女性在经营和持家之余还能不断学习,并在其他社会部门担任职位,则会被村民视为女强人。女性参与社会管理,意味着女性在以家庭关系为主的非正式社会资源之外,还能与更广阔的社会环境发生正式的社会联系,从而与现代社会产生制度化的关联,成为现代社会制度中积极融入的一分子,能够独立于家庭身份之外而行动,但这样的成功者毕竟是少数,并且与其教育水平、性格个性、精力健康等个人特征息息相关。

虽然婚姻和家庭是促使大多数女性留守村中或积极返乡的重要因素,但与此同时,女性自我追求和自我实现的愿望也越来越强烈。假如返乡意味着有助于自我实现,那么她们并不会排斥回到自己的家乡或丈夫的家乡。对丈夫家乡社区的积极融入也是她们创业过程中必须经历的考验,是外来媳妇②积极建构全新的社会关系的重要过程。换句话说,成功创业既需要她们融入村庄,也有助于她们融入村庄。

案例:MGQ,女,45岁,四川泸州人。与爱人在常州打工时认识,在塑料加工厂上班,夫妻共育有一女,已成年,一子在读小学。2010年以前,MGQ全家都在常州工作生活,她由于与婆婆语言不通,曾经并不愿意回大山村。2011年,她的儿子到了上幼儿园的年纪,需要人陪伴照顾,但老人年岁渐长,她于是决定暂时回家照顾孩子。回到大山村后,她发现村庄在慢城机遇下发展很好,左邻右舍都开起了农家

① 2015年12月对某村民的访谈

② 过去大山村非常贫穷闭塞,大山村的男青年在当地婚姻市场上处于极度劣势地位,几乎找不到本地的媳妇,这从村中现在30—50岁人口中外来媳妇比例较高可以窥知一二。随着大山村旅游经济的发展,农家乐经营户快速的财富积累让大山村的男青年更容易找到心仪的对象。“80后”“90后”的年轻人,外出学习和工作的机会远远高于上一代,他们在二十几岁接触外地异性的机会较多,因此外地媳妇并不少见,但是看似相同的社会现象背后有着不同的社会原因。上一代外来媳妇多,是因为本地女性对大山村落后的社会经济的歧视,新生代外来媳妇多,则是现代婚恋观的影响和人口自由流动的结果

乐赚钱，于是她也下决心在村中做一点事情。

MGQ 的农家乐和村中许多家庭一样，以她丈夫的名字命名。丈夫和成年的女儿都在常州工作，周末客人多，父女俩都会回来帮忙打点生意。MGQ 性格独立，个性洒脱不服输，最开始她考虑家里人手不够，仅把家中闲置的几间房屋整理出来当客房，后来发现做餐饮利润更高，便重新返修房屋，调整出更多摆放餐桌的空间，凭一己之力开起了农家乐饭店。装修改造花光了家中的积蓄，她向亲戚朋友借了几万块，但是很快便还清了。现在小店包括住宿和餐饮在内，一年可净赚 15 万元，又可以兼顾照顾老人、孩子，MGQ 觉得自己的生活很充实。

在经营农家乐的过程中，MGQ 也在思考如何进行差异化经营，以求达到“四两拨千斤”的作用。她独创性地将家乡的小吃玉米蒸糕带到了慢城，在院门口开了一间小屋专门做蒸糕，缭绕的蒸汽和诱人的香味吸引了众多游客前来一探究竟。前来买蒸糕的客人，她都会赠送一些其他食物让人品尝，令顾客感到惊喜，于是她顺势招揽客人到自己家中吃饭、住宿。她的聪明才智给家庭带来了更多的收入，也成为被村中其他女性羡慕和模仿的对象。

在上述案例中可以看到女性创业者的三重适应：第一，她们需要重新适应农村社会，她们面对的是一个与家乡、与城市都不同的崭新的村庄，对她们来说，回到村庄创业往往意味着辞掉城市工作，个人的职业也需要重新进行规划与适应。第二，她们需要积极适应婚后角色，并和谐处理与村中男方长辈和亲戚的关系，需要兼顾家庭和家务，还需要兼顾子女的需求、丈夫的要求、对方父母甚至祖辈的需求等。第三，她们还需要学习适应商业经营活动，不仅要提高自身的专业知识水平，还要学会为人处世和联络关系，改变过去的腼腆、害羞或单纯、直接的性格特点，同时要学会适应经商带来的忙碌感和不确定感。

布尔迪厄(Bourdieu)的财富资本、社会资本、文化资本的论说可用来解释大山村的女性创业现象。从财富资本来看，农家乐启动资金的筹集，女主人功不可没。一些女性动用礼金、陪嫁的钱款等来作为家庭经营的启动资金，另一些女性则用自己打工积攒下的积蓄作为一部分启动资金。从社会资本来看，精通人情世故、善于社交的女性，相对于男性来说更懂得发挥自己在社会交往中的优势。大山村的女性经营者常用的社交手段包括：(1) 以个人信誉做担保，说服亲友提供借款；(2) 主动与村干部和本村女性处好关系，获得各种情报和机会；(3) 在经营中与顾客友善互动，积极营销；(4) 向社会资源丰富的顾客赠送礼品，并通过互联网通信工具(如微信等)保持长期的私人联系等。从文化资本来看，女性受教育程度提高，无论是对大众媒体信息的积极获取，还是对闲暇时间的高效利用，都有助于她们形成对生活的新看法。一部分大山村的女性正在成为新的乡村生活方式的倡导者和实践者。

大山村的女性经营者指挥家人和其员工合作经营农家乐，她们同媒体记者侃侃而谈，落落大方地向游客推荐菜肴，在社交媒体上积极发表个人观点等，其一言一行已完全不再是传统意义上的农村妇女，她们身上所拥有的干练、高效、自信的现代职业精神不仅挑战着传统农村妇女群体的价值观，也在深深形塑着大山村"新女性"的文化符号。总的来看，在大山村，女性获得个体独立的结构性和文化性限制已经越来越小了。女性可以通过对各种资源的灵活运用，发展并巩固现代社会赋予她们的独立性和社会地位。尽管女性的独立性提升，但这并不意味着大山村的女性渴望完全意义上的独立。在大山村的女性心目中，最理想的状态是，她们通过个人劳动付出换取经济收入，并获得与其他家庭成员平等的地位。这种家庭观的转型，伴随着男女平等的思想，在大山村已成为主流价值观。

（三）新生代创业能人

与中年返乡的"农民工"群体相比，新生代的高素质农村青年更具有"现代性使者"的意义，他们对大山村的社区经济结构转型和区域城乡结构地位的提升具有更加深远的影响力。这些有过城市生活经历的年轻人，无论男性还是女性，都能较好地领悟到慢城和“慢生活”同他们村庄存在的种种契合点，并敏锐地意识到这种契合蕴含了创业的商机，也能带给他们一种全新的文化上的自豪感，增加他们对于返乡创业和乡村生活的热情。在大山村，越来越多的年轻人决心将农家乐作为本职工作，并以此作为自己事业的起点，寻求更大的发展机会。

案例：CZ，女，30岁，江苏徐州人。大学毕业后在常州一家装潢公司做设计师，与丈夫在常州相识，五年前结婚怀孕后便与丈夫一起回到大山村生活。丈夫是独生子，夫妻俩回到村中与男方父母同住，并共同经营农家乐饭店和客栈。由于CZ谈吐得体，能力较强，农家乐的经营主要由她来领导。无论是装修还是采购，甚至包括菜肴口味的研发，她都非常有主见，丈夫和公婆在她的安排下也能够在生意中各尽其职，全家人通力合作，家庭走上了致富之路。

由于CZ学历较高，文笔较好，很快又被村领导聘请做秘书工作，和一位副书记一起全面负责管理大山村的旅游发展事业，接待来往的大量考察团队和重要领导，并负责申报各类政府项目资金，村中大事小事都由她经手并安排妥当。2013年她成功竞聘当上村委委员，作为一名女村官，她的个人事迹被央视《焦点访谈》节目报道。同年，她生下第二个孩子，家庭、事业双丰收。

2015年，她联合三十几名农家乐经营者和乡村发展热心人士，牵头创办了高淳地区首个农家乐专业示范户。同期，她在省妇联的扶持下成立“巾帼农家乐联谊会”，开展女性创业与就业的相关培训资源对接工作。

三、个体成就因素

精英理论中对精英的生成有两种论述角度，一是精英循环论，二是精英再生产论。精英循环论认为,自由市场经济能够弥补社会再分配体制的不平等,在市场经济中,处于劣势地位的人群往往能够获得更多的经济收益,而已经处于精英地位的权力群体不再具有经济生产的优势。倪志伟等人认为,随着改革的推进,国家与社会的市场化转型将会导致"权力回报的贬值"与"人力资本回报的提升",①②这一观点意味着精英群体与弱势群体在经济转型中可能出现相互交替现象。精英再生产理论则认为,旧的政治精英通过种种手段保持在市场经济中的优势地位。边燕杰等人提出的"权力持续论"③认为,市场机遇受到权力结构的约束,拥有政治权力的人仍然可以优先从市场中获得实惠,从这个意义上可以推论,社会的精英是不断从旧有的精英家庭中再生产出来的。

这两种论述都倾向于从宏观视角来提取出一种普遍适用的精英生成观点,而事实上,在村落社区维度下,乡村精英的生成与上述两种动力机制都有关联。乡村旅游带来的市场经济环境转型的确使更多的普通农民和务工人群作为直接生产者而拥有了处置自身劳动力的自主权。市场机遇带给人们的精神动力进一步激发了返乡创业的积极性,人力资本的价值得到凸显。一方面市场为普通生产者提供了体制之外的向上流动的机会,村庄中新的中坚力量正在生成;另一方面,乡村精英的社会资本和人力资本也能够适应市场环境,并转化为新的经济效益。个体家庭的政治地位和经济地位在特定的场域中发生了交集和转化。在大山村,成功的农家乐经营者大多具有较好的社会资本、人力资本和精神动力。

---

① Nee, V. & Cao, Y. Path Dependent Societal Transformation: Stratification in Hybrid Mixed Economies. *Theory and Society*, Vol. 28, No. 6(December, 1999): pp. 799 - 834

② Nee, V. & Cao, Y. Market Transition and the Firm: Institutional Change and Income Inequality in Urban China. *Management and Organizations Review*, Vol. 1, No. 1(March, 2004): pp. 23 - 56

③ Bian, Y. & Logan, J. R. Market Transition and the Persistence of Power. *American Sociology Review*, Vol. 61, No. 5(October, 1996): pp. 739 - 758

（一）精神动力：创业精神与行动

成功者心态包括追求效率、参与公共事物、获得社会认可的渴望及阶层向上流动的欲望等。对于大山村的农家乐创业者来说，尽管人人都渴望发家致富，但这种渴望的强烈程度和坚决程度是因人而异的，同时，在创业过程中所表现出来的风险意识和抗压能力也是因人而异的。对成功者的精神动力研究主要体现在对“企业家精神”的论述中。“企业家精神”包括诸如首创精神，风险承受能力，苦中作乐的精神，精明、理智、敏捷的市场竞争意识，成功欲和事业心等不同的内涵。在大山村的优秀经营户身上，我们可以观察到某些类似的精神气质对其经济创新活动和资源整合能力产生了非常有益的影响，但由于大多数大山村的农家乐创业者并不具备企业化经营的能力和经历，用“创业者精神”替代“企业家精神”的概念来描述大山村的社区能人群体会更加适合。

尽管舒尔茨(Schultz)指出传统小农作为经济人参与市场活动时同样具有“理性”，①但我认为其所表述的“理性的小农”行动更多是出于一种生存压力层面的本能应对。换句话说，小农的理性充其量只能维持个体的基本生存，但无法使个体摆脱小农阶层，实现向上的社会流动，也无法令个体在群体中脱颖而出。这里所讨论的“创业者精神”，是基于对市场理性的学习、认知、反思等而形成的能动性，以及附着在这种卓越的能动性之中的市场创新精神和文化价值观。在对社区能人的访谈中，几乎所有的人都提到自己不满足于现状的创业初心，以及在遇到暂时的困难时吃苦耐劳、不断突破的守业经历。

案例：RHX，男，45岁。以前在外做木工，收入不高。2011年年底在政府的号召下返乡打造农家乐餐厅，是政府扶持的首批示范户

---

① 舒尔茨. 改造传统农业. 梁小民，译. 北京：商务印书馆，1999：64－67

之一。他运用做木工学到的本领,在自家荷塘边设计、建造了村中第一个木造亭子,刚开业五天收入就过万元,相当于妻子辛苦务农一年的收入。夫妻俩受到鼓舞,用心经营起自家的农家小院。有客人的日子,他们早上天不亮就要起床,骑车去5公里外的农贸市场选购食材,开始忙碌的一天。晚上如果还有客人用餐,基本上都要忙到夜里九十点钟。相比于过去的务工和务农生活,RHX认为现在的生活虽然更忙碌,但忙得更有意义,不仅可以挣更多的钱,还可以一家人团圆,相互照应。淡季的时候,他积极参加镇上和县里举办的各类学习参观活动,到全国各地农家乐做得好的地区"取经"。在他看来,作为农家乐老板,虽然自己的家庭没有特别厉害的社会资源,只是普通的农民家庭,自己也没有什么文化,但是只要不断学习、迎接挑战,并保持一颗永远进取的心,就能够让生意红火、客源不断。不甘平庸、吃苦耐劳、积极进取的创业者精神在RHX的身上表现得淋漓尽致。

进城打工和求学的农村青年,在行为方式和思想观念上几乎已经完全脱离了传统的农民身份。他们既不熟悉农活,也不愿从事传统农业,言谈举止和消费偏好已经非常都市化,他们能够熟练使用互联网,富裕的农村家庭子女也热衷于消费奢侈品。若非迫不得已,他们不愿轻易返乡。因失业而返乡的青年人,大多将返乡生活视为一个暂时的状态。尽管乡村社会和县域范围内存在着一些就业机会,但收入的落差以及城市劳动力市场主导下的职业等级观,深刻影响着大山村的年轻人以及他们的长辈。慢城机遇改变了这一情况。城里人对田园风光和农家美食的向往和追求,令诸如农耕、制茶、养蟹、蒸米糕、手工活、木匠活等传统的乡村工作种类升华为一种充满美学意义和文化格调的行为方式。这种都市视角下的乡村审美观,令大山村的年轻人学会了重新看待农业的生产力和农村的生活方式,并与这种都市乡愁文化产生了共情,从而催生了他们的创业热情。

案例:RYT,女,27岁。年轻活泼的她是一个典型的"85后"女孩,喜欢购物、拍照。她天真、善良且富有童心。经历了一次不顺的婚姻后，她带着儿子回到大山村生活，与母亲一起经营农家乐。妈妈负责给客人烧菜做饭，她则在饭前餐后组织客人到周边景区游览并陪同讲解。她通过微信朋友圈记录每天的农家生活，路边的野花、美味的螃蟹宴、雨后的大山，都成为朋友圈里一抹独特的田园风光。她热爱家乡的自然环境，也擅长待人接物，同时还积极参与村中的公共活动，对传统手工艺尤其感兴趣。她把自己的事业和爱好融进了每天的日常生活之中，积极乐观的态度和对慢城生活的由衷热爱感染着每一个与她相遇的人。

另外，政府提供的各项荣誉称号对大山村的经营者来说也是非常重要的精神激励和荣誉。将农家乐所获荣誉挂在墙上，意味着这家农家乐能够提供正规、优质的服务产品，而对于农家乐经营者来说，这也代表了家庭的面子，不仅是农家乐经营实力的象征，更是家庭在村中获得良好社会评价和较高政治认可的直接证明，也是有助于家庭进一步获得其他相关荣誉和政策扶持的“资本”。大山村人对各项荣誉具体代表的意义内涵，以及授牌机构、授牌理由等并不是特别关注，而更多的是强调“别人家有，我家也有”或者“别人家没有，但我家有”的参照群体意义。

表 5－2　大山村农家乐经营户所获荣誉一览

农家乐名称	所获荣誉	
	市级荣誉	省级荣誉
JF 农家乐	南京市农家乐文明经营示范经营户(2013) 南京市农家旅馆示范户(2013) 南京乡村旅游美食大赛铜牌奖(2012)	江苏省康居乡村乐游农家示范创建户(2013)
SX 农家乐	南京市农家旅馆示范户(2013)	江苏省康居乡村乐游农家示范创建户(2013)
JC 农家乐	南京市农家乐文明经营示范经营户(2013) 南京乡村旅游美食大赛银牌奖(2012)	—

续表

农家乐名称	所获荣誉	
	市级荣誉	省级荣誉
HX农家乐	南京乡村旅游美食大赛铜牌奖(2012)	江苏省康居乡村乐游农家示范创建户(2013)
GM农家乐	—	江苏省康居乡村乐游农家示范创建户(2013)
CN农家乐	南京市农家乐文明经营示范经营户(2013) 南京市农家旅馆示范户(2013)	江苏省康居乡村乐游农家示范创建户(2013) 江苏省巾帼农家乐示范基地(2015)

（二）人力资本：教育与职业经历

从成功经营者的经历中发现，学生时代的受教育经历以及工作中的职业技能培训等，在很大程度上提升了大山村人的人力资本存量。尤其是那些进入工厂打工的非农劳动力和在县城和城市接受非义务阶段教育的新生代群体，他们在城市中的职业经历和生活经历构成了农家乐创业成功的重要因素。

事实上，大山村人的文化教育水平呈现较大的代际差异。其中，55岁以上人口大多为小学文化水平甚至是文盲；初中文化水平则集中在40—55岁年龄段人口中，在这一年龄段中也有少量高中、中专文化水平者；其余接受过高中或中专教育的多为40岁以下的人口；接受大专、本科及本科以上教育的全部是35岁以下的年轻人，他们几乎都是在进入21世纪以后到城市中接受的中等和高等教育。这种情况是与我国农村地区义务教育普及政策的推进同步的，也与农村地区经济发展、人才流动的宏观背景相符合。

大山村人外出打工的职业经历也不尽相同，总体可以分为三种类型。一种是服务业从业者，他们在县城或大城市打工，在就职的企业中接受过服务业的从业培训;一种是相对低端的体力劳动者,打工者的教育水平多在初中及以下,由于城市中对体力劳动者的需求较大、支付的报酬更高,这些打工者也大多在大城市中谋生;第三种则是相对有一定技术含量和职业经验的打工者,包括技术工人和工厂的中层管理者,他们大多具有较好的文化素养,也接受过相应的职业技能培训。

案例:RF,女,29岁。RF是大山村人,嫁到高淳后与丈夫、孩子在高淳居住。她曾经从事过多年酒店服务行业,无论是饭店还是客栈的经营,她都非常有经验。她认为从前在酒店服务行业接受的培训和教育是她人生中宝贵的财富,也是促使她在村中经营农家乐的主要动力。她的农家乐以自己的名字命名,是没有政府扶持之后的首批自发创业的农户之一。RF白天来村中上班,负责打点农家乐的生意,晚上开车回到高淳的家中生活,是一个非常城市化的女性。2016年年初,她开始担任大山村“巾帼农家乐联谊会”副会长,希望能够将自己所掌握的酒店管理知识分享给更多的女性创业同伴,与大家共同学习、共同进步。

一方面,拥有较多的职业技能与专业知识有助于个体在农家乐经营过程中形成相对优势;另一方面,农家乐经营者在经营农家乐以前的职业经历和教育经历是否与农家乐经营所需要的技能有较高的吻合度,也是不同个体在经营活动中存在差异性的主要原因。

职业教育和大学教育意味着更高的技术水平、更有效的信息渠道和更高的社会期望,这些都将对个体谋求身份的向上流动产生无形的影响力。在大山村,受教育水平存在明显的代际效应,由此也带来了农家乐经营者经营理念与经营模式上的代际差异。虽然一些研究表明,受教育程度低的打工者更倾向于返乡,但事实上,盲目返乡者极容易遭遇新的就业困境。这是因为“农民工”被限定在城市的非技术性工作中,难以学习到适应现代商业社会和市场经济、有助于他们返乡创业的实质性技术和知识。[①] 大山村的返乡者经历则支撑了一个相反的观点，即返乡者或多或少在城市中浸染了一定的市场精神、商业意识、现代观念、经营技巧和人脉资源。大山村的返乡者之所以能够在农家乐经营中获得成功，很大一部分原因是因为他们外出打工的经历让他们学习到了一定的经营知识。同时，在城市就业的行业特点和技能获取是否与返乡后的经营活动有较高关联度，在一定程度上决定了农家乐经营是否能够获得较好的回报。

遗憾的是，由于价值观念的局限性、思想觉悟的滞后性，村中大部分成功致富的返乡者缺乏成为魅力型权威的意识与能力，极个别具有公共意识和参与精神的成功个体又缺乏进入乡村治理体制并获得合法治理权力的机遇，这导致真正意义上的社区精英和公共领域中坚力量的生成仍有一定难度。

（三）社会资本：家庭背景与人脉

农村中年返乡者中不乏这样一种情况：在城市或外地经历了工作、生活、生意上的失意后，选择返回家乡，抓住家乡的创业机会，并最终获得了较好的经营收益。这类群体大多在本村拥有较好的社会关系网络，有相对较高的社会地位，同时也拥有较多的发展机会。在外打拼失败后，返乡创业被视为一种明智的选择。这是因为在机遇面前，那些拥有更多本地资源的家庭无疑拥有超越本村其他家庭的机遇捕获能力。

社会资本的概念最早由布尔迪厄提出：社会资本是真实或虚拟资源的总和。对于个人和团体来说，由于要拥有的持久网络是或多或少被制度化了的相互默认和认可关系，因而它是自然积累而成的。[②] 在布尔迪厄的观点基础上，林南进一步讨论了个人所拥有的社

---

① 吴婉芳对180位农民工和返乡企业家的研究．转引自：瑞雪·墨菲．农民工改变中国农村．黄涛，王静，译．杭州：浙江人民出版社，2009：126

② 鲁可荣．后发型农村社区发展动力研究：对北京、安徽三村的个案分析．合肥：安徽人民出版社，2008：106

会资源与其社会关系网络的关系。社会资本是通过社会关系获得的资源，或者说，“社会资本是嵌在关系中的资源”，社会资本包含其他个体行动者的资源（如财富、权力、声望和社会网络等），个体行动者可以通过直接或间接的社会关系获取它们。① 林南认为，人的行动是理性的，无论是集体还是个体行动者的行动都有两个主要动机：保持既有的有价值的资源和获得额外的资源，而维持有价值的资源的动机促进了表达性行动，寻找和获得额外资源的动机唤起了工具性行动，这两种行动动机促使行动者自制地活动，以更好地保护或获得资源，或者与其他行动者互动以使用彼此的资源。② 在此基础上，林南进一步提出了关于社会资本的七个命题：(1) 社会成功命题：行动的成功与社会资本正相关；(2) 地位强度命题：初始位置越好，行动者越可能获取和使用好的社会资本；(3) 强关系强度命题：关系越强，获取的社会资本越可能正向地影响表达性行动；(4) 弱关系强度命题：关系越弱，自我在工具性行动中越可能获取好的社会资本；(5) 位置强度命题：个体越靠近网络中的桥梁，他们在工具性行动中获取的社会资本越好；(6) 位置—地位交叉命题：对于工具性行动，位置（靠近桥梁）的强度依桥梁所连接的不同资源而定；(7) 结构相依命题：对位于等级顶部及其附近、底部及其附近的行动者而言，网络运作（关系与网络位置）效应受到等级制结构的约束。③

社会资本是影响大山村人返乡动机的重要因素。一方面，地方政府提供的政策性资金扶持，及其对口定点消费的承诺，吸引了很多人返乡创业，另一方面，更重要的原因在于，这些曾经在外生活和工作的大山村人，其家庭主要的社会关系网和有效资源仍在家乡。这种拥有本地优质社会资源的返乡者的返乡行为，可以被称为“理性的

---

① 林南.社会资本——关于社会结构与行动的理论.张磊，译.上海：上海人民出版社，2005：42

② 林南.社会资本——关于社会结构与行动的理论.张磊，译.上海：上海人民出版社，2005：44-45

③ 林南.社会资本——关于社会结构与行动的理论.张磊，译.上海：上海人民出版社，2005：74

返乡”,并非一味追求独立和自由才选择创业当老板,而是可能需要在一定程度上听从地方权威的建议和安排。尽管牺牲了一些自由度,但在经济回报上是更有利的。本地社会资源匮乏的普通返乡者,则更多地强调一种“不受约束,当小老板,为自己打工”的返乡创业动机。

社会资本也是影响大山村的社区能人发挥创造精神和个人能力的重要外部保障因素。只有通过社会关系网络,个体才能经由各种合作关系实现目标。社会资本首先用来满足个体和家庭的发展需求。在大山村,这种需求表现为农家乐经营活动的可持续发展,那些拥有较多社会资本的个体和家庭,更容易在农家乐经营活动中获得领先地位。

表 5-3 某农家乐的主要社会关系资源

户主	部队的老战友,经营农资店的生意伙伴,村中老友,亲戚,邻居
妻子	在政府部门工作的兄弟
儿子	厨师班的老师和同学,曾经的同事和同学,生意伙伴,旅行团
儿媳	政府官员,媒体记者,创业学习班同学,生意伙伴,顾客,微信网友

为了持续经营,经营者在地方的社会资本显得更为重要。重要人脉的运作表现在以下几个方面:其一,返乡创业之初,一部分人就得到了当地政府的扶持,获得了较好的官方资源,政府部门也通过“对口帮扶、定点消费”等形式,承诺在农家乐经营户遭遇各种经营困难的时候给予力所能及的帮助。与政府的密切交流是经营户早期最主要的社会关系运作形式。其二,对村集体和村庄事务的慷慨捐助。每年的固定项目是清明酒会,各户捐款会按金额大小排列并张红榜公示,成为一种公开的面子竞争,其中较大额度(500 元以上)的捐款有助于博取村干部和宗族干事的好感,并在村中树立成功者的权威。其三,送礼和请客。对于在经营过程中结识到的社会各界有资源、有财富、有地位的“贵客”,积极维系情感,通过请客和送礼等方式给对方留下深刻印象。

对于长久生活在村庄社会情境中的大山村人来说，这些只是把传统的人情运作方式放在了经营农家乐的场域内加以运用，对于熟悉村庄人情世故的人来说并不是什么难事。政府部门的对口帮扶，是最初六家农家乐所获得的独特优势。因起步早、扶持好、财富积累迅速，这几家农家乐在捐款、送礼、请客等村庄人情方面显得游刃有余；而那些后起步的经营户，如果盈利情况较好，又乐于运作人情，也会积极跟上捐款、送礼、请客的步伐；对于那些盈利情况较差，但仍然渴望积极运作人脉的家庭来说，捐款、送礼、请客等也只能量力而行。

由于大山村是一个相对封闭的传统宗族村落，且公社时期作为大队支部所在地，因此具有较强的集体认同感。在村庄场域中，家庭背景在一定程度上决定了农家乐经营者的初始位置。除了父辈的职位和阶层，其他家庭成员的经济实力和政治地位也有利于个体的社会资本运作，并因此成为村庄社会中对社会地位进行比较与评价的重要参考，这些在村庄中拥有较好社会地位的家庭成员也更加容易捕获那些因外部机遇而进入村庄的新的资源。

在大山村，如同林南论述的那样，人们更倾向于利用弱关系获取新的社会资源，并实现那些具有工具理性倾向的行动目标。这是因为，在村落社区的场域中，一个人的核心强关系群基本上与家族血缘关系重合。在相对封闭的村落社会关系中，人们拥有的资源是相似的，甚至是竞争性的。相对于血缘关系而言，面向外部世界的各种弱关系中往往蕴藏着更多的机会和资源。

同样，林南的位置强度命题在大山村人的社会资本运作中也有所体现。随着慢城经济的发展、社会各界关注度的提高、村落内生动力的增长，社会网络中的一些关键位置，尤其是各类村级组织的关键职位，正在变成村庄内部成员对接外部社会资源网络的“桥梁”。围绕在这些“桥梁”附近的组织成员及其家庭，无疑将拥有相对于其他普通家庭而言更加丰富的可供调用的社会资本。由于社会分层的结构约束存在，中下层的个体难以捕获到来自较高阶层的社会资源，而较高阶层的个体也不愿承担过多的风险将自己的资源介绍给与其阶层差异较大的弱者。本人越是靠近社会关系网的关键位置，在交换或使用社会资本的时候就越是慎重，以避免相对稀缺的社会资源被更多人稀释。

正是由于社会资本的相对稀缺性，一些拥有较高社会地位和位于社会关系网络“桥梁”附近的人，在运用个人的社会资源和社会关系网实现个体成就的同时，倘若缺乏足够的公益精神和奉献精神，就不会主动把这些外来的资源与机会分享给他人。依托这种结构化了的个体社会资本获得成功的大山村致富能人，仍未具备社区精英的公益效应和身份属性。

四、乡村能人的创富示范与身份重塑

大山村人不断追求自我身份的转变和社会阶层的向上流动的美好愿望，是推动大山村转型的持久内在动力。然而，在大山村的变迁中，农户与农户之间、个体与个体之间的不平等正在扩大，尤其是贫富差距在村庄社区层面已经表现得比较典型，这背后的原因究竟是什么？通过重点关注大山村的经济能人，认为一部分大山村人凭借个体的不断努力和特定的优势社会资本，通过经营农家乐以及与此相关的各种经济活动，在追求个人成功和改善家庭生计方面先人一步取得了较好成效，从而有意识或无意识地发挥了创业致富的带头示范作用。这些经济能人作为社区成员的一分子，积极以自身的能动性和创造性实现个人与家庭发展的阶段性目标，其所获得的成就既符合村庄生活价值诉求的现实性，又符合村庄外部发展定位的政策性，从而成为促进乡村经济结构从小农兼业向乡村旅游转型的关键群体和带头人。

在村落社区内，传统权威阶层和新型致富能人共同构成了农村社区精英的范畴。其中，在传统的权威阶层家庭中，家庭的财富资本、文化资本与社会资本等社会地位支持要素可以实现代际延续，这有助于在传统的权威精英家庭中诞生出新型致富能人。此外，更高层次的教育普及、外出打工或城市创业的经历、有针对性的职业技能培训、开放的社会关系网络等因素，有助于那些不属于传统权威阶层家庭的成员突破村落社区的社会关系结构制约，实现新的创业与经营资源的捕获。最为重要的是，渴望获得个人成就、实现家庭财富增长和社会地位不断提高的强烈成就动机，是激励每一个个体不断开拓进取、整合资源、调整策略、参与创新的内在精神动力。

慢城为普通农户家庭带来了非农就业机会，打破了地方政治结构对本地稀缺市场机会的控制局面，提供了门槛较低和相对多元化的商业经营路径，短时间内改善了普通农户的家庭生计和生活处境，但必须看到的是，那些本来在村中就比较富有、比较能干、拥有较多社会资源的家庭仍然在村中拥有最强的社会经济地位，他们在这一轮的经营竞争中普遍获得了平均水平之上的较高收益。“让有实力的人获得更多的回报”这一来自城市商业社会的通则在以大山村为例的慢城同样展现得淋漓尽致。

大山村中涌现出的致富能人，主要是指借助慢城机遇在村中开办农家乐并实现较好经营绩效的个体户。这部分人以中年返乡者、在城市中接受教育的农村青年、以外来媳妇为主的农村妇女三类人群为主体。通过合理调用自身与家庭所拥有的财富资本、文化资本、社会资本等要素，他们实现了家庭财富的迅速增值、个人社会地位的快速提升，并发挥了积极的带头示范作用，调动了更多的村民投身农家乐经营，并对村庄形成特色产业和规模经济起到了不可磨灭的关键作用。但是，调研发现，大山村的能人带动效应更多的是一种无意识的、被动发生的机制。由于手握村中相对稀缺的外部人脉资源和知识信息渠道，能人们的致富能力明显高于普通村民，然而遗憾的是，大山村的部分致富能人缺乏投身公益的热情，在某种程度上可能欠缺一种精英意识。在大山村，能人与“草根”的两极分化正在形成。由于缺乏精英化的成就动机和相对应的公益行动，普通村民对致富能人并未形成基于权威和威信的认同，反而出现了相对剥夺感，反过来，致富能人在看待其他普通村民时，也有一定的优越感。这种社会地位的两极化及其带来的社会心态的对立有可能成为影响村庄社会整合与社区凝聚力的隐患。

曾有研究指出，在城乡二元结构的条件下，村庄的公共产品供给具有体制外供给的特征，由积极分子组成的民间组织承接了体制外资源的输入，为村庄自主供给公共产品提供了基础。在积极分子的带动下，村庄内部的自发合作潜力能够被激发出来，村庄具有了一定的自主供给公共产品的能力。① 然而，在大山村，我们发现，公共产品的供给依赖政府自上而下的体制内的资源输送链条，这再度巩固了体制精英在村庄内的权威地位，无形中扼杀了非体制精英，也就是民间的积极分子通过组织志愿行动和承接外部资源来参与社区治理的机会。

与此同时，社区能人的示范力、号召力与组织力仍有待进一步挖掘，以实现社区能人向社区精英的转化。体制内的资源供给机制在某种程度上不太强调公平性，存在"精英俘获"现象，没有一种制度性的约束力来规范乡村能人的公益行为，也缺乏对能人公益行为的激励机制，对精英意识的引导和对公益行动的动员力度不充分。陆学艺指出，社区精英需要满足三个条件：(1) 资源优势；(2) 一定程度的个人成就；(3) 这种成就对社区社会结构的维持或变化具有一定的社会学意义。② 换句话说，只有能够发挥个体和家庭的资源优势，对社区生活的某个领域或多个领域产生良性影响并促进其理性发展的人，才能被称为社区的精英。大山村在慢城契机之下发生了社区精英群体的重组，潜在的社区精英主体正在生长，他们的创新示范和参与驱动作用有望进一步引导和推动乡村生计模式与生活方式的转型。

与此同时，越是有能力的人，越是有可能离开村庄。这一规律在"打工经济"时期的大山村就表现得很典型，而在"创业经济"时期则同样会影响大山村人的动机。在国际化的机遇面前，创业成功的大

---

① 张世勇．积极分子治村：徽州村治模式研究．济南：山东人民出版社，2009：6－7

② 陆学艺．内发的村庄．北京：社会科学文献出版社，2001：270－271

山村人通过反观自身的教育缺憾,重新认识到教育的重要性。研究发现,那些拥有较高的自我培训意识和较高的职业期望的人,构成了大山村发展的中坚力量。但是,这种社会的中坚力量具有某种不确定性:选择做“草根”精英,某种程度上意味着放弃了一般意义上的向上流动通路,但其子女仍需要在城市中接受中等和高等教育,因此,这些成功家庭的返乡行为是否具有长久的存在动力仍然有待观察。

第六章
红利共享:地方永续发展

慢城作为一种包含了环境保护、文化多样性保护、本地小农利益保护等多种非经济性的、社会性的诉求在内的替代发展模式,以共享、共治、协调、参与的善治理念为目标,为乡村振兴与特色化建设路径的伦理转向提供了可供参考的视角。

慢城本土实践的核心问题在于地方制度的创新。经济学家强调制度的管理特征,认为制度是规则体系或管理体系,它提供了经济行为的背景条件。韦伯、帕森斯(Parsons)、塞尔兹尼克(Selznick)等早期社会学家强调的是规范的制度,他们认为制度主要是规范性的结构,它为社会生活行为提供了道德框架。新制度主义区别于以前的认识,它强调认知—文化过程对于解释制度的作用,伯杰(Berger)和卢克曼(Luckmann)将制度化视为一个互动意义的建构过程,制度的确立包括行为者的意义赋予。[①] 慢城制度创新,应包括文化意义层面、经济规则层面、社会结构层面的整体创新。

这其中,慢城带给地方社会的最为显性化的机遇在于,可以通过整合国家制度与乡土文化制度,构建本土慢城文化资本,挖掘集体文

---

① 邓锁. 开放组织的权力与合法性——对资源依赖与新制度主义组织理论的比较. 华中科技大学学报(社会科学版),2004(4)

化价值观与社区共同理念的感召力、生产力和治理力，建构起乡村善治和村落良性变迁的伦理基础。其行动目标，需要进一步重构乡村自主权，进一步共享地方发展红利，进一步完善公共利益表达机制。其可行路径，一是基于新的社会交往而重建本地生活的意义，这构成了地方文化制度的心理认同基础；二是基于新的利益格局而更新地方经济规则，这将构成制度创新行动的主要核心内容；三是基于新的权力来源（赋权过程）而树立地方内生秩序，这构成了制度自我更新和持续发挥社会整合功能的根本动力。

一、慢城文化红利：地方认同感的回归与重塑

（一）就地城镇化与后现代社区转型

20世纪80、90年代，国家鼓励在农村地区开展小城镇建设并扶持乡镇企业发展，将乡镇企业尽量集中在县城、重点集镇，以及随后发展起来的工业园区之中，由此带动了农民就地非农化转移的热潮。小城镇不仅提供了就地转移的地理空间和市场条件，也成为承接和消解城乡二元对立体制所带来的社会矛盾和社会压力的角色。农民在务农之余，可以就近选择在小城镇和乡镇企业中任职，并逐渐接受城市文明的辐射。小城镇在一定程度上发挥了城镇化的空间集聚效应，推动了农村地区的城市化进程。乡镇企业的发展广泛吸纳了农村剩余劳动力，小城镇的生活方式也在向农村不断传播着城市文化。小城镇作为农村地区的基层市场中心、非农就业中心、生活服务中心等，极大地改善了农村地区的生产效率与生活质量。小城镇的自来水、供电、通信等基础设施逐步完善，与基层乡村社区的交通也变得更加便捷。随着连接市场的基础设施的完善，城乡之间的信息传递也越来越无缝化。

然而，大部分依赖乡镇企业而发展的小城镇建设仍面临着一定

的市场风险。在乡镇地区开办的工厂企业，大多数并不是基于当地的市场需求，而更多的是为了利用当地的政策优惠（如土地租金优惠、贴息贷款、税收减免等）或经营者自身的外部优势（往往是城市的乃至国外的市场需求）。一旦这些优势消失或市场前景低迷，那些私人化的、中小型的乡镇企业就容易受到冲击并陷入经营困难的境地。受人均收入水平和保守消费观念的制约，乡镇一级的商业类型也长期处于中低端的消费水平，这导致农村地区即使留住人口的户籍，也难以留住消费的资金。真正有能力从农村转移到城市并扎下根来的人，往往是村庄中的能人、精英、人才，这些农村精英群体的“离土又离乡”加快了农村社会的空心化。[①] 那么，在农村地区剩下来的留守人群，以及那些长期在城市打工但无法最终落户城市的“半城市化”群体正在构成社会治理新的潜在问题。

这种依托乡镇企业发展的小城镇化模式，非常容易出现简单、粗放的“伪增长”现象，农村地区逐步非农化，但又缺少真正能够可持续的核心竞争力，仅仅成为低端制造业和低附加值产业的容器，而环境污染、财政损耗加剧了地区的不可再生性，无论是当地人还是外来的投资者都难以形成真正的地方认同感。与此相对，中国首个慢城在苏南乡村地区的实践，为我们描绘出另一种完全不同的新型城镇化和城乡一体化的后现代社区发展的可能方向。当区域总体社会经济指标达到现代化标准之后，乡村社区进一步朝向后现代社区发展——农业生产方式朝着景观化、后生产化、休闲化方向发展，农村社区发展出多元治理格局，民间组织活力增加，外来资源输入与内生发展驱动的关系趋向和谐，后现代意义上的农民个体正朝着新型农民与市民化的方向发展，生活在村庄的群体不仅有望具有市民身份，更有望具有典型化的市民精神，最重要的一点，立足于本地经济增长和富民导向的发展方式，能够促进地方认同感的生长，实现慢城社区

① 这也许是一股无法阻挡的社会进步的潮流，毕竟农村地区的优秀人才流入城市，终将有利于城市社会的发展，而城市里优秀公共资源的充分集聚、人群与市场的高度密集、信息与机遇的广泛分布，都为整个社会的高效运转和个体追求幸福生活提供了更加多元化的选择

的可持续发展。

从这个意义上来看，慢城模式在大山村植入的过程，是自上而下的地方制度建构与自下而上的个体理性选择共同实践的结果，可以理解为一种就地城镇化的变迁过程。首先，就地城镇化是发生在国家现代化进程中社会经济制度转型的大背景之中。在国家宏观政策发生反哺农村转向和地方政府强而有力的行动干预之下，大山村正在经历一场由规划性变迁所引导的现代农村社区建设，村落共同体的异质性分化呈现出明显的特征。其次，大山村的就地城镇化过程与基于个体理性选择的社会流动现象密切相关，政府主导的各种吸引农村人口回流的举措有利于改善当地普遍存在的乡村空心化现象。基于对城市生存境况的反思和对慢城机遇的向往，更多的村民选择从城市返回村中，通过农家乐创业的方式实现个体与家庭的发展。政府一系列创业启动扶持与环境打造行动，对促进农民返乡发挥了较好的动员与吸引作用，土地流转政策将农民从小农耕种中解放出来，保底且持续的土地流转租金收入某种程度上也提高了农民返乡的安全系数。

城市化和城镇化的最终目标，是实现代表现代文明的城乡一体化高质量生活方式的总体覆盖。要实现这一目标，并非只能简单地把农民集中到城市中生活。从国外城市化发展的经验来看，农村地区可以通过多样化的现代文明纽带实现现代生活方式的覆盖，提升社会文明水平。慢城的本土实践为自然村落社区空间实现就地城镇化提供了一个生动的现实案例。就地城镇化不是搞“农民上楼”和宅地集约化，而是主张通过对区域经济发展方式和本地就业生活一体化的重建，来缩小城乡生活方式的差异，促进农村地区的整体现代化发展。村落保护也不是仅仅对物质空间的保护，而是重在对那些包括经济资本、社会资本、文化资本在内的乡村集体资本存量较高的村落进行整体性保留和重建，通过空间营造、产业打造、就业创造、生活再造等方式，吸引人口回流和外来者定居，在个体化和自由流动的后现代社会中，为那些最终选择在乡村社区生活和就业的人群创造幸福生活的社会条件。

在市场经济时代,每一个社会成员个体都与市场体系有机结合起来,直接或间接参与到全球经济一体化的浪潮之中。信息产业的普及、交通状况的改善、社会流动性的增加,使小农户充分融入大市场,为就地城镇化提供了经济基础和物质前提。影响人口跨区域流动的因素是多方面的,人口流动无论在发展中的社会还是发达社会中都始终存在,人口的流动带来社会的活力。就地城镇化并不是要消除人口流动现象,也不是要消除导致人口流动的全部动机,可以说,就地城镇化理论探讨的是如何消除因城乡生活质量差距过大而导致的人口盲目外流行为,以及由此引发的农村地区社会问题。

总体来看,就地城镇化应该是现代就业体系的普及化过程,在这过程中不能忽视那些依托本地小微经济而形成的本土创业与就业体系。就地城镇化也应是现代生活方式的普及化过程,伴随着城市文明与乡村生活的不断碰撞与相互,村庄逐渐衍生出一种更具现代性的民间礼俗、家庭关系以及日常生活方式。就地城镇化还应是现代社区治理模式的普及化过程,面对基层社区的治理困境,需要提升社区居民的主体性地位,创新治理组织架构及其功能设置,形成多元化的基层社区自治模式。就地城镇化亦是地方文化自觉与本土文化资本重构的关键时机,对本地文化的自豪感是增强地方认同、巩固就地城镇化建设与发展成果、提升本土可持续发展实力与价值的关键。

本土资本的"道德经济化"和本地高素质劳动力的建构是实现这一目标的有效途径。在信息社会和多元生活方式兴起的时代背景下,互联网信息技术的普及和发展有助于建构一种基于消费文化的新的城乡互动关系,从而依托城市多元文化群体带动乡村生产力的后现代转型。让每一个公民都能公平地享受到城市化与现代化带来的红利,是中国实现社会主义现代化和迈向高质量发展的题中之义。以慢城为代表的新型城镇化与就地城镇化模式,以"离土不离乡"为目标,提出了另一种基于乡村地区经济结构转型、就业机会创新以及社会文化与生活方式现代化的新农村发展方式,以实现社区经济结构和主要就业人口的就地非农化和社区生活方式的现代化转型。

(二)认同分化对社区凝聚力的消解

从地理空间联系和社会统计资料来看,大山村有其明显的边界,但是,从另一种视角来看,如果说村落社区内存在共同体,那么这种共同体的状态并非完全与村庄边界相一致。施坚雅在分析乡村集市的时候提出了类似的观点。基于“集市圈”“信仰圈”“宗族圈”“家事圈”等不同的分析视角,可以观察到根据临时性目的而聚集且呈现出来的具有不同边界和内—外相对概念的共同体社会。这种共同体的关系往往只在事件发生的前后一段时期内呈现出具体的、可观测的社会事实样态,而在相关事件发生期之外的“空窗期”,这种共同体关系往往很难被外人所察觉。

村庄社会关联可以用来考察社会内部的行动能力。① 村庄社会结构的基础是村庄内部人与人的关系,而人与人之间具体关系的性质、程度和广泛性构成了村庄的社会关联,它是村民在村庄社会内部结成的各种具体关系的总称,也指村庄发展时村庄成员所能动员起来的关系的种类和强度。② 村庄发展中赋权所需要的信任和团体感,参与所需要的责任和义务,以及村民资源和劳动力的投入都不能凭空产生,而是深深地扎根于村庄的社会关联及更广大的社会结构情境之中。③ 换句话说,社会关联是生成社会资本的人际关系场。从传统宗族村落到现代农村社区的制度化变迁,是村落共同体分化成多个不同的社会关联网络的过程。这些分化过的共同体互相之间或有重叠,依据不同的村庄事件,村庄中不同的共同体被调动起来。在大山村,村落共同体的异质性分化呈现出明显的特征。社区认同与社

① 贺雪峰,仝志辉.论村庄的社会关联——兼论村庄秩序的社会基础.中国社会科学,2002(3)

② 刘洋.村庄发展的社会基础:一个豫东村庄的村治模式.济南:山东人民出版社,2009:21

③ 刘洋.村庄发展的社会基础:一个豫东村庄的村治模式.济南:山东人民出版社,2009:21

区意识的分化,对社区固有的凝聚力形成了冲击,并给未来的乡村治理带来了隐患。

从个体家庭层面来看,家庭趋于小型化,夫妻关系轴的重要性上升,姻亲关系的合作替代了亲戚关系的合作。从关键人物层面来看,缺乏具有公益意识和带动能力的乡村能人,贫富分化和对有限资源的不平等占用正在瓦解仅有的社区凝聚力。从社会组织层面来看,小圈子化运转的各村级组织彼此之间缺乏交流和合作,各占据一方利益,各自组织活动,各组织内部认同也存在一定的问题,彼此之间更难以合力形成村级的社区凝聚力,社区缺乏有效的整体动员机制。从外部支持层面来看,以政府干预为主的外部资源输入方式在项目制的资金流入与考核形式以及地方官员政绩压力之下,在社会动员的过程中过于追求效率,而忽视了社会参与环节,从而导致社区民意与政府目标关系在一定程度上的紧张,给社区凝聚力带来了负面影响。

一方面,基层文化制度和社会关系结构的复杂化塑造着更加分化的乡村社会认同圈;另一方面,生活节奏与生活模式的分化在日常生活层面同样悄无声息地分解着村落共同体的集体共识。现代性对于基层村落社区的影响力不仅体现在职业身份和收入结构的经济分化上,而且也深深植入社会心态与生活方式的认同分化之中。

首先,对于忙与闲的关系,不同人有不同的理解。新的创业状态让更多的大山村人开始思考时间观念,并主动重构工作与生活的关系。"休闲"二字所代表的慢节奏,是与工业社会的快节奏相对应的。对于传统农民来说,农忙时节之外即是农闲,农民有闲暇却无休闲。对于兼业者来说,农闲时节让自己忙起来,才有可能获得更多的收入。对于"农民工"来说,一年到头都很忙,闲下来就意味着失去主要的收入来源。返乡者经营农家乐,一部分是为了求清闲,不愿再忍受原来忙碌的工作状态,内心渴望清闲的生活方式,而农家乐和慢城都比较好地契合了他们的这种理想。另一些人认为自己闲不住,比如那些原本务农的家庭,由于土地统一流转出去了,可以不种田而直接获得租金收入,每天都闲着没事做,出去打工又没有特别理想的差事，于是想通过经营农家乐来换一种人生。不管怎样，过去由农忙—农闲来定义的同一性的农民生活模式，正在因旅游业典型的旺季—淡季消费波动而被再结构化。旺季里的繁忙，淡季里的闲散，留给大山村人的是对理想生活模式和生活节奏的自我调适。同样是农家乐的经营群体，由于创业心态的不同、对各自生活方式的设定不同而产生了不同的经营理念和经营走向。

其次，对于城与乡的选择，不同人有不同的迷惘。城市生活方式与乡村生活方式是截然不同的体验。接受了城市生活方式，尤其是休闲文化洗礼的年轻人，很难再适应农村的生活，逐渐对乡村产生了疏离感。一部分有能力的年轻人选择将房子买在县城，将村中的农家乐和其他活动仅仅作为一种生意，是帮助他们更快融入城市的“创富跳板”。从个体层面来看，尽管经营农家乐给返乡农民带来了好处，有利于他们的本地生活，但对于村庄的新生代群体来说，农家乐的火爆仅仅意味着做生意的机会，他们的生活世界和人生规划已经以城市为基本取向，他们渴望借助大山村的慢城机遇，实现自己迈向城市生活的新篇章。但与此同时，这些年轻人也深深地意识到农村户籍与日俱增的重要性，尽管他们认为自己已经是城市人了，但是又不愿意真正放弃农村户籍身份带给他们的种种优惠。“亲城派”与“亲村派”的动机是如此差异化，以至于人们的生活重心，尤其是对公共生活和公共政治空间的需求表现出较大的差别。

再次，对于农与商的身份，不同人有不同的困惑。土地流转出去之后，大山村人的谋生方式发生了根本性转变，但这并不意味着他们社会角色的完全转换。一部分经营农家乐的大山村人从农民变为工商个体户，这更多的是一种谋生方式和主要收入来源的变化，是在市场机遇面前农民生计多样化的一种自然而然的发展趋势，这并不意味着社会角色或社会阶层的根本转变。“如果有一天慢城不行了，我的农家乐开不下去了，我可能还是要去种田谋生，我除了种田还会做什么呢？到时候只希望政府还可以继续付给我们较高的土地租金，同时还能让我在地里种田，拿点工资。”一位年纪较大的村民说。另一位“80后”的年轻人则这样解释：“别看我们在城里买了房子，但我爸爸妈妈都是农民,我是在村上开农家乐的,还代销一些特色农产品给城里人,和朋友合伙也是做的乡村旅游,主要就是拉旅行团过来吃饭,我们就守着慢城这个机会做点自己能做的事,或者别人还没有做,我们先看到了机会就先做起来了。这并不是说做得有多大多好,和很多其他成功的旅游村的生意人比起来还差不少。商人?我肯定算不上商人,守着村子做点小生意。以前村上不是也有各种做小生意的嘛,开小卖部的,卖农药化肥的,只不过时代不同了,现在做的是旅游的生意,但都没什么技术含量,大家骨子里也都还是农民,至少说都还是农村的人吧。"一部分大山村人对自我身份双重性的认知,显示出农村基层社会成员,无论是在农业领域还是非农就业领域,其职业化和专业化的程度仍有待提高。一方面,大山村人认为非农就业意味着向上流动的机会;另一方面,他们又或多或少地感觉到一些制度性的、结构性的限制因素在制约着他们的阶层流动。无论是当农民还是做商人,若不能突破职业化和专业化的发展瓶颈,则可能始终处于社会职业分化的最底层,从而无益于他们的个体发展和社会阶层的向上流动。

最后,对于贫与富的分化,不同人有不同的感受。尽管总体上看,大山村的人均收入显著提高,但实际上,农户之间的收入呈现两极分化的倾向。即便在总体上摆脱了贫困状态,大山村仍然存在着相对贫困的家庭。在家庭联产承包责任制之后的农村社区,家庭成为独立的经济行动与核算单元,贫困者多为家庭结构性贫困,如因家庭残缺、家庭成员病残、家庭结构不合理等造成的家庭劳动力不足、家庭供养压力大等。农家乐的经营同样需要家庭劳动力的投入与分工,从这个意义上说,农家乐强化了原有的致贫因素,使那些原本就因为家庭结构性原因陷入贫困的家庭更加无法走出相对贫困的困境。此外,农家乐也塑造了新的不平等。家庭经营优势的差异也会加大经营户之间的贫富差距。农家乐经营具有强烈的地点属性,即位于良好市口的农家乐饭店,或位于较幽静环境的客栈往往具有天然的经营优势。在经营户中,由于家庭劳动力不足、社会关系缺失、经营能力欠缺、房屋区位劣势等原因造成的经营不善或终止经营的案例时有发生。有个别家庭盲目借款装修开业，至今家庭资产仍然是负债状态，经营基本停滞，成为“因商返贫”的典型个案。[①] 农家乐经营的好坏成为村庄社会新的财富分化动因。与此同时，乡村社会的商品化越来越具有渗透性，并带来了个体自由和市场竞争等观念。乡村消费水平的提高、物价的提高、风险的提高、传统价值观的断裂等因素都在驱使人们不得不选择新的谋生方式以赚取更多的收入。看似有更多的谋生机会，但适合弱势群体的有效谋生方式仍然十分有限，而乡村贫富差距的扩大带给了底层弱势群体更多的挫败感。更重要的是，过去少数发家致富的人都是离开村庄、定居城市的，而如今，有钱人居住在村中，甚至就在贫困家庭的隔壁，这极容易带来一种心态层面的“相对被剥夺感”，不利于村庄凝聚力的维护。

（三）基于反思实践的认同模式重建

慢城带来的生活节奏与生计方式的改变，让部分创业者率先抓住了充分享有个体权益、自主规划并自由选择人生轨迹的机会。慢城在中国的本土实践，体现出从价值植入、利益捕获、人口回流，到富民效益、幸福感、成就感、身份感、归属感的建立，再到文化反思与价值守望层面的社会心理与社会文化的变迁过程。

市场的理性化特征被认为是重构农村家庭结构与家庭关系的重要因素。农村家庭介入市场经济会导致家庭伦理危机、家庭关系疏离、家庭生活瓦解、家庭目标异化、家庭风险增加等问题。在家庭层面上，家庭传统伦理的价值和意义正在被市场利益的工具理性所替代。[②] 2010 年之前的大山村，在“打工经济”的吸纳下，一些农村家庭

---

① 截至 2016 年年末，大山村有两户农家乐由于经营不善而选择停止营业，另有至少四家正在考虑转手生意或停止经营。如果有人愿意接手，经营者表示会收取一定的转让费来弥补前期装潢投入并偿还债务。如果在一定时间内没有转让出去，则只能停止经营，重新选择外出打工，慢慢偿还债务

② 杜鹏．嵌入与再造：利益性家庭的生成机制——基于浙江 J 村家庭作坊的社会学考察．湖南农业大学学报（社会科学版），2015(6)

成员走出村庄成为“农民工”,留在村中的留守家庭成员的确面临上述市场理性带来的潜在危机。

但值得关注的是,通过发展农家乐经济,至少在一部分经营情况较好的家庭中,我们可以观察到价值理性对工具理性的反思性替代过程。这种反思性主要来源于两个层面。首先,旅游产业天然的淡旺季区分直接重构了村民日常生活的节奏与闲暇分配。在旅游旺季,农家乐的主人几乎没有闲暇时光,但相对应的,在相对较长的淡季,大部分农家乐经营者享受到了过去作为打工者所不曾享有过的闲暇时光,越来越多的大山村人开始发展兴趣爱好和休闲消费。基于打工者和经营者两种谋生身份的对比,绝大多数大山村人都表示对现有的农家乐经营者身份更加满意,对目前的生活方式和生活状态也普遍感到满足。其次,旅游业带来的丰厚的物质回报让大山村人有更充足的财力来支持这种经营旺季与闲暇时光相分离的生活方式,并有更加充足的财力来支持对传统家庭伦理的实践,比如有更多的财力来履行对老人的赡养义务。

韦伯曾指出,现代性的增长可以表现为理性化的过程。在韦伯看来,价值理性是指“遵循一定行为的纯粹和无条件的固有价值——包括伦理的、美学的、宗教的以及其他任何价值——的有意识、有信念的行为,而不问结果如何”,促进资本主义社会发展的劳动动机与职业伦理等构成了资本主义精神,是文化价值在经济行为中发挥主导作用的体现。帕森斯基于韦伯的观点进一步提出了行动理论,认为社会成员拥有共同的价值体系,并为社会成员的行动选择提供了参考标准和依据。日本社会学家富永健一也认为,文化价值观的变迁是社会现代化变迁的最终标志,因为社会变迁是个人行为的集合性结果,行为的发生始于个人的意志和动机。由此,富永健一以非西方后发社会的现代化为例,提出了价值引导变迁的三个关键变量:(1) 接受现代价值传播可能性的程度;(2) 接受现代价值的动机的程度;(3) 接受现代价值所引起的冲突的程度。富永健一指出,在经济领域、政治领域、社会与文化领域,现代价值的传播与接受程度及其可能引发的冲突程度是有差异的,由此导致了非西方后发社会的现代化变迁首先发生于经济领域且引发的矛盾冲突较小,其次发生于政治领域,最后才是社会与文化领域,这与西方社会现代性在不同领域的生长顺序正好是完全相反的。[①]

吉登斯(Giddens)等人认为,现代性表现为早期现代性和反思现代性两个不同的阶段。如果说早期现代性即意味着工具理性替代价值理性,那么反思现代性阶段则可以理解为价值理性对工具理性的再取代,也就是反思理性化的发展。[②] 农家乐旺季的高回报和淡季相对自由的生活,在当前全国上下鼓励创业的情境中表现出一定的吸引力,接手父辈的农家乐生意被大山村的年轻人视为一种较为理想的创业模式和生活状态。尽管不是所有的年轻人学习的都是与旅游管理或餐饮相关的专业,但年轻人在城市中求学、消费、生活等经历丰富,再加上他们对媒体宣传和时尚信号的接收和吸纳能力较强,因此更加能够理解和践行与慢城理念相关联的具有后现代意义的"慢生活"方式,相比于父辈,这些年轻人接手农家乐和其他生产经营活动将有利于大山村的旅游经济进一步与慢城理念接轨并实现内生创新。

需要强调的是,价值理性层面的反思性需要建立在工具理性的基础之上,这既符合马斯洛(Maslow)的发展需求层次理论所提示的基本逻辑,也是在我们的生活实践中被反复证实的社会真实。大山村的案例告诉我们,市场经济的工具理性带来的个人主义的增长并不一定导致完全意义上的原子化和所谓的价值崩塌,无论是个体还是家庭依旧被整合在杜赞奇(Duara)笔下的"权力的文化网络"之中,依托村落及其外围世界所构成的小社会中内生的秩序和关系网络而呈现出较强的弹性和稳定性。慢城模式中所蕴含的反思性实践的核心精神,不仅仅依托外来的城市消费者和政府精英人士,也不仅仅依托农户个体家庭,而应该是建立在整个村落社区乃至更多的慢城区域内的社区整体基础之上,深植于地方社会权力文化网络中的集体

① 富永健一.日本的现代化与社会变迁.李国庆,刘畅,译.北京:商务印书馆,2004:45-52

② 乌尔里希·贝克,安东尼·吉登斯,斯科特·拉什.自反性现代化:现代社会秩序中的政治、传统与美学.赵文书,译.北京:商务印书馆,2001

文化认同之中,成为建立在地方发展红利共享和个体权益充分享有基础之上的、发自内心的群体性义务和共同责任。这种文化价值观层面的建设,是慢城社区可持续健康发展不可或缺的一环。

二、慢城经济红利:产业链与生活圈的特色化

(一)资源输入与底层需求的精准对接

慢城在大山村的植入过程带有一定效率导向,即为了在较短时间内看到乡村振兴的成果,地方政府以土地流转、"项目进村"、创业扶持等政策性手段,实现人口就地非农化和乡村旅游化发展变迁。村民参与慢城建设,被解读为对国家现代化进程的参与、对地方政府号召的响应,成为一件"政治正确"的事。与梁漱溟所在的乡村建设时期"乡村运动而乡村不动"[①]所不同的是,进入21世纪和后税费时代的乡村社会,在城乡一体化的发展背景之下,居住在乡村中的个体是具有一定理性选择能力和迁移定居自由的现代社会个体,其社会参与的欲望、素养和积极性也更加高涨。

从微观层面来看,作为地方行动者的乡镇干部、地方精英和广大农民群体的城乡流动、职业选择、创业创新等行动呈现出理性化的趋势,这些基层行动者能够清晰地认识到自身及其所处地域所面临的结构化的资源优势与劣势,从而采取更加灵活的策略与合作方式。乡村现代化发展路径是具有多样性和能动性的,这是因为不同的乡村拥有不同的发展资源和利益主体。行动者的理性选择有效拓展了地方政府现代化目标之下的区域社会发展情境与发展路径。其中农民个体日益增强的流动性促进了社会资源的流动与交换,也提升了个体对资源的控制能力。从这个意义上说,农民群体与其他社会行

---

① 郑杭生,李迎生.中国早期社会学中的乡村建设学派.社会科学战线,2000(3)

动主体的平等对话与合作能力也在与日俱增。

在大山村，尽管有大量政府资源以半制度化的方式进入村庄，资源再分配过程中不可避免会出现一定程度的路径依赖，但与此同时，市场化的利益驱动有助于突破原有的资源攫取路径，创造出新的能人群体，并对制度化的资源输入渠道形成制衡。地方政府作为国家的基层政权，在新的发展形势下，对基层村落社区采取了一种差别化甄别与分类型治理的策略：对乡村能人的自主行动能力表现出较大的兴趣，可优先为之提供来自权力体制之内的政治资源与经济利益；对一般农户则以“放活”的原则通过市场经济的现代工商业体系进行间接治理。这在一定程度上导致了大山村慢城本土化实践的“草根”性与精英性并存的现象。

从我国农村基层治理模式转换与变迁的历史来看，乡村基层社会组织与管理体制的变革，与农民需求、自发创造以及政府自上而下的组织、规划、引导与支持等手段密不可分，是一种规划性变迁过程。① 从农民的互助合作需求到人民公社体制，从家庭联产承包责任制推行后陷入“丛林状态”中的农民的“秩序”需求到村民自治制度，都是在农民自发需求、自主创造与政府规制、支助的良性互动中推动了制度变迁的进程。② 从中国乡村社会的现实情况出发，认为在现阶

① 陈世伟认为，对于制度变迁及社会变革的分析，当前主要有强制性制度变迁、诱致性制度变迁两种解释。强制性制度变迁理论强调政府在制度变迁中的地位和作用，认为制度变迁是政府自上而下推进的。在强调政府的主导作用时，更多的是把政府作为一个整体加以考察，没有关注到政府分层、分级的现实，也没有充分考虑到普通民众的作用。诱致性制度变迁理论则突出普通民众在制度变迁中的地位和作用，认为制度变迁是普通民众为追求自身利益及响应外部获利机会自下而上发起的，在强调普通民众的主体作用时，未能重视政府作用。与强制性制度变迁、诱致性制度变迁不同的是，规划性社会变迁是指国家勾画了整个社会及乡村社会发展的总体布局和发展方向，但在具体改革路径、方式和手段等方面给地方留下了摸索和创新的空间。在上述三种理论模式中，规划性社会变迁在强调国家的规划作用和力量的同时，更强调社会的需求以及民众的主动性和创造精神，更符合乡村社会变迁的历史轨迹，有更强的解释力。见：陈世伟．政府规制与农民创造：规划性变迁中的村社治理转型．求实，2012(4)

② 陈世伟．政府规制与农民创造：规划性变迁中的村社治理转型．求实，2012(4)

段只有依靠自上而下的政府行动，才能带来广泛的社会影响力和社会行动结构的转型。地方政府是协调、引导、敦促慢城理念在其管辖范围内真正实施的关键因素。市场和社会提供的专业知识、媒体宣传、旅游运营商、民间支持、总部互动等是促进慢城模式可持续发展的多元支持力量。如何在这些社会行动主体，或者说利益相关主体之间形成基于理念共识和利益互惠的长效合作机制，是当地政府需要思考并落实的关键问题。

在大山村，来自个体与家庭层面的利益驱动，调动了底层智慧和全民参与的积极性，促进了村庄经济的快速增长，但由于存在客观上和主观上的资源俘获、利益俘获，因此它进一步加剧了村中的贫富差距。相比于那些非经营户，农家乐家庭通过经营性收入更加直接地分享到了地方旅游产业发展的成果。乡村社区的规划性变迁是一个复杂的多元主体行动场域，在政府主导的社区发展过程中不应忽略底层的声音。在大山村的调研显示，村民对按照自己的意愿充分参与的建设内容认可度较高，这提示我们，今后的发展应进一步强调政府引导与民间参与的互动过程，更加重视底层智慧和以村民为主体的村庄社区的发展需求。

（二）快速致富对“慢生活”方式的反作用

慢城经济红利带来了村民生计与生活方式的重构。快速致富对村庄原生态的“慢生活”方式和个体反思性的“慢文化”生长均带来一定的反作用。价值取向的偏离，表现为大部分家庭经营农家乐的最终目的是为了离开乡村，而非回归村庄、重建乡村。此外，乡村普遍缺乏环保意识和环保行为，带来环境质量的隐患，产品与服务的低端化导致整个大山村农家乐仍停留在中低端市场而亟须提档升级。

在大山村，老一辈人愿意扎根乡村、经营慢城，但由于生活经历和教育背景所限，他们在文化价值与行为方式上离真正的慢城模式相去甚远，尽管他们自身也模糊地认识到这个问题，但无力改变现状。新生代善于学习和领悟，勤于沟通和交往，对于慢城模式所蕴含的文化、价值、理念、符号、话语等方面的运用更加得心应手，但绝大多数新生代的人生轨迹是朝向城市的，其根本原因仍在于教育、医疗、娱乐等与生活质量密切相关的社会资源在城乡之间的分布不均。“在县城生活，在大山挣钱”是大多数大山村年轻家庭社会调适的结果，也是一部分更年轻的大山村人的理想生活方式。

农家乐经营背后面临的难处、压力和不稳定性，是影响大山村人真正实现社会心态和生活方式转型的根本因素。在经营过程中，令大山村人感到有压力的是工商登记后带来的经营成本的上升。由于登记为工商个体户，整个农家乐的水电费都按照商用水电的价格收取。虽然游客的消费基本不要求开发票，但团体客、私营业主等消费力较强的客人大多需要开发票。村集体顺势成立了旅游公司，但凡农家乐客户需要开发票的，都出具由该公司盖章的地税发票，这时候就需要经营户随后向公司补交税费。较高的水电成本和税务成本加大了经营的难度，在一定程度上打击了那些不善经营的村民的积极性。

农家乐的启动资金大多依赖农户家庭存款和非正式借贷，难以从正规金融机构获取足够的贷款，这导致农家乐经营的金融化程度极低，风险补偿机制缺失，投资回报率较差。城市工商业征收的税款和其他经营费用无疑在原本较高的投资与运营成本负担上雪上加霜。农家乐的市场活动范围和经营环境与城市个体工商户存在较大差别，按照城市个体工商户的模式管理农家乐，在政策上缺乏一定的精准性和灵活性，可能不利于农家乐的发展。

依托政策推动农民向个体工商户身份转变具有不稳定性。由于个人能力问题导致经营不善，一些人最终不得不关闭或转让农家乐，再度离开村庄外出谋生。由于结构性因素导致的拉力（如外部新的赚钱机遇、本人或子女在城市置业落户）—推力（如对利益分配现状的不满、农村旅游市场饱和）的动态变化，一些人决定转让村中的农家乐生意，再度外出谋生。这些创业失败者的经历同样值得深思：尽管身份转变了，但大山村人是否真正实现了社会流动呢？在大山村的调研显示，大多数农民向个体工商户转变，仅仅是具体生计来源的临时性转变,个人从事的职业仍然处于产业链和利润链的最底层,对于他们的家庭来说,整个家庭资产亦无质的飞跃,只有少数的农户家庭通过迅速积累财富实现了资产与收入的上升。在这样的背景下,何来真正的“慢生活”方式普及与认同?

政府规划的“慢生活”方式与乡村日常生活有较大脱节。例如,使用旅游电瓶车的慢行系统更加倡导为游客服务的绿色交通方式,其道路系统和交通工具都具有非日常性。慢城节庆作为官方化的地方文化庆典,几乎没有大山村人的参与机会,慢城节庆化的文化娱乐活动也与村民文化表达与文娱参与需求错位。地方政府借助各种进村项目积极改善村庄环境和生态景观,打造出符合“慢生活”想象和景区化运营的核心示范区,但因此带来了新的本土认同危机。究其原因,地方政府倾力打造的“慢生活”更多的是一种都市文化和精英文化层面的解读,不仅与村民生活几乎毫无交集,而且与村民的生活需求距离较远。例如,作为“慢生活”和“慢文化”的重要展示空间,慢城博物馆、《印象高淳》实景演出、随处可见的蜗牛雕塑、慢城农场、四季花田、低空慢游基地等文化项目的设置是一种面向游客的旅游产品,与村民的日常生活几乎完全不相关。即便是从本土文化出发而设计的文化景观,也大多是一种想象的地方和“被建构”的地方,如“大山钗”表演、农耕文化园、小学生《慢城读本》等地方政府对“慢文化”的阐释与传播,几乎无法满足村落社区真实的文化表达和文化再生产的内在需求。

由外生力量而非内生力量主导的文化生产行为容易产生去地方化的问题,尽管在地方政府的意图中,这些项目往往被视为强化地方特色认知的再地方化过程。就地方政府而言,对地方的一系列改造和规划是其发展策略的重要部分,所期待的当然是最终能给地方带来效益。政绩不仅要量化,而且还力求以各种可见的形式体现出来。地方政府的官员们也充分理解,体现政绩的外在表现也能给地方甚至官员个人带来益处,因此,很自然地需要开发地方的历史、文化与民族资源来“重塑地方”。如此生产出来的文化符号,更多地迎合了地方政府的发展目标以及都市消费者的审美偏好,并不能直接促使当地人形成新的文化自觉与文化自豪，因此更进一步加剧了当地人对慢城的认同缺失和断裂。

从国外社区历史发展看，西方发达国家经历了一个从社区到社会（即现代化的第一次选择），再由社会回归社区（即现代化的第二次选择）的发展过程。与西方社会通过先后两次选择实现现代化的发展规律不同，中国社会现代化的第一次选择兼具第二次选择的性质。在中国发达的城市地区，社区建设具有从社会回归社区（即现代化的第二次选择）的意义，然而，而在欠发达的中西部地区、广大农村地区，社会进程尚处于从社区到社会的阶段（即现代化的第一次选择）。① 在兼具第二现代性的立意上，中国当代的农村社区建设应具有人文关怀的特点。体现在：一是化解经济发展的后遗症。利用社区建设与发展机遇，协调整个社会的社区基本发展，以期消除基层人民在纯粹经济发展中出现的日常生活的种种痛楚与不便。二是构建生活共同体和精神家园。以社区建设作为一种基础性的社会政策和原则来推进社会发展，从而形成一个组织健全、祥和有序的生活共同体和注重伦理关系的精神家园。②

（三）基于“三产”融合的经济结构优化

后发地区发展经济要解放思想，深化改革，加快生态优势向经济优势转化、传统农业向“三产”融合新型产业生态转化、边缘乡镇向核心城镇转化，走出一条新型城镇化、新型工业化和新型农业融合发展的路子。③ 2015 年 3 月 24 日，中央政治局会议在十八大提出的“新型工业化”“城镇化”“信息化”“农业现代化”新四化之外，又增加了“绿色化”，使“四化”变“五化”。“五化”之中，“工业化”“城镇化”“农业现代化”是载体，“信息化”是技术手段，“绿色化”应是实现现代化

① 管义伟. 农村社区建设：逻辑起点与人文关怀. 社会主义研究，2011(1)

② 袁德. 社区文化论. 北京：中国社会出版社，2010：99

③ 辛华. 后发地区需要推进三大转变. 开放导报，2014(1)

的核心价值理念。就乡村治理而言,要实现治理现代化首先需要以“绿色化”的理念构建一个相互作用、共同促进的有机治理整体,这就是乡村治理现代化体系的总体构架和基本内涵。[①]

农业具有较好的包容性和高度融合性,打造“第六产业”潜力巨大。日本学者今村奈良臣于1996年首次提出农业是“第六产业”这一概念,这指的是,农业在发展第一产业的同时,还要发展以农产品为原料加工的第二产业以及为农业服务的第三产业。20世纪80、90年代,日本城镇化进程加速,农村同样也出现了诸如空心化、老龄化、土地弃耕等问题。农业耕种不如在工厂打工收入高,这导致农民从事农业生产的积极性急剧下降。农产品贸易自由化之后,出于粮食安全的考虑,日本政府开始改变农业发展策略,推行地区主义以及环境主义。进入21世纪之后,随着日本经济从外向型发展转向内生型发展,农业作为内需增长点引起了更多重视。日本从国家法律与政策层面推动“第六产业”的发展,目的是缩小收入差距,增强农村发展活力,解决农业衰退的问题,通过各种措施提高农产品的附加值,让农民参与二次利润分配,并吸引高素质人才及资本回流农业。[②]

“第六产业”概念的提出,除了强调农村地区的农、工、商业合作与土特产的品牌化打造之外,还涉及保护并发扬当地特色饮食文化,提高消费者对食品生产方和供应方的信赖程度,以及引入循环生态农业和绿色能源等多个方面,这与慢城所提倡的特色产业经济模式和本地生活方式的内涵不谋而合。地方政策应围绕慢城特色文化,拓展农业产业链,扶持多产业融合,引导特色产业集群,提高慢城“第六产业”的文化附加值,并更多地将利润留在当地,反哺本地小微经济。尤其需要建立更加合理的、向一产偏重的伦理经济模式下的利益分配机制,以改变现有的农业加工业、农业服务业对农业本身的利益截流,从而巩固第一产业从业者的基数与素质。

---

① 刘奇. 树立“绿色化”新理念 构建乡村治理现代化体系. 中国发展观察. 2015(5)

② 王志刚,江笛. 日本“第六产业”发展战略及其对中国的启示. 世界农业. 2011(3)

“三产”融合的文化经济模式尤其需要注重特色文化的经济生产能力的建构。特色化正在成为全球价值链的有效介入路径。在全球化时代,后发区域如何通过全球化的定位与跨越式的发展路径积极融入全球城市价值链与全球城市文化产业分工体系?全球化研究学者很早就指出,“特殊性正在成为一种全球价值”①,这意味着地方特殊性本身从一开始就具备了走向世界的独特魅力与战略价值。特色文化价值链概念以及文化劳动的新国际分工理论(NICL)②表明了特色文化及其承载地和传承人能够通过某种途径直接介入特色文化的全球价值链体系并参与国际竞争。

重构地方经济框架有助于激发特色化和可持续的发展潜能。通过一个区域性的文化经济模式和绿色生活圈的完整建构,能够实现基于较高生活水平和生活质量的生活风格的慢速化转型,创造一个“慢社会学”意义上的后现代城乡一体化新生活方式与时代文明。生活水平、生活质量、生活风格是生活方式研究的三个主要概念。生活水平是一种客观指标,指能够控制、改进和维持一定生活质量的物质资源和非个人资源,而生活质量更强调对社会需求的满足,是一种主观上的指标,它不仅取决于社会生产发展水平的高低,而且还取决于社会的生产关系、社会政治制度以及生活的传统方式。生活风格具体表现为生活习惯、气质、风度等,主要由个人的情趣、爱好、嗜好、价值取向等决定,是生活方式的一般特征在个人和群体行为中的独特表现形式。③ 慢城文化、经济模式的建构,就是要在提高生活水平、保障生活质量的基础上,进一步做好以可持续发展的本地化“慢生活”为特色的生活风格弘扬与文化价值建构,并以此为目标,共建相应的社会经济生活规则与制度。也许在不远的未来,慢城在中国不仅仅局限为“游客的消费”,而是成为一种真正意义上的本地化城乡居民

① Roland Robertson. *Globalization: Social Theory and Global Culture*. London: SAGE,1992

② 张鸿雁.论特色文化城市理论体系建构研究与实践创新——中国本土化特色文化核心价值的理论体系与范式建构.南京社会科学,2012(8)

③ 邓伟志,主编.社会学辞典.上海:上海辞书出版社,2009:419-420

的消费模式与生活方式，从而为新常态下的城乡一体化经济发展建构新的增长概念。

三、慢城社会红利：社区自主治理能力的培养

（一）利益相关者的行动逻辑与价值涵化

在慢城建设与旅游开发过程中，慢城管委会、旅游运营公司、慢城研究院、蓝溪行政村、大山村农家乐餐饮协会、巾帼联谊会、“慢淳”农家乐合作社、社内经营户、其余农家乐经营户以及慢城区域内的其他经营者和务工者，这些可以称为国际慢城的利益相关者，基于共识性的价值认同和共赢性的利益机制，以不同的介入程度和介入方式，慢城共同体正被初步构建。具有特性的地方社会文化结构，派生出微观的社会行为模式；反之，特定的微观社会行为模式，也可以建构并固化地方社会文化结构。地方性的建构与再造就存在于这两个双向的、“互构共变”[1]的关系之中。慢城模式在中国本土的旅游化、商业化、资本化发展趋势及价值取向，并非由单独的行动者决定，而是由更为深层的地方社会文化结构与微观社会行为模式共同塑造。

尽管政府致力于建构本土慢城完整要素，但慢城模式所蕴含的具有反思现代性和后现代精神的文化价值观的本土化植入并非毫无障碍。概括起来，慢城价值观的本土化植入受到地方经济发展阶段、家庭发展目标、个体行动能力、地方社区环保意识、传统价值观念、社区资源分配机制、消费者偏好等多种因素的制约，这致使慢城的文化理念与核心价值观在大山村的本土实践具有不完全性。

本土慢城模式走向商业化的地方行动逻辑可以理解为一种文化

① 郑杭生.社会互构论的提出——对社会学学术传统的审视和快速转型期经验现实的反思.中国人民大学学报，2003(4)

涵化的过程,即外来文化对本土文化网络的适应性嵌入。大山村的村落文化变迁更多地表现为一种本土文化对外来文化的"采借"与"转译"过程,而外来文化在嵌入本土的过程中则不可避免地发生了"受化"或曰"涵化",并逐渐发展成为与中国乡村社会基底和地方多元行动参与的公共利益相适合的文化副本。尽管慢城理念所倡导的绿色、生态、休闲等概念在中国本土制度中具有一定的可嵌入性,但其在行为规范和实践方式层面多少与地方发展的真实需求产生了冲突。以大山村为例,地方社会的发展冲动表现为村民对快速致富的渴望与积极实践、乡村能人借助经营活动积累财富并拔根乡土的决心、乡村组织对外来资源的俘获与依赖、地方政府的政绩冲动和地方运营的经济压力。在这样的逻辑下,或许一个商业化的本土慢城模式能够较好地迎合本土行动主体的多元需求。

具体来看,首先,在苏南边缘地带的后发型乡村社会区域内,大山村的农户家庭选择农家乐作为家庭生计经营的基本模式,有其特有的地方社会经济与城乡制度背景。在现有的社会经济环境中,农业与工商业存在巨大的收入差距。此外,集价值理性与工具理性于一体的家庭理性行动逻辑使得农户家庭选择以家庭经营的方式从事个体工商业,这能够实现现有生活状态下的家庭收入最大化,从而达到家庭中大多数成员所认同的生活质量与家庭收入的平衡。因此,农家乐经营模式具有来自农民个体层面的底层冲动。

其次,作为维持社区运转的核心力量,大山村社区能人的价值取向和发展意义是面向城市社会的,实现身份的转换和社会阶层的向上流动是促进其职业选择和生活方式选择的主要内在动力。鉴于乡村社区的生活并非其所向往的理想人生,因此乡村充其量只是一个谋生的场所。既然生活的意义并非指向乡村,而是朝向城市,那么将村庄中的一切都商业化便是一种最为合理的选择。

再次,村级组织具有一定的社会行动主体性地位,但大山村当下的各类村级组织普遍存在组织的实际行动目标与其法定身份规则方面的张力。一方面,村级组织目标在新形势下发生漂移,另一方面,制约村级组织合法性的制度框架难以突破。这导致村庄缺乏能够整合全体利益并发挥村庄自主行动能力的行动主体,从而使村庄在参与旅游化、控制商业化、抵制资本化等方面失去足以抗衡和转化负面影响的集体行动力。

最后,地方政府主持的区域规划倾向于从产业经济功能的角度来对地方社会进行定位。在与地方产业发展战略相吻合的重点村和示范村,县一级地方政府直接干预村庄发展的现象越来越普遍。受考核机制和晋升机制的影响,地方官员不得不在任期内追求行政干预的行动效率。地方政府对村庄社会经济发展基础及农户家庭发展诉求有较为充分的认知与了解,在基层社区缺乏应有的行动能力和行动组织的情况下,地方政府通过加大政府干预的力度来保证预期发展目标的达成。这些因素共同导致了地方政府在以大山村为核心的慢城区域内开展了景区化的投资建设,并在短时间内以高负债模式运营慢城,这进一步强化了区域的商业化属性和资本化的未来取向。

(二)慢城自治载体与自主行动力的缺失

在以大山村为核心的慢城区域,更多的是一种旅游经济而非社区经济,表现为缺乏本地化的消费群体。出于各自利益的诉求,无论是地方政府、外来企业,还是村集体、民间组织,或是返乡创业群体以及本地农民,都没有成为慢城模式及其理念的主体代理人,各利益相关者彼此之间也没有形成协同互嵌的行动网。无论是官方的还是民间的现有社会组织,都有其明晰的责任边界并对应各自的利益诉求。慢城旅游开发过程是一个充满了商机和利益的巨大机遇,在不同的阶段,处于核心权力位置的主体不同。

在最初的一两年里,政府力量强势,具有政府官方背景的慢城管委会、蓝溪村干部和大山村首批政府扶持的六家农家乐共同组成了慢城共同体的核心。随后,政府通过成立慢城研究院、引进旅游运营公司等形式,试图吸引外部的专家资源和市场资源,共同谋划未来的发展方向,但出于种种原因,这两个方向的尝试都没有摸索出一个切实可行的行动方案。与政府力量形成对照的是来自大山村社区层面的内生力量。在社区关键人物的推动下,2015 年下半年,围绕农家乐和乡村旅游业而成立的合作社、餐饮协会等村级民间组织蓬勃兴起。随着慢城建设与扶持热潮的退去,慢城进入了一个自主发展的新阶段。政府扶持和外部资源的进入开始减少之后,社区内部成员都先后有了一种无形的危机意识。在这样的契机下,社区自我整合机制才真正开始生长起来。

如果说慢城的理想模式是一种从政府组织到社会精英群体,再到社会资本,进而到基层社会等都全面支持并付诸行动的区域协作模式,那么在现实中,这种理想模式的缺环是比较明显的,主要表现为组织设置的缺环。在中国,慢城模式以半官方的形式自上而下推进,容易忽视对民间行动力和社区自主性的扶持与建设。多年来,慢城管委会动员基层参与的方式以临时性、一次性、利益诱导型的动员方式为主,缺乏对参与群众和民间组织的长期管理机制,也缺少对认同型动员方式的建设力度。慢城管委会虽然是县政府的派出机构,且与基层村落社区距离很近、关系密切,但受到行政体制的阻隔,管委会与村庄的正式关联都需要“绕行”镇政府,让镇政府对下属村干部下达指令,管委会的权力是被架空的,用村民的话来说,“(管委会)管不了我们,我们也不听他们(管委会)管”。不仅是慢城管委会,事实上,现有的村级组织和外部管理机构、民间机构,都没有一个可以囊括大多数基层社区成员、协调和明确主要利益关系、有效表达慢城社区自主发展需求,并平等接受地方政府和外部机构合理建议与政策引导的治理组织或法人主体。

大山村的治理过程提示我们,社区能动性的建构既是一个基层组织建设的课题,同时也是一项基层文化建设的课题。我们提倡提升村落社区自主性,包括本土文化的自觉和民间组织的自主行动能力等,我们也要认识到村落社区内部存在不同的个体与小群体,不同的行动主体有不同的自主性空间。一般来说,农村能人、专业大户、城市务工者有着相对于普通农户来说更高的自主性和自由度,更少受到来自村落社区和行政体制的管治与束缚。大山村近年来的社区自主增长点主要在于,大量务工、务农的群体成了农家乐创业者,他们以个体工商户的身份进入城乡一体化的现代工商业体系之中,直接参与市场经营活动,并较少受到各种主管部门的监管和相关法律、法规的规制。同时,国家不断增加对个体农户的保障与扶持力度,在宏观政策上普遍性地支持和鼓励农民群体的物理空间流动与社会阶层流动。与此相对应,地方政府对土地流转模式的适度放活使普通农民进一步减少了自主行动的顾虑与牵挂,土地流转的租金也正成为农民生活中重要的保障性收入来源。

有一种观点认为,城市文化自觉不是一个人的自觉,而是一个群体、一种社会精神的自觉,这要求社会能够培育出精英群体,而精英群体是城市文化自觉的直接创造者、创新者和践行者。一个城市的文化自觉是这个城市进化与进步的源泉,一旦社会整体对这一文化自觉有认同,其力量就可以充分表现城市文化资本的再生产价值,可谓是取之不尽、用之不竭,因为文化自觉源于思想、源于情感、源于智慧、源于新的创意、源于千千万万人文化认同意义上的参与和行动。[①] 中国的新型城镇化是国家现代化和现代性生成的载体,是社会进化的一个形式。从城市文化自觉的角度推进新型城镇化和区域现代化,其再发展和再现代化的模式至少需要关注以下七个维度:一是区域资本再生产的能力,特别是城市文化资本再生产模式和城市国际化经济与文化空间的建构,包括政策、空间、人才、要素、策略、服务能力的资本再生产的能级等;二是对世界经济与文化因子的吸收、创新能力,包括对世界经济与文化前沿发展的把握,能够在广泛的意义上吸纳国际经济、文化要素及资本要素;三是国际化的开放程度,包括开放方式,表现为法制前提下的市场经济关系,如国际自由贸易、国际化的资本结算、国际化的旅游地和国际化的生活空间等;四是国际化的人才集聚与流动,包括人才成长的优化土壤和机制,城市文化自觉的主体阶层——创意阶级——的打造和培育至关重要;五是经济、

① 张鸿雁.新型城镇化进程中的“城市文化自觉”与创新——以苏南现代化示范区为例.南京社会科学,2013(11)

文化与科技的创造、创新能力，即对世界经济与文化变迁的反映、参与、创造和创新——在不同程度上能够走出去，吸纳、介入、参与、创造和创新；六是通过反射世界经济文化，对苏南经济、社会和文化进行再创造，创新在全球一体化中的本土化经济模式；七是区域现代化与新型城镇化地方性精神与价值的传承与建构。①

联合国教科文组织在界定发展内涵时指出，发展是“以人为中心的内源发展……任何真正的发展都应该是内源发展，即以一个民族的文化为基础，以文明方案为目标和以人类本身为中心”②。那么，我们如何引导乡村社区激发慢城理念下的内生发展动力？内生发展理论的实质是将外部资源转化为内生动力，调动内部成员的参与积极性和市场竞争力。综合来看，大山村作为中国首个慢城的核心社区，其承载慢城模式的本土制度环境和行为基础仍较为欠缺，主要表现为社会资源与专业人才的不足、社会资本与信任关系的破坏、合作精神与公益精神的缺失、商业培育与社区管理的薄弱等。这主要是因为大山村所处的地方社会对全球体系的嵌入程度仍然较为薄弱。换句话说，越是与全球体系联系密切、深受其影响的地方，越是有可能产生理解和接纳慢城模式的社会文化基础。

（三）基于内生秩序的社区治理能力培育

社会变迁理论指出，文化制度的变迁滞后于社会经济的变迁，并称之为“文化堕距”。我国学者对人民公社时期干群关系的研究也揭示了类似的观点，即在特定的历史时期，人民公社作为一种现代化的政治体制对村庄原有的生活方式和民间制度产生了冲击，社会经济结构和基层权力结构都发生了新的变化，但是在村落社区层面，人们对于权力的态度、社会交往的模式等微观层面并未发生实质性的改

① 张鸿雁.全球城市价值链理论建构与实践创新论——强可持续发展的中国城市化理论重构战略.社会科学，2011(11)

② 联合国教科文组织.内源发展战略.北京：社会科学文献出版社，1988：17－19

变,研究者称这种现象为"文化制度的迭变"①。尽管宏观社会的结构性制度会自上而下、由外而内向基层社会渗透和植入,但社会固有的文化制度具有较强的稳固性和延续性,并在传统的基础上实现了渐进式的演化和调适。从这个意义上说,村落社区传统的、既有的、内生的文化制度与社会秩序既是村落社区不断现代化发展的基底与助力,也是传统与现代、本土与全球、内生与外嵌等动力机制相互衔接的关键要素。

全球化并非正在创造一个完全同质化、均质化的世界,相反,在全球化时代,各个地区与全球网络之间的整合程度及距离各有不同,全球化在不同地方产生的差异也是多样化的。全球化的真正影响力在于,其创造出了基于相对稳固的地方经济与文化网络社会结构的丰富的流动性(mobility)。地方性有越来越多的可能性和越来越大的概率通过各种路径嵌入全球性,与此同时,全球性也需要将这种流动性置入(placing)地方性之中。慢城模式在国内外一些地区的跨文化实践也表现出了与本土基层社区的脱节问题。慢城可能成为地方政府或社区治理阶层等变迁代理人主导下的发展工具。

慢城所强调的地方性究竟是谁的地方性?全球化已经演变成一种更加复杂和隐蔽的力量,通过对地方文化的再建构和一定程度的异化,改变地方发展的轨迹。从这个意义上说,起源于欧洲、以反对全球化为起点的慢城运动,或许正在形成一种后现代意义上的新全球性。慢城模式对全球地方性的强调如何获得基层群众的认可和行动支持?慢城理念及其模式的推广价值,一方面在于其作为政策工具能够调动地方政府和社区代理人的积极性,改变部分社区发展停滞的局面;另一方面更应成为唤起地方认同、改变日常生活的社区共识,成为调动基层社区成员以及社区组织文化自觉、进行文化治理的

① 陈纳.传统的延续:人民公社制度下干群关系的再探讨.范丽珠,等主编.乡土的力量——中国农村社会发展的内在动力与现代化问题.上海:上海人民出版社,2014:13-46

价值工具,而这将有望形成更大意义上的社会发展红利。

对于绝大多数被排斥在全球商业生产体系之外的地方社区来说,生活在其中的人群在世界财富分配体系中已经处在一个相对弱势的地位,再加上教育程度和就业技能等方面的短板,农村地方社区的农民在城乡劳动力就业市场中也往往处于弱势地位。要突破造成这种"双弱势"地位的社会结构性制约,除了在常规政策手段上加大对弱势群体的保障和对教育公平的扶持之外,关键还在于地方社会要做好战略定位规划,要基于全球定位视野重新思考本土的特色竞争力。从全球地方化的视角来看,乡村社区的发展需要乡村具备适应全球价值文化分工的基本价值意涵和社会文化基础,以及打通地方与全球"系泊"的物质通道与知识交流通道,使乡村社区具备更加充分地嵌入全球体系的价值、意义和能力。

基层社会治理可被视为国家力量与社会力量博弈与平衡的过程。在吉登斯看来,在社会从传统向现代的转型过程中,国家对社会基层组织的影响力是在加强的。[①] 传统社区的乡村自主性来自家族世系的等级结构产生的自我约束力量,根源于本地化的家族制度,是一种基于伦理道德的社会整合方式。在现代村落社区中,乡村社会的运转受到政府自上而下强有力的监控与控制,乡村自主性较弱,村政服务于国家的社会经济控制,这种控制或直接或间接,取决于国家发展阶段目标和治理理念的不同需求。然而,随着政府力量对基层社区的控制由直接控制变为间接控制,由全面监控变为有限监控乃至治理"悬浮",这一系列的权力结构变迁给乡村自主性以极大的生长空间。随着外部社会环境的不断演化,国家力量逐步实现了对基层社区的反哺式松散控制,现代社区的自主性逐渐过渡到一种基于社区内部意识自觉与外部制度环境反思的后现代社区自我整合与集体选择的社区自治模式。

---

① 安东尼·吉登斯.民族—国家与暴力.胡宗泽,赵力涛,译.北京:生活·读书·新知三联书店,1998

表 6－1　社会发展阶段与乡村自主性的表达

	传统社会	现代社会	后现代社会
乡村治理的主要力量	基于传统家族伦理的自我约束力	基于现代国家制度的行政约束力	基于社区发展共识的集体行动力
乡村社区的自主性	自主性高	自主性较低	自主性提高
乡村的对外联络形式	市场关联	市场关联、行政关联	市场关联、行政关联、文化关联

在中国传统乡村社区中，除了来自外部行政制度的约束力，来自村庄内部伦理观念、礼俗规则、村规民约、宗教信仰等因素也构成了乡村社会治理的有效要素。基于价值观创新的文化治理的可能性正生于此。村落文化认同的解体正在加剧，新的慢城社区文化认同有待完善，整个社会环境的改变有助于大山村的进一步慢城化，为此需要加强城乡文化交流并建立新的利益共享机制，形成具有主体行动功能的慢城共同体。

村庄社会公共产品的提供，需要政府力量、市场力量、社区力量等多种力量的共同协作。其中，社区力量又包括村集体收入的支持和村民自身的积极参与等方面。因此，农村社会公共事业在农村社区内部尤其需要依赖村集体经济的经济支援，依赖村民无偿或低报酬的劳动付出与智力付出，需要村庄能人对外整合政府资源和市场资源，吸引各类外部资源进村。

面对乡村社会自主治理的现实需求，需要寻找符合慢城模式的内生治理驱动因素。在经济滞发和转型重组的发展阶段，大山村需要新的治理模式，项目制为其快速转型发展提供了主要的外部资源。随着经济的良性循环，乡村治理需求将会进一步发生相应的转变，乡村也应寻求更符合村情民情、满足自身发展需求的治理模式转型，在坚持民主决策、民主管理的基本前提下，寻找共识型治理目标，变被动治理为主动治理、变形式治理为效果治理、变事件治理为长效管理。通过赋权与培力，进一步提高社会治理标准，改善慢城特色小镇的生活品质。

鹤见和子最早提出内生发展论。基于现代化初期阶段的工业化发展，强调地区内的工业化要素与工业化动力充足对地方经济与社会发展有积极作用。到了现代化中后期的后工业社会，工业化的经济增长动力逐渐消弭，社会发展的目标转移到社会生活质量、社会公平与社会福利的增长方面，这同样也需要内生的驱动因素来实现。吴晓林归纳了台湾社区治理转型的不同阶段，指出“强社会”的预设与“弱社会”的现实之间存在理论与现实的不一致，并认为辅导型社区治理的过渡形态是台湾社区治理转型期的成功经验。① 慢城模式在中国的实践同样存在一种“强社会”的预设，这与大山村“弱社会”的现实之间也同样存在某种不契合，而地方政府也确实采用了一些类似于辅导型社区治理模式的行政辅助手段来推动大山村渡过治理转型期，但在社会力量的建设上存在较大空白。

辅导型社区治理适用于社区治理自上而下—自下而上的模式转型过程中的过渡阶段，包括以下两大内容：(1) 重视对社区社会组织的培育与赋权。政府与社区之间形成政府预算＋社区导向＋社区申请＋政府经费支持＋政府评鉴(辅导)的协作关系，赋予社区组织充分的自主权和预算执行权。(2) 社区治理过程从指挥控制到辅导训练。主要的辅导训练有三个方面：一是对地方政府、基层社区的相关工作人员进行辅导培训；二是实施社区规划师制度，鼓励外部专业人士为地方社区发展提供多方位的咨询和建议；三是建立社区评鉴和示范社区推广的机制并提供相应的奖金。② 辅导型社区治理模式提示我们，在乡村治理转型的初期阶段，地方政府应致力于提升乡村社会组织参与治理的能力，为乡村自治提供良好的行动力基础。

---

① 吴晓林.治理转型遵循线性逻辑吗？——台湾地区城市社区治理转型的考察.南京社会科学，2015(9)

② 吴晓林.治理转型遵循线性逻辑吗？——台湾地区城市社区治理转型的考察.南京社会科学，2015(9)

四、迈向红利共享型社会

行文至此,我们不禁要重新发问:慢城究竟是一种什么样的发展方式?慢城所抵抗和提倡的究竟是什么?本研究认为,慢城并不是一味抵抗全球化,而是鼓励地方社区抓住全球化带来的时代机遇,在全球文化中确立独树一帜的地域特点,从而实现在全球区域价值链中的创新式定位。换句话说,慢城模式倡导在全球文化中建构地方社区的独特个性与吸引力,因此,慢城所建构出来的本土文化意象既是本地的、又是世界的。地方营造学、城市文化资本论、全球城市价值链等新兴学科与理论也强调,在全球化时代,村庄能够利用全球机遇与地方行动,主动建构区域价值,嵌入全球文化分工价值链,从而以一种自主而非被动的方式整合到全球体系当中去。如何在全球体系与地方文化中找到平衡,提炼并重新生长出新的本地文化,是促进区域与社区现代化、高质量、可持续发展的文化增长点。

如果说慢城在中国的本土实践是以地方政府目标为首要导向,对慢城模式进行了选择性的价值植入与不完全的文化建构,那么一个朝向未来理想状态的、更加具有建设性意义的慢城特色小镇实践,应着力于进一步的价值生产与文化重构过程,在强调外部资源对乡村的反哺、土地收益的合理共享、生态环境的严格保护、公共领域的优先发展、休闲产业的持续推动、特色文化的传承建构、社区治理的自主能动等各个社会系统目标的基础上,形成红利共享型社会治理模式的社会文化共识。

治理伦理与治理责任的重建是实现乡村善治和村落良性变迁的根本,包括进一步重构乡村自主权、进一步共享经济发展红利、进一步完善公共利益表达机制等。从这个意义上说,慢城所蕴含的道德经济与善治文化可为我国乡村治理转型的实践提供建设性的反思与参考,这或许才是慢城带给我们的更深层意义上的宝贵经验和价值启示。

参考文献

英文文献

1. Barke, M. & Newton, M. The EU Leader Initiative and Endogenous Rural Development: The Application of the Program in Two Rural Areas of Andalusia, Southern Spain. *Journal of Rural Studies*, Vol. 13, No. 3(1997)

2. Bian, Y. & LOGAN, J. R. Market Transition and the Persistence of Power. *American Sociology Review*, Vol. 61, No. 5 (1996)

3. Bowler. The Industrialisation of Agriculture. *The Geography of Agriculture in Developed Market Economies*. London: Longman, 1992

4. Cabus, P. & Vanhaverbeke, W. Towards a Neo-endogenous Rural Development Model for the Flemish Countryside. *Reinventing Regions in a Global Economy*, Vol. 4, No. 1(2003)

5. Chaney, D. *Lifestyles*. London: Routledge, 1996

6. Elzbieta, G., Holowiecka, B. & Kwiatkowskig. Cittaslow International Network: An Example of a Globalization Idea?. *In The Scale of Globalization. Think Globally, Act Locally, Change*

Individually in the 21st Century. Ostrava: University of Ostrava, 2011

7. Knox, P. L. Creating Ordinary Places: Slow Cities in a Fast World. *Journal of Urban Design*, Vol. 10, No. 1 (2005)

8. Linstone, H. A. Another Development: Approaches and Strategies. *Technological Forecasting and Social Change*, Vol. 13, No. 1 (1979)

9. Marsden, T. New Rural Territories: Regulating the Differentiated Rural Spaces. *Journal of Rural Studies*, Vol. 14, No. 1(1998)

10. Mayer, H. & KNOX, P. L. Pace of Life and Quality of Life: The Slow City Charter. in M. J. Sirgy et al. (eds.): *Community Quality-of-life Indicators: Best Cases III*. Netherlands: Springer Science+Business Media B. V., 2009

11. Miele, M. Cittaslow: Producing Slowness against the Fast Life. *Space and Polity*, Vol. 12, No. 1(2008)

12. Miller, D. *Material Culture and Mass Consumption*. oxford: Blackwell, 1987

13. Nee, V. & CAO, Y. Market Transition and the Firm: Institutional Change and Income Inequality in Urban China. *Management and Organizations Review*, Vol. 1, No. 1(2004)

14. Nee, V. & CAO, Y. Path Dependent Societal Transformation: Stratification in Hybrid Mixed Economies. *Theory and Society*, Vol. 28, No. 6(1999)

15. Parkins, W. & Craig, G. *Slow Living*. Oxford: Berg, 2006

16. Pink, S. Making Resilience-everyday Affect and Global Affiliation in Australian Slow Cities. *Cultural Geographies*, Vol. 21, No. 4(2014)

17. Pink, S. Sense and Sustainability: The Case of the Slow City Movement. *Local Environment: The International Journal of*

Justice and Sustainability, Vol. 13, No. 2(2008)

18. Radstrom, S. A Place-sustaining Framework for Local Urban Identity: An Introduction and History of Cittaslow. *Italian Journal of Planning Practice*, Vol. 1, No. 1 (2011)

19. Radstrom, S. An Urban Identity Movement Rooted in the Sustainability of Place: A Case Study of Slow Cities and Their Application in Rural Manitoba. Master of City Planning Practicum. Department of City Planning, University of Manitoba, Winnipeg, Manitoba, Canada (2005)

20. Ray, C. Towards a Meta-framework of Endogenous Development: Repertoires, Paths, Democracy and Rights. *Sociological Ruralist*, Vol. 39, No. 4(1999)

21. Roland Robertson. *Globalization: Social Theory and Global Culture*. London: SAGE, 1992

22. Shucksmith, M. Disintegrated Rural Development? Neo-endogenous Rural Development, Planning and Place-shaping in Diffused Power Contexts. *Sociologia Ruralis*, Vol. 50, No. 1(2010)

23. Tomlinson, J. *The Culture of Speed - The Coming of Immediacy*. London: SAGE, 2007

24. Walder, A. G. Local Governments as Industrial Firms: An Organizational Analysis of China's Transitional Economy. *American Journal of Sociology*, Vol. 101, No. 2(1995)

25. Wank, D. L. The Institutional Process of Market Clientelism: Guanxi and Private Business in a South China City. *The China Quarterly*, Vol. 147(1996)

日韩文献

26. 鶴見和子. 内発的発展論の展開. 東京:筑摩書房,1996

27. 鶴見和子. 内発的発展論. 川田侃(編). 東京:東京大学出版社,1989

28. Ahn, Jaeseob & Hong, Yong-ki. A Study on the Meaning of Place of the Slow City. *Journal of Korean Geographical Society*, Vol. 21, No. 2(2011)

29. Baek, Doo-Joo. A Study on the Model of Alternative Regional Development: Focusing on the Slow City (Cittaslow) in Jangheung Country. *Journal of Korean Regional Development*, Vol. 20, No. 4 (2008)

30. Cho, Sang-Hee. A Comparative Study on the Level of Stress between Slow City Residents and Metro City Residents: Comparison of Daeheung-myeon, Yesan-gun, Chungcheongnam-do and Daejeon Metropolitan City in Terms of Demographic Characteristics. *Tourism Research*, Vol. 12, No. 3(2010)

31. Cho, Sang-Hee & Yoon, Yoo-Shik. A Case Study of Jeongdo in Sinan County as a Slow City: Approached Qualitative Research Method. *Journal of Korean Geographical Society*, Vol. 21, No. 1(2011)

32. Choi, Young-Joon & Kim, Young-Kyu. Exploratory Study on the Slow City. *Tourism Research*, Vol. 28(2009)

33. Kang, Shin-Kyum & Do, Kyung-Rok. The Comparison of Cognitive Differences between Local Residents and Tourists towards Slow-city Tourism Development: A Case of Slow-city Jeungdo. *The Journal of Korean Island*, Vol. 23, No. 4(2011)

34. Kim, Seong-Seop & Kim, Young-Mi. A Study of the Knowledge— based Partnership and Social Networking Formed among Public Officials Responsible for Managing and Developing Slow Cities. *Tourism Research*, Vol. 26, No. 3(2011)

35. Kim, Yong-Chang. New Urban Development Paradigm and Construction of Development Strategies for Sharing Growth Benefits. *Space and Society*, Vol. 21, No. 1(2011)

36. Kwon, Dong-Hi. Current Status of Slow Cities & Their Development Scheme in Korea. *Journal of Korean Geographical Society*,

Vol. 19, No. 3(2009)

37. Lee, Ji-seon & Kang, Shin-Kyum. Collaboration among Stakeholders in Community Tourism Development: Social Network Analysis. *Tourism Research*, Vol. 22, No. 2(2010)

中文文献

38. [爱尔兰]瑞雪·墨菲. 农民工改变中国农村. 黄涛,王静,译. 杭州:浙江人民出版社,2009

39. [德]彼得·博夏德. 为什么我们越来越快. 佟文斌,等译. 北京:中国人民大学出版社,2009

40. [德]乌尔里希·贝克,[英]安东尼·吉登斯,[英]斯科特·拉什. 自反性现代化:现代社会秩序中的政治、传统与美学. 赵文书,译. 北京:商务印书馆,2001

41. [加]卡萝·奥诺德. 放慢生活脚步:全球化的减速运动如何调整对速度的崇拜. 李慧明,译. 北京:中国人民大学出版社,2008

42. [美]E. F. 舒马赫. 小的是美好的. 李华夏,译. 南京:译林出版社,2007

43. [美]大卫·雷·格里芬. 后现代精神. 王成兵,译. 北京:中央编译出版社,1997

44. [美]戴维·哈维. 后现代的状况:对文化变迁之缘起的探究. 阎嘉,译. 北京:商务印书馆,2013

45. [美]丹尼逊·纳什. 旅游人类学. 宗晓莲,译. 昆明:云南大学出版社,2004

46. [美]埃莉诺·奥斯特罗姆. 公共事物的治理之道. 余逊达,陈旭东,译. 上海:上海三联书店,2000

47. [美]黄宗智. 制度化了的"半工半耕"过密型农业(上). 读书,2006(2)

48. [美]黄宗智. 中国被忽视的非正规经济:现实与理论. 开放时代,2009(2)

49. [美]黄宗智. 中国的隐性农业革命. 北京:法律出版社,2010

50. [美]康拉德・科塔克. 远逝的天堂:一个巴西小社区的全球化. 张经纬、向瑛瑛,马丹丹,译. 北京:北京大学出版社,2012

51. [美]克里斯汀・路易丝・霍尔鲍姆. 慢的力量. 华珺,译. 重庆:重庆出版社,2011

52. [美]林南. 社会资本——关于社会结构与行动的理论. 张磊,译. 上海:上海人民出版社,2005

53. [美]罗伯特・K. 默顿. 社会理论和社会结构. 唐少杰,齐心,等译. 南京:译林出版社,2008

54. [美]罗伯特・S. 林德,海伦・梅里尔・林德. 米德尔敦:当代美国文化研究. 盛学文,马春华,李筱鹏,译. 北京:商务印书馆,1999

55. [美]舒尔茨. 改造传统农业. 梁小民,译. 北京:商务印书馆,1999

56. [美]泰勒・考恩. 创造性破坏:全球化与文化多样性. 王志毅,译. 上海:上海人民出版社,2006

57. [美]伍迪・塔什. 慢是美好的. 程存旺,石嫣,译. 北京:东方出版社,2012

58. [日]富永健一. 日本的现代化与社会变迁. 李国庆,刘畅,译. 北京:商务印书馆,2004

59. [日]宫本宪一. 环境经济学. 朴玉,译. 北京:生活・读书・新知三联书店,2004

60. [日]西川润. 内生式发展的理论与政策. 林燕平,译. 宁夏社会科学,2004(5)

61. [瑞士]吉尔伯特・艾蒂安. 反潮流发展战略. 李书红,译. 北京:社会科学文献出版社,2010

62. [意]卡罗・佩特里尼. 慢食运动:为什么食品要讲究优良、清洁、公平?. 尹捷,译. 北京:新星出版社,2010

63. [英]安东尼・吉登斯. 民族—国家与暴力. 胡宗泽,赵力涛,译. 北京:生活・读书・新知三联书店,1998

64. [英]蒂姆・杰克逊. 无增长的繁荣:GDP 增长不代表国民幸福. 乔坤,方俊青,译. 北京:中国商业出版社,2011

65. 蔡怡玟. 从淡水老街一带的“慢活”看都市区生活形态需求. 城市学学刊,2012(1)

66 . 蔡怡玟. 家是(适)其所:以淡水老街周遭之慢活初探地理迁移之安适. 应用心理研究,2013(58)

67. 曹锦清. 如何研究中国. 上海:上海人民出版社,2010

68. 陈柏峰,郭俊霞. 农民生活及其价值世界:皖北李圩村调查. 济南:山东人民出版社,2009

69. 陈锋. 农村“代际剥削”的路径与机制. 华南农业大学学报(社会科学版),2014(4)

70. 陈洪生,周延飞. 社会主义新农村建设中政府主导与乡村社会自主性关系的实证研究——以江西省葛镇为例. 江西农业大学学报(社会科学版),2011(4)

71. 陈纳. 传统的延续:人民公社制度下干群关系的再探讨. 范丽珠,等主编. 乡土的力量——中国农村社会发展的内在动力与现代化问题. 上海:上海人民出版社,2014

72. 陈世伟. 政府规制与农民创造:规划性变迁中的村社治理转型. 求实,2012(4)

73. 陈潭,刘建义. 农村公共服务的自主供给困境及其治理路径. 南京农业大学学报(社会科学版),2011(3)

74. 陈勋. 乡村社会力量何以可能:基于温州老人协会的研究. 中国农村观察,2012(1)

75. 程贵铭. 农村社会学. 北京:中国农业大学出版社,1998

76. 邓衡山,徐志刚,应瑞瑶,廖小静. 真正的农民专业合作社为何在中国难寻?——一个框架性解释与经验事实. 中国农村观察,2016(4)

77. 邓娟. 西部地区新农村建设中农民主体性构建的认识与思考. 江西农业大学学报(社会科学版),2010(3)

78. 邓锁. 开放组织的权力与合法性——对资源依赖与新制度主义组织理论的比较. 华中科技大学学报(社会科学版),2004(4)

79. 邓伟志,主编. 社会学辞典. 上海:上海辞书出版社,2009

80. 邓燕华,阮横俯. 农村银色力量何以可能?——以浙江老年协会为例. 社会学研究,2008(6)

81. 杜姣. 乡村社会空间福利的再造——基于鄂中 H 村老年人协会的考察. 社会工作,2015(3)

82. 杜鹏. 村民自治的转型动力与治理机制——以成都“村民议事会”为例. 中州学刊,2016(2)

83. 杜鹏. 嵌入与再造:利益性家庭的生成机制——基于浙江 J 村家庭作坊的社会学考察. 湖南农业大学学报(社会科学版),2015(6)

84. 樊雅强,陈洪生. 社会主义新农村建设中的乡村治理理论与实践. 江西社会科学,2007(3)

85. 范可. “再地方化”与象征资本. 开放时代,2005(2)

86. 费孝通. 家庭结构变动中的老年赡养问题——再论中国家庭结构的变动. 北京大学学报(哲学社会科学版),1983(3)

87. 费孝通. 江村经济. 上海:上海人民出版社,2007

88. 费孝通. 三论中国家庭结构的变动. 北京大学学报(哲学社会科学版),1986(3)

89. 费孝通. 乡土中国生育制度. 北京:北京大学出版社,1998

90. 高慧智,张京祥,罗震东. 复兴还是异化? 消费文化驱动下的大都市边缘乡村空间转型——对高淳国际慢城大山村的实证观察. 国际城市规划,2014(1)

91. 管珊,万江红,钟涨宝. 农民专业合作社的网络化治理——基于鄂东 H 合作社的案例研究. 中国农村观察,2015(5)

92. 管义伟. 农村社区建设:逻辑起点与人文关怀. 社会主义研究,2011(1)

93. 桂华. 项目制与农村公共品供给体制分析——以农地整治为例. 政治学研究,2014(4)

94. 郭彩云. 农民民间组织与乡村治理研究. 中央民族大学博士学位论文,2012

95. 韩鹏云,刘祖云. 农村社区公共品自主供给的逻辑嬗变及实践指向——基于村社共同体到村社空心化的分析路径. 求实,2012(7)

96. 贺雪峰.农村代际关系论:兼论代际关系的价值基础.社会科学研究,2009(5)

97. 贺雪峰.农民价值观的类型及相互关系.开放时代,2008(3)

98. 贺雪峰.村治的逻辑:农民行动单位的视角.北京:中国社会科学出版社,2009

99. 贺雪峰.什么农村,什么问题.北京:法律出版社,2008

100. 贺雪峰.新乡土中国.北京:北京大学出版社,2013

101. 贺雪峰,仝志辉.论村庄的社会关联——兼论村庄秩序的社会基础.中国社会科学,2002(3)

102. 贺雪峰,袁松,宋丽娜,等.农民工返乡研究:以2008年金融危机对农民工返乡的影响为例.济南:山东人民出版社,2010

103. 黄陵东.新农村建设中的主体性困境及其应对.福建论坛(人文社会科学版),2007(2)

104. 黄胜忠,徐旭初.成员异质性与农民专业合作社的组织结构分析.南京农业大学学报(社会科学版),2008(3)

105. 黄卫堂.集体经济缺失村的公共品供给问题思考——基于国家与社会互动的视角.中共浙江省委党校学报,2009(2)

106. 黄兴华.农村自主性培育:构建新型农村文化生活形态的内源力探究——基于城乡统筹的视角.云南行政学院学报,2012(4)

107. 黄峥.农村老年协会发展的政治学启示——以宁波北仑区H村为个案.行政与法,2007(9)

108. 江国华.从农民到公民——宪法与新农村建设的主体性视角.法学论坛,2007(2)

109. 杰索普.治理的兴起及其失败的风险:以经济发展为例的论述.国际社会科学(中文版),1999(2)

110. 康晓光,韩恒.分类控制:当前中国大陆国家与社会关系研究.开放时代,2008(2)

111. 李培林.村落的终结:羊城村的故事.北京:商务印书馆,2004

112. 李强,陈文祥.少数民族旅游发展中社区自主权的思考——以泸沽湖为例.贵州民族研究,2007(2)

113. 李强,王红艳. 少数民族文化遗产旅游中社区自主权的思考. 青海民族研究,2008(2)

114. 李颖明,宋建新,黄宝荣,王海燕. 农村环境自主治理模式的研究路径分析. 中国人口资源与环境,2011(1)

115. 李祖佩. 项目进村与乡村治理重构. 中国农村观察,2013(4)

116. 联合国教科文组织. 内源发展战略. 北京:社会科学文献出版社,1988

117. 梁剑峰,李静. “精英俘获”:农民专业合作社成长之困. 宏观经济研究,2015(3)

118. 梁漱溟. 中国文化要义. 上海:上海人民出版社,2011

119. 林语堂. 中国人. 郝志东,沈益洪,译. 上海:学林出版社,2002

120. 刘峰. 走向乡村善治:改善我国乡村治理之多维理论考察. 湖北社会科学,2006(9)

121. 刘金海. “社会化小农”:含义、特征及发展趋势. 学术月刊,2013(8)

122. 刘金海. 社会化小农的历史进程:中国的经验. 华中师范大学学报(人文社会科学版),2007(4)

123. 刘奇. 树立“绿色化”新理念 构建乡村治理现代化体系. 中国发展观察,2015(5)

124. 刘伟. 论村庄自主性的形成机制与演变逻辑. 复旦学报(社会科学版),2009(3)

125. 刘洋. 村庄发展的社会基础:一个豫东村庄的村治模式. 济南:山东人民出版社,2009

126. 鲁可荣. 后发型农村社区发展动力研究:对北京、安徽三村的个案分析. 合肥:安徽人民出版社,2008

127. 鲁可荣,朱启臻. 农村社区组织创新与新农村建设. 朱启臻. 农村社区合作组织理论与实践探讨. 北京:中国大地出版社,2006

128. 陆学艺. 内发的村庄. 北京:社会科学文献出版社,2001

129. 罗建平,李毅,余梅玲. 政绩考核与农民生存:土地流转中基层政府的双重困境及突破路径. 求实,2015(5)

130. 罗晓华，郭正林.农民专业合作经济组织的社会基础与制度设置.社会主义研究，2009(5)

131. 罗玉辉，林龙飞，侯亚景.集体所有制下中国农村土地流转模式的新设想.中国农村观察，2016(4)

132. 麻国庆.永远的家——传统惯性与社会结合.北京：北京大学出版社，2009

133. 马彦丽，孟彩英.我国农民专业合作社的双重委托—代理关系——兼论存在的问题及改进的思路.农业经济问题，2008(5)

134. 毛丹，任强，余若燕.关于村民自治的三个难题的政治学分析.开放时代，2003(1)

135. 毛丹，王萍.英语学术界的乡村转型研究.社会学研究，2014(1)

136. 倪鹏飞.新型城镇化的基本模式、具体路径与推进对策.江海学刊，2013(1)

137. 渠敬东.项目制：一种新的国家治理体系.中国社会科学，2012(5)

138. 邵科.农民专业合作社成员参与：内涵、特征与作用机理.杭州：浙江大学出版社，2014

139. 申端锋.论农村社区 NGO 的发育和成长.山东科技大学学报(社会科学)版，2004(3)

140. 沈坤荣，黄榕.现代化：从远景目标到发展之路.江苏社会科学，2012(5)

141. 孙柏瑛.当代地方治理.北京：中国人民大学出版社，2004

142. 孙新华.交换型代际关系：农村家庭代际关系的新动向.民俗研究，2013(1)

143. 孙晔.乡村精英与规则变迁.甘肃政法学院学报，2007(1)

144. 仝志辉，温铁军.资本和部门下乡与小农户经济的组织化道路——兼对专业合作社道路提出质疑.开放时代，2009(4)

145. 王阿娜.新型农民：建设社会主义新农村的主体性力量.江西农业大学学报(社会科学版)，2007(1)

146. 王海娟. 交换型养老:特征、逻辑及其影响. 南方人口,2013(5)

147. 王海娟. 农民家庭代际关系脱嵌化诱因与效应分析. 湖南农业大学学报(社会科学版),2016(1)

148. 王海娟. 社会互构论视角下"半工半耕"的微观机制. 中共宁波市委党校学报,2016(1)

149. 王惠. 转型期我国农村地区农民自主组织行为分析. 湖湘论坛,2007(1)

150. 王军. 农民专业合作社治理模式研究. 经济论坛,2010(12)

151. 王绍光. 大转型:20世纪80年代以来中国的双向运动. 中国社会科学,2008(1)

152. 王小军. 转型之痛:赣中南路东村调查. 济南:山东人民出版社,2009

153. 王志刚,江笛. 日本"第六产业"发展战略及其对中国的启示. 世界农业,2011(3)

154. 王忠海,赵国杰,郭春丽. 农民专业合作社的功能系统与属性分析——基于北京市房山区的实践. 西北农林科技大学学报(社会科学版),2009(3)

155. 温铁军. 八次危机. 北京:东方出版社,2013

156. 吴淼. 论农村文化建设的模式选择. 华中科技大学学报(社会科学版),2007(6)

157. 吴晓林. 治理转型遵循线性逻辑吗?——台湾地区城市社区治理转型的考察. 南京社会科学,2015(9)

158. 吴毅. 小镇喧嚣:一个乡镇政治运作的演绎与阐释. 北京:生活·读书·新知三联书店出版社,2007

159. 谢忠道. 慢食. 上海:华东师范大学出版社,2008

160. 辛华. 后发地区需要推进三大转变. 开放导报,2014(1)

161. 熊培云. 一个村庄里的中国. 北京:新星出版社,2011

162. 熊万胜. 合作社:作为制度化进程的意外后果. 社会学研究,2009(5)

163. 修建峰.农村民间组织在村庄治理中的结构与功能——以山东省邹平县Z村老年人协会为例.山东省农业管理干部学院学报,2006(5)

164. 徐旭初.农民专业合作:基于组织能力的产权安排.浙江学刊,2006(3)

165. 徐旭初.新形势下我国农民专业合作社的制度安排.农村经营管理,2008(11)

166. 徐旭初,黄胜忠.走向新合作——浙江省农民专业合作社发展研究.北京:科学出版社,2009

167. 徐勇."再识农户"与社会化小农的建构.华中师范大学学报(人文社会科学版),2006(3)

168. 徐勇.农民改变中国:基层社会与创造性政治——对农民政治行为经典模式的超越.学术月刊,2009(5)

169. 徐勇.农民理性的扩张:"中国奇迹"的创造主体分析——对既有理论的挑战及新的分析进路的提出.中国社会科学,2010(1)

170. 许宝强,汪晖,选编.发展的幻象.北京:中央编译出版社,2009

171. 许建明,李文溥.合作社与政府:制度性建构优于物质性支持.制度经济学研究,2015(1)

172. 许远旺.规划性变迁:理解中国乡村变革生发机制的一种阐释——从农村社区建设事件切入.人文杂志,2011(2)

173. 许远旺.规划性变迁:机制与限度——中国农村社区建设的路径分析.华中师范大学博士论文,2010

174. 阎云翔.私人生活的变革:一个中国村庄里的爱情、家庭与亲密关系(1949～1999).龚小夏,译.上海:上海书店出版社,2009

175. 杨华.当前我国农村代际关系均衡模式的变化.古今农业,2007(4)

176. 杨华,王会.重塑农村基层组织的治理责任——理解税费改革后乡村治理困境的一个框架.南京农业大学学报(社会科学版),2011(2)

177. 杨进松，习谏. 我国农村“就地城市化”问题探讨. 学习论坛，2006(5)

178. 杨君. 现实伦理：农民生育观念转变的社会基础与趋势. 华南农业大学学报(社会科学版)，2013(3)

179. 杨龙，仝志辉，李萌. 农村精英对合作社非线性发展的影响机制研究——基于北京郊区四个农民专业合作社的案例分析. 探索，2013(6)

180. 杨善华. 中国当代城市家庭变迁与家庭凝聚力. 北京大学学报(哲学社会科学版)，2011(2)

181. 杨善华，孙飞宇. “社会底蕴”：田野经验与思考. 社会，2015(1)

182. 杨晓明. 农村老年人协会在本土语境下的诠释：一种制度主义的视角——基于粤东农村的一个个案研究. 中国农村观察，2009(6)

183. 殷晓清. 农民的职业化：社会学视角中的三农问题及其出路. 南京：南京师范大学出版社，2005

184. 应瑞瑶. 合作社的异化与异化的合作社——兼论中国农业合作社的定位. 江海学刊，2002(6)

185. 应小丽. “项目进村”中村庄自主性的扩展与借力效应. 浙江社会科学，2013(10)

186. 应小丽. 农民自主行为与制度创新. 政治学研究，2009(2)

187. 余素芳，朱述斌，缪丽华，朱述红. 社会主义新农村建设中的农村社区组织建设研究. 江西农业大学学报(社会科学版)，2006(12)

188. 俞可平. 引论：治理和善治. 俞可平，主编. 治理与善治. 北京：社会科学文献出版社，2000

189. 袁德. 社区文化论. 北京：中国社会出版社，2010

190. 张海洋，王国宁. 农村民间组织参与社会治理的理论分析与实现路径. 湖北工程学院学报，2015(2)

191. 张鸿雁. 论特色文化城市理论体系建构研究与实践创新——中国本土化特色文化核心价值的理论体系与范式建构. 南京社会科学，

2012(8)

192. 张鸿雁. 全球城市价值链理论建构与实践创新论——强可持续发展的中国城市化理论重构战略. 社会科学,2011(11)

193. 张鸿雁. 新型城镇化进程中的"城市文化自觉"与创新——以苏南现代化示范区为例. 南京社会科学,2013(11)

194. 张静. 基层政权:乡村制度诸问题. 杭州:浙江人民出版社,2000

195. 张世勇. 积极分子治村:徽州村治模式研究. 济南:山东人民出版社,2009

196. 赵晨. 超越线性转型的乡村复兴. 南京大学硕士论文,2014

197. 赵晨. 要素流动环境的重塑与乡村积极复兴——"国际慢城"高淳县大山村的实证. 城市规划学刊,2013(3)

198. 赵泉民,李怡. 关系网络与中国乡村社会的合作经济——基于社会资本视角. 农业经济问题,2007(8)

199. 赵晓峰,付少平. 多元主体、庇护关系与合作社制度变迁——以府城县农民专业合作社的实践为例. 中国农村观察,2015(2)

200. 赵晓峰,王艺璇. 阶层分化、派系竞争与村域合作社发展. 中国农村观察,2013(3)

201. 折晓叶. 村庄的再造:一个"超级村庄"的社会变迁. 北京:中国社会科学出版社,1997

202. 折晓叶,陈婴婴. 项目制的分级运作机制与治理逻辑——对"项目进村"案例的社会学分析. 中国社会科学,2011(4)

203. 郑杭生. 社会互构论的提出——对社会学学术传统的审视和快速转型期经验现实的反思. 中国人民大学学报,2003(4)

204. 郑杭生,李迎生. 中国早期社会学中的乡村建设学派. 社会科学战线,2000(3)

205. 郑杭生,杨敏. 社会互构论:世界眼光下的中国特色社会学理论的新探索——当代中国"个人与社会关系研究". 北京:中国人民大学出版社,2010

206. 郑英隆. 全球化下我国农村自主创新与乡土型企业家成长.

人文杂志,2008(2)

207. 钟宜.我国农村社会组织发展与乡村治理方式的变革和完善.探索,2005(6)

208. 周大鸣.凤凰村的变迁:《华南的乡村生活》追踪研究.北京:社会科学文献出版社,2006

209. 周大鸣,主编.中国田野大调查.北京:社会科学文献出版社,2009

210. 周飞舟.财政资金的专项化及其问题:兼论“项目治国”.社会,2012(1)

211. 周飞舟.从汲取型政权到“悬浮型”政权——税费改革对国家与农民关系之影响.社会学研究,2006(3)

212. 周飞舟.以利为利:财政关系与地方政府行为.上海:三联书店,2012

213. 周生春,汪杰贵.乡村社会资本与农村公共服务 农民自主供给效率——基于集体行动视角的研究.浙江大学学报(人文社会科学版),2012(3)

214. 朱启臻.农村社会学.北京:中国农业出版社,2002

215. 朱晓清,甄峰.慢城运动对国内城市宜居建设的启示.现代城市研究,2011(9)

216. 朱晓清,甄峰,蒋跃庭.国外慢城发展情况及对中国城市发展的启示.城市发展研究,2011(4)

217. 宗仁.“国际慢城”在中国及其现实意义研究.现代城市研究,2011(9)

附录：

国际慢城55条准则及其本土适用

桠溪申报国际慢城执行情况表①

国际慢城55条准则		桠溪慢城执行情况(2010年申报时)
1	在法律确立的参数内，对空气、水和土壤质量的鉴定	空气质量良好以上天数达到93%，饮用水水质达标率100%，土质良好
2	对包括城市生活垃圾和特殊垃圾在内的分类垃圾收集的推广和宣传计划	举办了关于生活垃圾分类的知识讲座，来自相关社区的居民代表、社区志愿者、物业人员、城管执法队员、环卫工人等参加了培训
3	工业及家庭堆肥的宣传和推广	积极推广使用工业及家庭堆肥
4	城市和企业污水净化厂的存在	拥有日处理能力4万吨的县污水处理厂，8个镇的污水处理厂日处理能力6.5万吨，建成村级污水处理设施33个

① 由慢城管委会提供

续表

国际慢城55条准则		桠溪慢城执行情况(2010年申报时)
5	城市节能计划,特别是涉及使用可替代能源(可再生能源、绿氢、小型水力发电厂)和通过垃圾焚烧、生物量产生热能等方面	积极推广高压钠灯、稀土三基色荧光灯和以LED为代表的高效照明产品,开展送照明下乡活动。大力推广太阳能热水器,农村太阳能普及率达85%以上,城市太阳能普及率达90%以上。大力实施秸秆气化工程,人口较多且经济富裕村扩大秸秆气化集中供气,将养畜厂的沼气利用人群推广到农户
6	在农业中使用转基因生物的禁令	制定实施《关于加快发展现代农业工作的意见》,禁止在农业生产体系、绿色有机产品中引入或使用转基因生物及其衍生物,包括动植物、种子、繁殖材料及肥料、土壤改良物质、植物保护产品等农业投入物质。目前,拥有无公害农产品基地58个,通过认定的有机食品16种、绿色食品30种、无公害产品22种
7	管理商业广告和交通信号的城市计划	主次干道店招店牌全部统一格式、材质,重要交通交叉道口全部安装交通信号灯
8	控制电磁污染的系统	改进电气设备,减少对周围环境的电磁污染。在近场区采用电磁辐射吸收材料或装置。实行遥控和遥测,提高自动化程度,以减少工作人员接触高强度电磁辐射的机会等
9	控制和降低噪音污染的计划	建筑物隔声和吸声。城市建设中,主要通过绿化造林有效减少噪音污染
10	控制光污染的系统和计划	加强城市规划和管理,改善工厂照明条件等,以减少光污染。对有红外线和紫外线污染的场所采取必要的安全防护措施
11	环境管理系统的应用,加入各类生态管理和认证体系,如EMAS、ECOLABEL、ISO9001、ISO14000、SA8000、21世纪议程项目	制定高淳县生态县创建规划及行动纲要,科学划定重要生态功能区。大力开展清洁生产,60家企业编制了循环经济试点方案,对重点污染源安装在线自动监控设施

续表

国际慢城55条准则		桠溪慢城执行情况(2010年申报时)
12	促进及收复有历史文化价值景点的计划	制定了薛城遗址一期保护规划,建成遗址出土文物陈列室,南京市博物馆高淳考古工作站正式进驻遗址工作。着重规划建设以薛城遗址为依托的南京远祖文化保护基地、以固城遗址为依托的春秋文化遗址公园、以保圣寺塔和周氏祠堂为依托的东吴文化展示基地、以漆桥古街为依托的孔子儒学文化研究基地
13	安全交通的计划	强化交通安全宣传,针对管理薄弱环节增强宣传教育的针对性。强化整体联动,与县文明办、城管、安监、交通、工商、教育、新闻媒体等职能部门加强协调合作,真正形成齐抓共管协调联动的机制。强化重点地段、重点时间的管理,引导群众培养良好的交通出行习惯
14	连接学校及其他公共设施的自行车道	在建设道路时,规划建设连接学校及其他公共设施的自行车道
15	优先于私家交通的整合公交交通及步行区的计划(如连接公共交通的附加停车区,电梯,轨道,光缆,自行车道,通向学校、工作地点的步行通道)	在车站附近根据人流量建设不同规模的停车场,在道路两旁设置自行车道,在通向学校、厂区和商店的路段建设步行通道
16	保证公共基础设施可适用于残疾人,移除建设物障碍	在建设公共基础设施时,充分考虑残疾人的需要,移除建设物障碍,道路上都根据要求设置了盲道、残疾人轮椅道口,在公共场所均设置了残疾人无障碍通道

续表

国际慢城55条准则		桠溪慢城执行情况(2010年申报时)
17	提升当地居民家庭生活及户外活动水平的项目(休闲、运动、促进学校与家庭联系的活动,对老年人及长年患病者的协助,社会中心,城市营业时间规定计划,公共厕所)	每个村均建立了老年人活动中心、村民体育文化健身广场、公共厕所。当地政府对孤寡老人免费集中供养,对患重病的困难家庭进行救助。学校建立青年志愿者服务小分队,定期到独居老人、长年患病者家中实施帮助。同时,文化部门每年开展送文化下乡活动,为村民送上丰富多彩的戏曲、歌舞等表演
18	医疗中心	拥有投资10亿元的县突发公共卫生事件应急指挥中心、投资3亿元的新区医院一期、投资1.05亿元的县中医院迁建工程及各镇社区卫生服务中心,构建了以南京郊县唯一一家基本现代化医院——县人民医院为龙头、10个社区卫生服务中心为主体、118个社区卫生服务站为基础的县、镇、村三级卫生服务网络
19	高品质绿化带及服务设施(连接绿地及操场等)	高品质规划建设绿化带和相关配套服务设施,城市绿化率达%,被评为"国家园林县城"
20	分销计划及建立天然产品商业中心(农产品销售点)	目前,通过认定的有机食品16种、绿色食品30种、无公害产品22种。在全县各旅游景点、县城、超市设立本地土特产销售中心(点),南京市设立销售中心,同时利用媒体和在全国、省、市组织的特色产品展销会上设立展位,向外界进行宣传推介
21	"友好商店"与商店营业者达成协议,接待并帮助遇到困难的游客	对遇到困难的游客,本着有求必应的原则,积极接待并帮助,对于商店营业者解决不了的问题,主动向当地政府及有关部门反映,直至困难解决
22	对环境恶化的城市区域进行再发展及再利用的计划	大力加强控污截污,加强农业面源污染和企业点源污染治理。加强湖泊、河流水质管理,控制养殖尾水排放,确保水质达标

续表

国际慢城55条准则		桠溪慢城执行情况(2010年申报时)
23	城市再规划及升级计划	县城规划区面积14.5平方公里,建成区面积12.5平方公里。桠溪"生态之旅"总长48公里,区域面积50平方公里
24	整合居民信息处,配备慢城信息窗口	通过电视、电台、报纸积极宣传慢城相关知识、信息,利用村务公开栏,用图片、文字介绍慢城理念,通过展板,图文并茂,宣扬慢城,使慢城理念深入人心
25	生态建筑窗口,培训人员来负责促进生态建筑的信息项目	积极开发生态建筑项目,加强专业人员培训,促进项目建成
26	为光缆及无线设施系统配备电缆	
27	监管电磁领域的适用系统	中国移动、联通、电信等通信部门均建立了电磁领域监管系统
28	提供与环境和景观相协调的垃圾桶,并依照既定的时间表进行移除	根据当地环境和四季景观,配备一定比例、与环境相协调的垃圾桶,同时依照既定的时间表进行移除。大力推进"组保洁、村收集、镇转运、县处理"的垃圾收运体系,生活垃圾日产日清
29	在公共及私有地块栽种有益于环境的植物,最好是与风景园林标准一致的当地树种	公共地段主要栽种雪松、梧桐、柳树、毛竹等,私有地块以当地树种为主
30	为市民提供服务的规划(通过互联网宣传市政服务,制定基于互联网的市民网络运用培训规划)	通过互联网公布水、电、气等市政服务的相关政策、电话,建立"南京高淳网"(http://www.njgc.gov.cn/),每年通过农民培训工程加强对互联网相关技能的学习培训

续表

国际慢城55条准则		桠溪慢城执行情况(2010年申报时)
31	控制噪音的规划,特别是控制嘈杂地区噪音的规划	对于生产过程中产生的噪声,首先从声源上进行控制,以低噪声的工艺和设备代替高噪声的工艺和设备,如仍达不到要求,则采用隔声、消声、吸声、隔振以及综合控制等噪声控制措施
32	有关颜色的规划	房屋立面以灰、黄、白为主色调,生态旅游区以绿为主色调,兼顾其他颜色树种的搭配
33	远程工作的推广	电信、移动、联通光纤均建到村,网络信号全覆盖、无盲区,有线电视户户通
34	开发有机耕作的计划	一是螃蟹生态养殖业方面:坚持生态、安全、优质的养殖原则,注重创新养殖模式,探索开发了水草种植多样化、螺蛳自繁自育、微孔增氧等模拟生态养殖方法,保持螃蟹生长的优良生态环境。二是农作物栽培方面:积极回收利用秸秆培育食用菌,蘑菇种植面积5.6平方公里,袋栽菇5000万袋,消化了全县一半以上的秸秆资源,成为全国食用菌标准化生产示范县。回收人畜禽粪便,通过沤肥、堆肥等方式,形成自然有机肥料,对优质稻米、早园竹、茶叶等经济作物进行施肥,有效提升土地肥力和产出率
35	手工艺品及艺术工艺质量的认证	高淳羽毛扇制作技艺,扎塑技艺,高淳布鞋
36	即将绝迹的工匠及濒临失传的工艺产品的保护方案	有5名传承人被确定为省级"非遗"代表传承人。目前,仅有薛城邢响声等为数不多的几位手工艺人以家庭作坊的形式进行羽毛扇制作。邢响声,市级非物质文化遗产传承人,正在申报省级非物质文化传承人,2010年,应邀参加在北京举办的全国百家手工技艺大师作品展。位于薛城的邢响声羽毛扇制作作坊被列为市级"非遗"传承基地。南京市非物质文化遗产传承人杨学虎从事杨家抬龙手工扎塑,杨家抬龙扎塑基地被列为市级"非遗"传承基地

续表

国际慢城55条准则		桠溪慢城执行情况(2010年申报时)
37	濒临灭绝的传统行业和工种的保护	传统布鞋制作、剪纸、糕点制作等传统手工艺几乎没有学习传承人,都濒临灭绝。在保护上,主要是积极申报上级非物质文化遗产名录的保护,其次是加大宣传推广,让更多的人认识、学习传统技艺。扎实开展了文物和非物质文化遗产普查工作,全县新增文物普查点450处;全县有省、市、县“文保”单位87(项)处,馆藏文物58 700多件,其中三级以上文物1283件。有国家级“非遗”项目1个,省级“非遗”项目13个,市级“非遗”项目21个,县级“非遗”项目99个。文物及“非遗”工作在省市内有一定影响,目前是南京市唯一的“非遗”生态保护区
38	有机产品及/或本地产品的应用;在餐馆、保护性建筑、学校食堂中当地传统的保留	开发了有机茶、大米、水果等,本地餐厅、学校食堂均食用本地大米、蔬菜、家禽等有机产品,农民房屋保留了传统特色,饮食等保留了原来风格
39	结合“慢食”,在学校中进行口味和营养方面的培训教育	对从事营养指导、营养与食品安全知识宣传、促进社会公众健康工作的专业人员进行培训。对象为医护人员、营养保健品销售人员、食品检测监督人员,以及职业学校社区保健和健康中心、餐饮、宾馆等相关人员
40	针对即将消失的品种和制备方法,开展酒会及“慢食”烹饪等支持性活动	为了保存本地传统食品的制作方法,建立了桠溪“生态之旅”区域大山农家旅游示范村,保留本地饮食风味,开展“慢食”烹饪活动,编辑出版了《高淳土菜》
41	本地区代表性产品及对其商品化支持的统计普查(当地产品市场的更新,创设适宜的空间)	旱园竹、茶叶、应时鲜果等成为当地农民收入的主要来源

续表

国际慢城55条准则		桠溪慢城执行情况(2010年申报时)
42	当地树种及大树、古树价值的统计	古树、名木近20种、70棵,主要包括古柏、银杏、朴树、黄连木、白栎、麻栎、三角枫、乌柏、黄杨、紫薇、桂花等,其中古柏镇倒栽柏树树龄1700年
43	地方性文化活动的推广和保留	东坝大马灯在多地演出获奖,受到党和国家领导人的接见,获得了"江南一绝"的美誉。高淳跳五猖、高淳民歌、高淳羽毛扇制作技艺、沛桥高跷、崔致远与双女坟的故事、长芦杨家抬龙、长乐龙吟车、薛城花台会等完成国家级"非遗"名录申报工作。固城遗址、薛城遗址国家"文保"单位申报正待国务院审批。承办中国第5个文化遗产日暨第8届南京"文博之夏"开幕式活动。周氏宗祠、明代水华、双女坟、玉泉寺、朝墩头遗址、太平天国军营垒遗址申报为第7批省"文保"单位,周氏宗祠补报第7批国家"文保"单位。投入100多万元完成省级文物保护单位保圣寺塔维修工作
44	推广城市花园及学校园林,以便利用传统方式发展当地文化	积极推广城市花园及学校园林,将绿色与文化相融合,利用各种节庆,积极开展传统文化活动
45	当地政府向居民说明成为慢城的想法,并且向居民宣传成为慢城的目的及手续	通过走村入户及电视、报纸宣传等多种形式,向居民宣传慢城理念、目的、意义,以及为此需要做的工作,赢得居民的理解和支持
46	让各社会机构参与了解"慢"哲学,尤其是对慢城项目的应用,如教育公园、书籍设施、种质资源库等	《新华日报》《广州日报》等媒体对慢城组织进行详细解读,社会机构参与了解"慢"哲学,同时开始探讨对慢城项目的应用

续表

国际慢城55条准则		桠溪慢城执行情况(2010年申报时)
47	宣传慢城及“慢食”的活动	《新华日报》《广州日报》等主流媒体及新浪、西祠等网站对慢城及“慢食”活动进行宣传;本地报纸、媒体进行相关知识解答;相关部门走入居民家中,解释说明慢城理念;在学校、商店、市民广场等人员密集场所开展宣传活动,发放相关资料
48	针对游客信息及接待质量的培训课程	对景区涉及的工作人员和服务人员进行了行业标准培训,主要课程有《礼貌礼仪与餐饮》《餐饮席间服务》
49	对历史景点采用国际通用的游客标识,并为游客提供景点旅游行程指南	根据国家旅游局对景区标识的规定,结合国际通用的游客通用标识,在景区范围内设置了游客标识和导览标识
50	提供接待指南及计划以方便游客到达城市并了解相关信息及服务	景区印制了导游手册,制作了大型导视图以为游客提供旅游服务
51	城市慢游行程准备(手册、网站等)	开通了旅游网站,制作了旅游交通地图,方便游客查询
52	游客接待人员及商店人员须了解价格透明及在商业场所入口处注明价格的必要性	对景区内服务人员进行了相关服务培训,使其熟知商品的价格、质量等内容,所有购物商店均明码标价,方便游客购买
53	实施慢城运动,达到慢城要求并做推广	
54	对“慢食”运动做出贡献和支持	
55	慢城成员须将慢城标志印在政府信件文头上,并将其慢城理念登载在政府网站	